SCHRIFTEN FÜR DIE SCHULPRAXIS

Band 87

Die Entwicklung des „länderkundlichen Verständnisses"

Untersuchungen zu grundlegenden Voraussetzungen
für den Geographieunterricht im Grundschulalter

von Christel Kosmella

PAUL LIST VERLAG MÜNCHEN

© 1979 by Paul List Verlag, München

Nach dem Urheberrechtsgesetz vom 9. September 1965 in der Fassung vom 10. November 1972 ist die Vervielfältigung oder Übertragung urheberrechtlich geschützter Werke, also auch der Texte, Illustrationen und Graphiken dieses Buches, nicht gestattet. Dieses Verbot – ausgenommen die in §§ 53, 54 URG genannten Sonderfälle – erstreckt sich auch auf die Vervielfältigung für Zwecke der Unterrichtsgestaltung, sofern nicht die Einwilligung des Verlages vorher eingeholt wurde. Im Einzelfall muß über die Zahlung einer Gebühr für die Nutzung fremden geistigen Eigentums entschieden werden. Als Vervielfältigung gelten alle Reproduktionsverfahren einschließlich der Fotokopie, der Übertragung auf Matrizen, der Speicherung auf Bändern, Platten, Transparenten oder anderen Medien.

ISBN 3-471-00687-7   Paul List Verlag, Goethestraße 43, 8000 München 2

Inhaltsverzeichnis

	Einleitung und Zielsetzung der Arbeit	5
1.	**Der Stellenwert der Länderkunde in der Geographiewissenschaft und im Geographieunterricht**	6
1.1.	Die Länderkunde in der geographischen Fachwissenschaft	6
1.1.1.	Klärung des Begriffs „Länderkunde"	6
1.1.2.	Die Entwicklung der Länderkunde als wissenschaftliche Disziplin	6
1.1.3.	Die wissenschaftstheoretische Infragestellung der Länderkunde	9
1.1.4.	Argumente für die Beibehaltung der Länderkunde	10
1.2.	Die Länderkunde im Geographieunterricht	11
1.2.1.	Die traditionelle Stellung und Bedeutung der Schulländerkunde	11
1.2.2.	Die Kritik an der Schulländerkunde und Relativierung ihrer Position innerhalb der Schulgeographie	12
1.3.	Verschiedene Aspekte des länderkundlichen Verständnisses	15
2.	**Die länderkundlichen Aspekte der empirischen Untersuchung**	19
2.1.	Begriffsverständnis	19
2.1.1.	Beiträge der Geographiedidaktik zur Begriffsbildung	19
2.1.2.	Beiträge der Psychologie zur Begriffsbildung	20
2.2.	Raumverständnis	22
2.2.1.	Verschiedene Raumtheorien	23
2.2.2.	Der Raum in der Geographie	23
2.2.3.	Die Raumerfassung	24
2.2.3.1.	Beiträge der Psychologie zur Raumerfassung	24
2.2.3.2.	Beiträge der Geographie und ihrer Didaktik zur Raumerfassung	26
2.3.	Strukturerfassung	27
2.3.1.	Psychologische Aspekte visueller Strukturerfassung	28
2.3.2.	Beiträge der Geographiedidaktik zur Strukturerfassung in bezug auf Karten	31
2.4.	Verständnis funktionaler Abhängigkeiten	33
2.4.1.	Beiträge der Psychologie zur Entwicklung des kausalen Denkens	33
2.4.2.	Beiträge der Geographiedidaktik zum kausalen Denken und seiner Entwicklung	36
2.4.3.	Empirische Untersuchungen aus dem Bereich der Didaktik der Geographie und der Naturwissenschaften zum kausalen Denken	37
2.5.	Verständnis von Abläufen und Entwicklungen	39
2.5.1.	Psychologische Befunde zum Zeitbegriff und seiner Entwicklung	40
2.6.	Räumliche Zuordnung länderkundlicher Inhalte	43

3.	**Der Test**	49
3.1.	Die Entwicklung der Testaufgaben und des Fragebogens	49
3.2.	Die Durchführung des Tests	50
3.3.	Die Auswertung der Testergebnisse	51
3.4.	Beschreibung der Stichprobe	52
3.5.	Das Testmaterial	55
4.	**Die einzelnen Testaufgaben – Zielsetzung, methodische Überlegungen und Ergebnisse**	82
4.1.	1. Teiltest: Begriffsverständnis	82
4.2.	2. Teiltest: Raumverständnis	93
4.3.	3. Teiltest: Strukturerfassung	102
4.4.	4. Teiltest: Verständnis funktionaler Abhängigkeiten	111
4.5.	5. Teiltest: Verständnis von Abläufen und Entwicklungen	121
4.6.	6. Teiltest: Räumliche Zuordnung länderkundlicher Inhalte	128
4.7	Zusammenfassung der Testergebnisse	136
5.	**Konsequenzen aus den Ergebnissen für das Curriculum Geographie in der Primarstufe**	138
	Bildnachweis	54
	Literaturverzeichnis	149

Hinweis: Die Fußnoten im Text sind jeweils am Ende der Kapitel zusammengefaßt.

Einleitung und Zielsetzung der Arbeit

Wertvolle Anregungen zu der vorliegenden Arbeit erhielt ich durch Seminare zur Wissenschaftstheorie der Geographie und zur Länderkunde. Es waren insbesondere einige dabei zutage tretende Ungereimtheiten und Widersprüche, die mein Interesse weckten, wie die offenkundige Diskrepanz zwischen Theorie und Praxis der Länderkunde und die rigorose Infragestellung einer Disziplin, die zumindest seit A. *Hettner* als zentrales Anliegen des Faches angesehen wurde, sowie die z. T. wenig überzeugenden Gegenargumente der Vertreter der Länderkunde. Von seiten der Fachdidaktik tun sich weitere Widersprüche auf: Für die länderkundliche Arbeit in der Grundschule, wie sie z. B. von den Richtlinien für die Grundschule in Nordrhein-Westfalen 1973, wenn auch nicht expressis verbis, so doch inhaltlich gefordert wird, besteht bisher keine entwicklungspsychologische Absicherung, außerdem soll hier Länderkunde betrieben werden, ohne daß die Schüler über die allgemeingeographischen Voraussetzungen verfügen.

Diese Überlegungen legten nahe, in einer empirischen Untersuchung zu überprüfen, inwieweit Grundschüler in der Lage sind, einzelne Aspekte länderkundlicher Betrachtung nachzuvollziehen, und welche Kenntnisse und Fähigkeiten — auch vor- und außerschulisch erworbene — an bestimmte Altersstufen gebunden sind. Es sollte weiter festgestellt werden, welche außerschulischen Faktoren diese Kenntnisse und Fähigkeiten der Schüler beeinflussen und inwieweit länderkundliches Verständnis vom sozialen Hintergrund der Schüler abhängig ist.

Dabei mußte zunächst die Diskussion um die Länderkunde in der Fachwissenschaft und im Geographieunterricht aufgegriffen werden. Ausgehend von der Begriffsbestimmung der Länderkunde werden anschließend einige Aspekte länderkundlicher Betrachtung aufgezeigt, die als Grundlage für die empirische Untersuchung dienen. Die Komplexität des Begriffes „länderkundliches Verständnis" ließ es ratsam erscheinen, die zu den Teilbereichen bereits vorhandene Literatur jeweils im Zusammenhang mit den einzelnen Aspekten länderkundlicher Betrachtung zu erörtern. Die Ergebnisse der Tests sollen einen Anstoß zur Curriculumdiskussion für den Geographieunterricht der Primarstufe geben, denn im Fach Geographie hat sich die Lernzieldiskussion bislang im wesentlichen auf die Sekundarstufe beschränkt.

An dieser Stelle möchte ich den Schulleitern und den Kollegien der Gemeinschaftsgrundschule Leverkusen-Wiesdorf und der Gemeinschaftsgrundschule Leverkusen-Küppersteg herzlich dafür danken, daß sie mir die Befragung der Schüler ermöglicht und die Durchführung der Tests großzügig unterstützt haben. Ebenso danke ich Herrn Dr. Hennes und Herrn Niehl vom Rechenzentrum der Abteilung Köln für die freundliche Hilfe bei den statistischen Berechnungen. Mein besonderer Dank gilt Herrn Professor Dr. G. Ritter für seine Anregungen und Beratung während der gesamten Durchführung dieser Arbeit.

Aachen, Frühjahr 1979   Ch. Kosmella

1. Der Stellenwert der Länderkunde in der Geographiewissenschaft und im Geographieunterricht

1.1. Die Länderkunde in der geographischen Fachwissenschaft

1.1.1. Klärung des Begriffs „Länderkunde"

Trotz der überragenden Bedeutung, die der Länderkunde innerhalb der Geographie über lange Zeit zukam, herrschte bezüglich der Definition dieses Begriffs keine völlige Klarheit und Einheitlichkeit. Gegenstand der Länderkunde ist das Land, worunter nicht nur Staaten gefaßt werden können, sondern jeder nach bestimmten Kriterien begrenzbare Ausschnitt der festen Erdoberfläche ohne Rücksicht auf seine Größe und administrative Rangordnung. Länder sind administrativ, historisch oder funktional zusammengefügte Räume. Sie bestehen vorwiegend aus verschiedenen Landschaften oder Teillandschaften, die ein funktionales Wirkungsgefüge verbindet.[1]

Die Begriffe „Land" und „Landschaft" sind inhaltlich nicht eindeutig gegeneinander abgegrenzt. *A. Hettner*[2] und *H. Schmitthenner*[3] unterscheiden Land und Landschaft lediglich nach der Größenordnung. Landschaft ist demnach ein kleines Land. Eine klare und von vielen Geographen anerkannte Unterscheidung trifft *N. Krebs:* „Landschaften sind mehrfach wiederkehrende Typen, Länder sind Individuen."[4] *C. Troll* schränkt den Begriff „Land" auf politisch oder verwaltungsmäßig umgrenzte oder von bestimmten Völkern bewohnte Gebiete ein,[5] während *H. Carol* einen beliebig begrenzbaren Ausschnitt der Geosphäre als Landschaft bezeichnet,[6] was dem oben angeführten Landbegriff entspricht. Außer den genannten existieren noch zahlreiche weitere Landschaftsbegriffe.

Da Länder einmalig in Raum und Zeit sind, können sie nur idiographisch angemessen erfaßt werden. Die Länderkunde oder Regionale Geographie untersucht und beschreibt demnach Länder als Individuen. Die länderkundliche Darstellung kann sich auf die gesamte Erde, Kontinente, Staaten, bestimmte funktionale Räume oder auch einzelne Örtlichkeiten beziehen.[7]

Länderkunde wird vielfach mit Landeskunde gleichgesetzt. Ein umfassender Begriff der Landeskunde beinhaltet jedoch den Gesamtstand der Erforschung eines Raumes nicht nur in geographischer, sondern auch in historischer, volkskundlicher, naturwissenschaftlicher etc. Hinsicht.[8]

Im logischen System der Geographie nach *H. Bobek* stellen die Allgemeine Geographie und die Landschaftskunde nomothetische Betrachtungsweisen dar, die Elementarkomplexe bzw. höhere Elementarkomplexe untersuchen. Die Länderkunde behandelt idiographisch die höchstrangigen Komplexe der stufenweisen Integration der Geofaktoren.[9]

Der Begriff Länderkunde bezeichnet eine Betrachtungsweise, nämlich die Untersuchung des Wechselwirkungsgefüges der Geofaktoren in einem bestimmten Erdraum.

1.1.2. Die Entwicklung der Länderkunde als wissenschaftliche Disziplin

Erste Ansätze zu länderkundlicher Betrachtung sind schon bei *Strabo* (1. Jh. v. Chr.) zu erkennen, der die Landesnatur sowie Kultur, Sitten und Geschichte der Bewohner einer Region beschrieb und dabei versuchte, die Beziehungen zwischen dem Kulturzustand der Bewohner und der Natur des

Landes zu erfassen. Aber noch jahrhundertelang erschöpfte sich die Arbeit der Geographen weitgehend darin, Fakten zusammenzutragen und aufzuzählen.[10] Im 17. Jh. unterschied B. Varenius erstmalig ausdrücklich zwei verschiedene Betrachtungsweisen, die Allgemeine Geographie, die einzelne Erscheinungen über große Gebiete hin verfolgt und vergleicht, und die Regionale Geographie oder Länderkunde, die in einem begrenzten Raum die Gesamtheit seiner Erscheinungen zu erfassen versucht.[11] Durch A. v. Humboldt und C. Ritter erhielt die Länderkunde entscheidende Impulse. Ihr Anliegen war es, daß die Länderkunde nicht bei der äußerlichen Erdbeschreibung stehenblieb, sondern die zahlreichen Erscheinungen eines Landes in ihrer ursächlichen Verknüpfung erkannte und darstellte, die ihrer Auffassung nach den Inbegriff eines Landes ausmachen und insgesamt ein geordnetes Ganzes darstellen. Sie strebten ein abgerundetes Bild eines Landes an, das die Grundzüge der Natur und die Beziehung der Bewohner zu ihr wiedergab, und erkannten, daß der Mensch hier eine aktive und passive Rolle spielt.[12]

Durch A. Kirchhoff (1884) erhielt die Länderkunde eine anerkannte Form, das länderkundliche Schema, wodurch die stoffliche Vielfalt in Anlehnung an die Bereiche der Allgemeinen Geographie gegliedert wurde. Vor allem A. Hettner griff das länderkundliche Schema auf. Er verstand das Schema als die normale – wenn auch nicht einzig mögliche – Anordnung des Stoffes und als die „Wiedergabe der Naturreiche".[13] Dem Ziel der Länderkunde, einen Erdraum in der Gesamtheit seiner Erscheinungen und der zwischen ihnen bestehenden ursächlichen Beziehungen zu erfassen, entspricht das Anliegen, durch das Schema Systematik und Vollständigkeit zu gewährleisten. Die Abfolge der Kapitel soll die Kausalzusammenhänge „nachbilden". A. Hettner faßte die Abhängigkeiten nicht als unmittelbar und zwingend auf – was ihm manche Kritiker unterstellten – und war sich der bestehenden Wechselwirkungen zwischen den Erscheinungen bewußt.[14] Er trug entscheidend zu der Auffassung bei, die Länderkunde sei das Hauptanliegen und die Krönung der Geographie. „Hatten seine Vorgänger Allgemeine Geographie in der Länderkunde dargeboten, indem sie die Geofaktoren unverbunden darlegten, behandelte er im einleitenden Teil nur die das gesamte Land prägenden Tatsachen und gliederte dann sinnvoll das Gebiet (des Landes) in Teilräume, um hier die Fakten wieder zu verknüpfen. Das Wesen des Landes erkannte er in der jeweils charakteristischen Ausprägung der Wechselwirkung der Geofaktoren, die Aufgabe des länderkundlichen Vorgehens in der Herausstellung der räumlichen Verschiedenheiten."[15]

Das länderkundliche Schema ist in der Folgezeit heftig kritisiert worden, trotzdem findet es – wenn auch neben anderen Formen der Darstellung – auch heute noch Verwendung. So betrachtet E. Plewe die Einhaltung des Schemas als sinnvoll, betont aber, daß es sich um eine logische Reihenfolge und nicht um den Ausdruck einer einfachen, linear verlaufenden Kausalkette handele.[16] Nach A. Schultzes Auffassung „dürfte solche Anordnung in den Stoffsammlungen der Länderlexika nach wie vor berechtigt sein",[17] für die Darstellungen in Schulbüchern lehnt er das Schema jedoch ab.

H. Spethmann[18] glaubte, mit seiner Dynamischen Länderkunde das Schema überwinden zu können. Er hielt an der Zielsetzung der Länderkunde fest, nämlich die Ursächlichkeit der räumlichen Erscheinungen zu erkennen und darzustellen, übte jedoch Kritik an der schematischen Darstellungsweise. Die vermeintliche Kausalreihe des Schemas wird der Wirklichkeit nicht gerecht, da zwischen den Erscheinungen vielfältige Wechselbeziehungen bestehen. Vorgänge und Zustände greifen zeitlich und räumlich ineinander. Morphologie und Klima werden in den Darstellungen überbetont, der Faktor Mensch dagegen vernachlässigt. *H. Spethmann* wendet sich gegen ausführliche Erörterungen der Morphogenese und der Entwicklung von Erscheinungen. Es soll lediglich das gegenwärtig in der Landschaft Wirksame berücksichtigt werden. Die Dynamische Länderkunde stellt den Wesenszug einer Landschaft, der sich dem Beschauer aufdrängt, in den Vordergrund. „Sie versucht dann diesen Landschaftszug in seinen ursprünglichen Verknüpfungen im Raum mit anderen Komponenten zu erkennen, ohne die letzteren irgendwie zu vernachlässigen."[19] *H. Spethmann* versteht die Landschaft als ein „Räderwerk von Triebkräften". Eine der wesentlichen Aufgaben der Länderkunde ist es, die Wertigkeit dieser Dynamen in der räumlichen Erscheinung zu erkennen. *H. Spethmann* hebt die Bedeutung der vom Menschen ausgehenden technischen, finanziellen und politischen Kräfte hervor, die neben anderen einen Erdraum gestalten.[20] Der Gedanke, bei der Behandlung eines Landes von dominanten Faktoren auszugehen, ist von der Fachwissenschaft *(E. Obst),* später auch von der Schulgeographie aufgegriffen worden.

Nach *H. Spethmann* bietet die Dynamische Länderkunde Fortschritte in der Erkenntnis der ursächlichen Zusammenhänge. Er kritisiert, daß die Ursächlichkeit manchmal über das länderkundliche Schema nicht erkannt werden könne.[21] *A. Hettner* bemerkt daraufhin, daß das Schema eine Art der Darstellung des Stoffes sei und nicht den Gang der Erkenntnis markiere.[22] Das ist wichtig festzuhalten, denn das länderkundliche Schema ist später oft als wissenschaftliche Theoriebildung attackiert worden. Diesen Anspruch hat *A. Hettner* jedoch nicht erhoben.

Der Gedanke, durch den Vergleich die Individualität eines Landes klarer zu erfassen, lag der Vergleichenden Länderkunde von *N. Krebs* zugrunde. Außerdem bietet der Vergleich Ansätze für die Erkenntnis von Regelhaftigkeiten. Das gleiche Ziel, nämlich Regelhaftigkeiten aufzuzeigen und zur Typisierung von Räumen vorzustoßen, verfolgte auch *H. Lautensach* mit seiner Lehre vom geographischen Formenwandel. Unter geographischem Formenwandel verstand er „die regelhafte Veränderung der als Kontinuum ausgebildeten geographischen Substanz im Raum".[23] Er betonte die Bedeutung des Lagegesichtspunktes für die Erkenntnis der Länder und Landschaften und untersuchte den regelhaften Wandel von Klima, Boden und Vegetation entsprechend der vier Lagegesichtspunkte: Breitenlage, West-Ost-Lage, Kontinentalität und Höhenlage. Auf der Grundlage der Lehre vom Formenwandel hat *H. Lautensach* eine Länderkunde der Iberischen Halbinsel verfaßt.

In der jüngsten Vergangenheit zeigte sich die Länderkunde immer weniger als eine einheitliche Forschungsrichtung. Die Untersuchung und Darstellung eines Landes erfordert umfangreiche Kenntnisse in den Disziplinen der Allgemeinen Geographie. Das starke Anwachsen der Erkenntnisse in allen Teildisziplinen der Geographie hat zwangsläufig zu einer Spezialisierung der Geographen geführt. Dadurch ist es einem einzelnen Forscher kaum mehr möglich, alle Aspekte einer länderkundlichen Darstellung zu behandeln. Die genannten Gründe sind wohl dafür verantwortlich, daß derartige länderkundliche Gesamtdarstellungen in den letzten Jahren nur noch selten verfaßt worden sind oder, wie die geplante Länderkunde von Deutschland, das Werk verschiedener Spezialisten darstellen. Einige neuere länderkundliche Werke behandeln ein Land oder einen Raum unter einem oder auch mehreren Leitgedanken, z. B. die Fischer-Länderkunden und die Harms-Handbuchreihe. Diese thematisierte oder problemorientierte Länderkunde knüpft an die Gedanken *H. Spethmanns* an. Die dominanten Erscheinungen oder Probleme eines Raumes werden in den Vordergrund gestellt und in ihrer strukturellen und funktionalen Verknüpfung mit anderen Erscheinungen dargestellt.

Manche Geographen sind – wenn auch längst nicht mehr so unangefochten wie noch vor einigen Jahren – nach wie vor der Auffassung, die Länderkunde sei die zentrale Aufgabe der Geographie. Sie stelle die Zusammenfassung der geographischen Forschungsergebnisse dar.[24] Der ehemalige Anspruch der Länderkunde, den Totalcharakter eines Raumes, das gesamte Wechselwirkungsgefüge seiner Erscheinungen, zu untersuchen, ist inzwischen allgemein als nicht zu verwirklichen erkannt worden. Nach *W. Gerling* untersucht die Länderkunde die speziellen Assoziationen der einen Raum beherrschenden Faktoren; nicht die totale Landschaft, sondern ihre entscheidende Struktur.[25] „Aus der Analyse der Zusammenhänge resultieren ... Dominanten und Strukturen."[26] In vielen Kulturlandschaften ist die Zahl der interdependenten Faktoren so groß und ihr Beziehungsgefüge so komplex, daß die Korrelationen in ihrem Gewicht und ihren Auswirkungen kaum eindeutig bestimmbar sind, was der Interpretation einen erheblichen Spielraum läßt.[27] Der Strukturzusammenhang der einzelnen Erdräume ist einmalig und verlangt eine idiographische Erforschung und Darstellung. *W. Gerling* betont jedoch, daß Länderkunde als Strukturgeographie auch in exemplarischer Weise zu betreiben sei.[28] Diese Auffassung, daß die am individuellen Raum gewonnene Erkenntnis der strukturellen und funktionalen Beziehungen geographisch relevanter Faktoren auf andere Räume übertragbar sei, vertritt auch *J. Birkenhauer*.[29]

1.1.3. Die wissenschaftstheoretische Infragestellung
der Länderkunde

Mit dem Erscheinen der wissenschaftstheoretischen Habilitationsschrift von *D. Bartels*[30] setzte eine massive Kritik an der Länderkunde ein, die auf dem Deutschen Geographentag in Kiel 1969 ihren Höhepunkt erreichte. Entsprechend der Vielfalt der Forschungsansätze und Darstellungsmethoden setzte auch die Kritik an den verschiedensten Punkten an. Von seiten der Wissenschaftstheorie richtete sich vor allem gegen den Anspruch der Länderkunde, Räume in der Gesamtheit ihrer Erscheinungen zu erfassen, sowie den Mangel an Theoriebildung und die Konzeptionslosigkeit der Länderkunde. Ein Raum sei in seiner Totalität nicht erfaßbar. Außerdem gäbe es bisher keinen Nachweis dafür, daß Teile eines Ganzen nur aus dem Gesamtzusammenhang erklärbar seien.[31] *G. Hard* bezeichnet Begriffe wie Wesen, Totalität, Ganzheit als Leerformeln[32] und die ganzheitliche Denkweise in Anlehnung an *K. Popper* als vorwissenschaftlich.[33] Da Gesamtzusammenhänge nicht wissenschaftlich erfaßbar seien, führe das Bemühen darum häufig zu einem Rückgriff auf die Intuition des Forschers.[34] Infolge des Mangels an einem theoretischen Konzept fehlten objektive Entscheidungskriterien für die Stoffauswahl und für die Bestimmung von Dominanten. Die Länderkunde biete jeweils subjektiv ausgewählte Informationen über einen Raum.[35] Aufgrund dieser wissenschaftstheoretischen Einwände sprachen

die Studenten auf dem Kieler Geographentag der Länderkunde die Wissenschaftlichkeit ab und forderten ihre Abschaffung. Weitere Argumente richten sich gegen die länderkundliche Forschungspraxis bzw. die Darstellungsmethoden. So stellt G. Hard fest, die Länderkunde als Verflechtungsdenken neige zu harmonistischer Betrachtung und verschleiere Konflikte.[36] Da sie die Einzigartigkeit jedes Erdraumes herausarbeite, führe sie nicht zu fundamentalen Einsichten.[37] Weiter kritisiert G. Hard, daß die Inhalte der Länderkunde nicht adressatengerecht seien, um welt- und umweltkundliche Informationen zu liefern. Die Massenmedien seien dazu besser in der Lage, da sie aktueller sind.[38]
Diese letztgenannten Kritikpunkte betreffen jeweils nur bestimmte länderkundliche Ansätze. Neuere länderkundliche Darstellungen, z. B. G. Fuchs: Die Bundesrepublik Deutschland,[39] zeigen, daß den Gefahren der harmonistischen Betrachtung und Problemlosigkeit durchaus zu begegnen ist.

1.1.4. Argumente für die Beibehaltung der Länderkunde
Die theoretischen Schwächen der Länderkunde, wie sie von D. Bartels, G. Hard und G. Bahrenberg u. a. aufgezeigt wurden, sind offenkundig. Dennoch wollen ihr selbst die Kritiker die Existenzberechtigung keineswegs ganz absprechen. Sowohl für die Länderkunde im Sinne der Untersuchung eines Staates, als auch für die Länderkunde, die die Untersuchung des Wirkungsgefüges in einem beliebigen, abgrenzbaren Erdraum meint, werden stichhaltige Argumente vorgebracht. Für Untersuchungen auf Länder-(Staaten-)basis spricht die Tatsache, daß die Regierung durch Verwaltung, Zoll- und Währungs-, Wirtschafts-, Verkehrs- und Außenpolitik erheblichen Einfluß auf alle anthropogenen Elemente innerhalb des Staatsraumes ausübt. Daneben ist es von großer Bedeutung für die Forschungspraxis, daß Staaten innerhalb ihrer Grenzen statistische Erhebungen überall nach gleichen Gesichtspunkten durchführen und auswerten. Die Daten verschiedener Länder sind oft nicht vergleichbar; und eigene Erhebungen durch einen einzelnen Forscher sind meist undurchführbar.[40]
F. K. Fischer und H. H. Hild führen an, daß Lebensraumprobleme innerhalb von Ländergrenzen auftreten und daß die Probleme der Erschließung, Gestaltung und Nutzung von Räumen überwiegend von den Regierungen gelöst werden. Gesellschaftliche und politische Entscheidungen werden für Staatsgebiete getroffen, somit ist die Lebenssituation der Menschen vom Verlauf der politischen Grenzen abhängig.[41]
Für die Beibehaltung der länderkundlichen Betrachtungsweise als Untersuchung von Wirkungsgefügen spricht sich E. Otremba aus. Er betont die Bedeutung der idiographischen Arbeit, die die empirische Grundlage für nomothetische Erkenntnisse liefert. Andererseits werden theoretische Erkenntnisse am räumlichen Einzelbeispiel auf ihre praktische Anwendbarkeit geprüft.[42]
Auch wenn man der Länderkunde die Wissenschaftlichkeit abzusprechen geneigt ist, so besteht doch in der Öffentlichkeit ein starkes Interesse an länderkundlichen Darstellungen, die eine kritische und ausgewogene Information liefern sollen. Ein gewisser Grundbestand singulären länderkundlichen Wissens stellt eine Hilfe zum Weltverständnis dar. Viele aktuelle Probleme lassen sich nur bei hinreichender und objektiver länderkundlicher Information sachgerecht beurteilen. Daraus ergibt sich die Forderung nach guten Länderkunden, die der raschen und umfassenden Information die-

nen. Danach hat die Länderkunde durchaus aktuellle Bedeutung und Gesellschaftsrelevanz.[43] Weiter existiert ein praktisches Bedürfnis nach einem übergreifenden Denken, das sowohl physischgeographische als auch anthropogeographische Faktoren einschließt. Die möglichst umfassende Analyse von Beziehungssystemen, die die Prognose für Entwicklungen ermöglicht, ist von großer Bedeutung für die Regionalplanung.[44]

1.2. Die Länderkunde im Geographieunterricht

1.2.1. Die traditionelle Stellung und Bedeutung der Schulländerkunde

Das Fach Erdkunde wurde 1872 an den preußischen Volksschulen eingeführt. Die Ziele des Geographieunterrichts ergaben sich aus der damaligen Ausprägung der wissenschaftlichen Geographie und der politischen Situation. Das neue Schulfach „sollte die (damaligen) Entdeckungen und deren Erkenntnisse in den Bildungshorizont des Volkes rücken. Es sollte schließlich auch den nationalpolitischen, imperialistischen Zielen des eben gegründeten Deutschen Reiches dienen, was der Erdkunde ihre traditionelle Zuwendung zu »Ländern und Völkern« gab".[45] Um die Jahrhundertwende verhalfen A. Kirchhoff, A. Hettner und F. von Richthofen der Länderkunde innerhalb der Fachwissenschaft zu hohem Rang. Sie vertraten die Auffassung, die Länderkunde sei die eigentliche Aufgabe der Geographie. Das von ihnen entwickelte länderkundliche Schema wurde bald von der Schule übernommen.

Bis Mitte der 60er Jahre behauptete die Länderkunde ihre Vorrangstellung im Geographieunterricht. Diese Bedeutung der Länderkunde resultierte einerseits aus der Orientierung der Schulgeographie an der Fachwissenschaft, zum anderen glaubte man, der Zielsetzung des Geographieunterrichts, ein umfassendes und geordnetes „Bild unserer Erde zu vermitteln und zum Verständnis fremder Völker und der eigenen Nation hinzuführen" sowie den Schülern „die Natur und den Menschen in ihren wechselseitigen Beziehungen" einsichtig zu machen,[46] durch die Länderkunde am ehesten gerecht werden zu können. Der länderkundliche Unterricht folgte dabei dem Prinzip „vom Nahen zum Fernen". In konzentrischen Kreisen, dem sogenannten länderkundlichen Gang, wurden die engere Heimat, Deutschland, die Länder Europas und danach schließlich die übrigen Kontinente behandelt. Die Erarbeitung der einzelnen Länder und Räume erfolgte nach dem länderkundlichen Schema. Das Schema diente der Gliederung der großen Stoffülle und garantierte zusammen mit den anderen genannten Prinzipien Systematik und Vollständigkeit der länderkundlichen Arbeit. Das große Problem dieser Länderkunde, mit ihrem Schwerpunkt auf materialer Wissensvermittlung, war die ungeheure Stoffülle, die häufig ein tieferes Eindringen in Beziehungen und Wechselwirkungen nicht zuließ und den Lehrer unter solchen Zeitdruck setzte, daß er sich manchmal mit der bloßen Aufzählung von Fakten begnügen mußte, wodurch die Länderkunde zur „Erwähnungsgeographie"[47] degradiert wurde. Außerdem fehlten den Schülern im Hinblick auf die Erkenntnis von Relationen weitgehend die allgemeingeographischen Grundlagen.

Die Idee H. Spethmanns, die Erarbeitung eines Landes unter einen Leitgedanken zu stellen, versprach eine Lösung des Stoffproblems und wurde von der Schulgeographie aufgenommen, allerdings unter oft unzutreffender thematischer Akzentuierung. Die Entwicklung der thematischen Länderkunde, die hier ihren Ausgang nahm, erhielt von verschiedenen Seiten weitere Impulse. Durch die Formulierung neuer Bildungsziele entfernte sich die Schulländerkunde zunehmend von der bloßen Wissensvermittlung. „Die denkende Durchdringung von Objektstrukturen wurde als wesentliches Moment im Bildungsprozeß erkannt. In diesem Sinne prägten vor allem Wockes didaktische Thesen den Erdkundeunterricht der beiden Nachkriegsjahrzehnte. Wocke legte dar, welche Einsichten an länderkundlichen Stoffen zu gewinnen sind, und leitete aus diesen Überlegungen die Forderung nach einer entsprechenden Schwerpunktbildung ab".[48] Die thematische Länderkunde wurde weiter entscheidend gefördert, als die Geographiedidaktik nach 1952 das Prinzip des Exemplarischen[49] aufnahm und zu verwirklichen suchte. Die länderkundliche Arbeit erhielt damit eine doppelte Zielsetzung: einerseits diente sie der Erfassung der einzelnen Länder in ihrer Individualität, zum anderen sollte sie am individuellen Raumbeispiel zu grundlegenden, übertragbaren Einsichten führen. Die thematische Länderkunde verbindet somit die idiographische Betrachtung eines Landes mit der Behandlung allgemeingeographischer (nomothetischer) Fragestellungen. Die Akzentuierung des einen oder anderen Aspekts erfolgt durch die Schulbuchautoren oder den einzelnen Lehrer. Unter der Bezeichnung „Länderkunde" wurden demnach in der Praxis sehr unterschiedliche Zielsetzungen verfolgt und verschiedene Unterrichtskonzepte angewandt.

Die Infragestellung des Prinzips „vom Nahen zum Fernen" durch *E. Hinrichs*[50] wirkte sich zunächst nicht auf die Anordnung länderkundlicher Inhalte aus. Erst als *W. Grotelüschen* diese Gedanken aufgriff[51] und sie in ein Unterrichtswerk umsetzte, beeinflußten sie die Praxis des länderkundlichen Unterrichts.

Bis Mitte der 60er Jahre hatten alle Veränderungen die Stellung der Länderkunde innerhalb der Schulgeographie nicht erschüttert, doch etwa 1968 geriet die Schulländerkunde ins Kreuzfeuer der Kritik, wodurch tiefgreifende Änderungen in der Geographiedidaktik eingeleitet wurden.

1.2.2. Die Kritik an der Schulländerkunde und Relativierung
       ihrer Position innerhalb der Schulgeographie

Seit 1968 erlebte die Schulgeographie eine didaktische Revolution, die sich in Richtlinien und Schulbüchern niederschlug und den Geographieunterricht grundlegend veränderte. Die Impulse hierzu kamen aus verschiedenen Richtungen. *S. B. Robinsohn* brachte die Lernzieldiskussion neu in Gang. Er forderte Überprüfbarkeit der Lernziele und Gesellschaftsrelevanz der Bildungsinhalte.[52] *K. Ruppert* und *F. Schaffer* entwickelten ein Konzept der Sozialgeographie,[53] das einen raschen Eingang in den Geographieunterricht gefunden hat. Weiter wurde zunehmend die Verwirklichung des exemplarischen Prinzips angestrebt, einmal im Hinblick auf die Erreichung der gesetzten Lernziele, zum anderen in der Absicht, die Stoffülle zu reduzieren. *A. Schultze* plädierte für die Ausrichtung des Geographieunterrichts an allgemeingeographischen Themen, um mit deren Hilfe zu übertragbaren Einsichten zu führen.[54] *R. Geipel* forderte eine Hierarchisierung der Unterrichtsinhalte im Sinne eines rampenförmigen Aufbaus.[55]

Im Jahre 1968 erschien das Unterrichtswerk von *W. Grotelüschen* und *A. Schüttler,* das in einem dreimaligen Gang um die Erde zunächst erdkundliche Einzelbilder, dann Erdteile und Länder und schließlich weltkundliche Übersichten vermitteln will.[56] Hier wurde endgültig mit dem Prinzip „vom Nahen zum Fernen" gebrochen. Von den drei Teilen dieses Unterrichtswerkes ist nur noch ein Band, der zweite, länderkundlich aufgebaut. Damit wurde die Länderkunde zwar nicht aus dem Geographieunterricht ver-

drängt, aber ihre Stellung innerhalb der Schulgeographie doch deutlich relativiert.
Parallel dazu wurde in zunehmendem Maße Kritik an der Schulländerkunde geübt, die auf dem Deutschen Geographentag in Kiel 1969 und in einer heftigen Diskussion in der Geographischen Rundschau 1970 ihren Höhepunkt erreichte. Wegen der engen Beziehung der Schulländerkunde zur Fachwissenschaft finden sich hier zunächst die Einwände, die gegen die Länderkunde erhoben wurden, insbesondere ihr Mangel an theoretischer Grundlegung.[57] Eine Zusammenfassung der Kritikpunkte führt H. Hendinger an. Hierbei ist zu berücksichtigen, daß sie die „Länderkunde als Grundlage des Lehrplanaufbaus des Erdkundeunterrichts"[58] angreift. Einige Argumente treffen somit nicht die Länderkunde als solche, z. B.: „Die Länderkunde entbehrt eines Rangordnungsprinzips für den stufengemäßen Aufbau von Lehrplänen, insbesondere seitdem die Rangfolge vom Nahen zum Fernen heute psychologisch nicht mehr haltbar ist."[59] Dazu ist anzumerken, daß, selbst wenn man nur die komplexeste geographische Betrachtungsweise, die Analyse der vielfältigen Beziehungen zwischen den raumwirksamen Faktoren, als Länderkunde bezeichnet, doch auf dem Wege dahin ein Fortschreiten von einfachen und leicht durchschaubaren zu immer komplexeren Beziehungen und zur Berücksichtigung einer immer größeren Anzahl von Faktoren möglich ist. Die Länderkunde als durchgehendes Ordnungsprinzip für den geographischen Unterricht wird heute kaum mehr befürwortet. Weiter ist es durchaus möglich, die länderkundliche Betrachtungsweise vom sogenannten länderkundlichen Gang zu trennen. Die Länderkunde braucht keineswegs dem Prinzip „vom Nahen zum Fernen" zu folgen.
Ein weiterer Einwand richtet sich gegen die mangelnde Transferierbarkeit der Einsichten. „Bei der Vermittlung der Länderkunde treten übertragbare Grundeinsichten zurück, die Erkenntnisse sind in erster Linie singulär, regional gebunden. Bei der Vielzahl der heute für Wirtschaft und Politik bedeutsamen Länder ist eine Anhäufung nur singulär verwendbaren Einzelwissens nicht mehr rational und damit nicht mehr vertretbar."[60] Wenn man davon ausgeht, daß die Länderkunde im Geographieunterricht nur *eine* Betrachtungsweise geographischer Erscheinungen neben anderen darstellt, fällt dieser Einwand weniger ins Gewicht. Daneben ist es sicher unbestreitbar, daß ein gewisser Bestand an singulärem Wissen eine notwendige Voraussetzung darstellt, um zu Einsichten in geographische Gesetzmäßigkeiten zu gelangen. Außerdem liefert die praktische Schularbeit Beispiele dafür, daß es möglich ist, über die individuelle Erarbeitung eines Raumes hinaus, anhand des jeweiligen Raumbeispiels zu übertragbaren Einsichten zu führen. Das entspricht nach A. Schultze dem Vorgehen im allgemeingeographisch orientierten Unterricht.[61]
Der Einwand von G. Ramakers trifft jedoch zu, daß nämlich das länderkundliche Beispiel selbst „den Schülern keine Kriterien für die Unterscheidung typischer und individueller Züge an die Hand" gibt, was der selbsttätigen Erarbeitung durch die Schüler Grenzen setzt.[62] Daß die Untersuchung der vielfältigen Interrelationen raumwirksamer Faktoren die latente Gefahr des Strebens nach Vollständigkeit in sich birgt, ist nicht von der Hand zu weisen. Bei jüngeren Schülern erzwingt aber schon der entwicklungspsychologische Stand der Kinder eine zahlenmäßige Beschränkung der Faktoren. Im übrigen scheint die Beschränkung auf bestimmte Faktoren eher eine Frage der konsequenten Planung und Durchführung des Unterrichts zu sein.

Weiter führt *H. Hendinger* an: „Länderkunde berücksichtigt nicht die psychologischen Grundlagen des Lehrens und Lernens. Da sie stets auf Vollständigkeit der Betrachtung zielt, erzeugt sie auch ohne den Einsatz des länderkundlichen Schemas schnell Langeweile."[63] Von der Fachwissenschaft ist inzwischen klargestellt worden, daß keine Raumganzheiten untersucht und erfaßt werden können; es handelt sich immer um die Betrachtung des Wechselwirkungsgefüges einer begrenzten Anzahl von Faktoren. Vollständigkeit ist insbesondere bei der Behandlung im Unterricht nicht möglich und nicht erstrebenswert (s. o.). Ein Mangel an Motivation kann nicht von der Länderkunde her begründet werden. Länderkundlicher Unterricht kann, wie jeder andere auch, so gestaltet werden, daß die Schüler motiviert sind.

Da die länderkundliche Betrachtungsweise auf die Erfassung der vielfältigen Wechselwirkungen innerhalb eines Raumes abzielt, dürfte die „Gefahr der Aufstellung monokausaler Abhängigkeiten"[64] hier gerade besonders gering sein. Die Frage, ob die Länderkunde im Zeitalter moderner Massenmedien als Informationsquelle noch eine genügende Lernmotivation für den Schüler bietet,[65] betrifft die übrigen Schulfächer und letztlich alle Lerninhalte gleichermaßen. Massenmedien liefern oft ein manipuliertes Bild eines Landes. Sie verbreiten Berichte und Informationen, die zu ihrem rechten Verständnis länderkundliche Kenntnisse voraussetzen. Daraus erwächst dem Geographieunterricht die Aufgabe, den Schüler dazu zu befähigen, diese Informationen kritisch aufzunehmen und sich aus den allgemein zugänglichen Quellen selbständig Kenntnisse über ein Land anzueignen.[66]

Aufgrund der angeführten Kritikpunkte gelangt *H. Hendinger* zur Ablehnung der Länderkunde als durchgehendes Ordnungsprinzip für den geographischen Unterricht. Der Ablehnung einer solchen Vorrangsstellung der Länderkunde ist voll zuzustimmen. Andererseits räumt sie der Länderkunde als einer Methode der „Erfassung des komplexen Zusammenspiels der Vielfalt geographischer Faktoren" durchaus einen Platz im Geographieunterricht ein. „Das Wechselwirkungsgefüge einer Landschaft, das Zusammenwirken funktional bestimmter Ordnungssysteme im Gefüge eines Staates, die Erfassung der Raumstrukturen eines Kontinents bedürfen der Aufhellung durch den landschafts- und länderkundlichen Erkenntnisansatz."[67]

Eine eindeutig ablehnende Haltung gegenüber der Länderkunde nimmt *A. Schultze*[68] als Vertreter des exemplarischen Prinzips ein. Nach seiner Ansicht wurde das Fach Geographie bisher durch die Länderkunde abgewertet. Hier wird deutlich, daß, wenn Schulgeographie gleich Länderkunde ist, wie noch vor einigen Jahren, die Kritik an der Länderkunde den Wert des ganzen Faches in Zweifel ziehen muß. Dann bekommt die Überwindung der Länderkunde eminente Bedeutung für die Strategie des Faches, wenn es darum geht, den Platz der Geographie im Fächerkanon der allgemeinbildenden Schulen zu erhalten. *A. Schultze* plädiert dafür, die Länderkunde ganz aufzugeben und auf allen Stufen „allgemeingeographisch-exemplarische Erdkunde" zu betreiben.[69] Nach seiner Auffassung führt der Weg der Geographiedidaktik von der Länderkunde nach dem länderkundlichen Schema über die Länderkunde nach dominanten Faktoren konsequent weiter zur Allgemeinen Geographie.[70] Für seine Themenbeispiele dienen die Regionen nur noch als Aufhänger. Diese Arbeit sieht er nicht mehr als Länderkunde an.[71]

J. Birkenhauer, der sich engagiert für eine problemorientierte Länderkunde einsetzt, zeigt auf, daß einige Themen, die *A. Schultze* vorschlägt, ein Beziehungsgefüge beinhalten, daß sie komplexe Geographie an regionalen Beispielen darstellen, und somit nach seiner Auffassung der Länderkunde zugeordnet werden sollten.[72] Für *J. Birkenhauer* ist die zentrale Frage der problemorientierten Länderkunde die Inwertsetzung des Raumes durch die Arbeit des Menschen. Die Inwertsetzung ist mit Hilfe verschiedener Parameter – z. B. Bevölkerungsdichte, Bruttoinlandsprodukt u. a. und deren Verteilung im Raum – meßbar.[73] *J. Birkenhauer* betont, daß so die Dominanten eines räumlichen Gefüges erfaßt, quantifiziert und hierarchisiert werden können. Wendet man diese Methode auf verschiedene Länder an, so kann man im Vergleich zu länderkundlichen Regelhaftigkeiten und Gesetzmäßigkeiten gelangen. Diese Länderkunde führt demnach zu exemplarischen Einsichten. *J. Birkenhauer* glaubt somit, wesentliche Argumente widerlegt zu haben, die gegen die Länderkunde, insbesondere die Länderkunde nach dominanten Faktoren, vorgebracht worden sind. Er wirft den Gegnern der Länderkunde vor, daß ihre Einwände bloße Meinungen darstellten, die nicht empirisch überprüft seien. Aus den Ausführungen *J. Birkenhauers* geht nicht hervor, ob sein Konzept der problemorientierten Länderkunde, insbesondere die Ermittlung und Quantifizierung der Dominanten, sich in der Durchführung als praktikabel erwiesen hat; dort, wo es um die Auffindung länderkundlicher Regelhaftigkeiten geht, ist ersichtlich, daß praktische Erfahrungen noch fehlen.

Verfolgt man die Kontroverse um die Länderkunde in der Geographischen Rundschau, so wird deutlich, daß auf beiden Seiten Thesen vertreten worden sind, die teilweise unbewiesen sind. Die Forderung *J. Birkenhauers* nach empirischer Untermauerung sollte deshalb möglichst bald erfüllt werden. Außerdem sind in der Diskussion von verschiedenen Autoren gleiche Termini in unterschiedlicher Bedeutung verwendet worden, was zu Mißverständnissen geführt hat. Die Diskussion um die Länderkunde ist nicht bis zum Ende ausgetragen worden. Es hat den Anschein, daß die gegensätzlichen Standpunkte nicht so unvereinbar sind, wie es auf den ersten Blick aussah. Allgemeine Geographie und Länderkunde sind in bezug auf den Geographieunterricht keine Alternativen. Der Haupttrend in Lehrplänen und Schulbüchern geht in den letzten Jahren zur Allgemeinen Geographie, aber beide, Allgemeine Geographie und Länderkunde, haben als zwei prinzipiell verschiedene Betrachtungsweisen, die sich gegenseitig ergänzen, ihre Berechtigung in der Fachwissenschaft und im Unterricht.

1.3. Verschiedene Aspekte des länderkundlichen Verständnisses

Unter dem Begriff „Länderkunde" soll im folgenden eine Betrachtungsweise verstanden werden, die darauf abzielt, die jeweils spezifische Verflechtung und Wechselwirkung geographischer Faktoren der verschiedenen Seinssphären in einem beliebig begrenzbaren Ausschnitt der Erdobefäche – im Sonderfall innerhalb eines Staates – zu untersuchen und darzustellen. Verschiedene Betrachtungsaspekte (s. u.) werden dabei miteinander verknüpft. So verstanden kann Länderkunde als Verflechtungsdenken charakterisiert werden; sie ist nicht vom Untersuchungsobjekt her definiert.

Dieses Ziel, die vielfältigen Wechselwirkungen geographischer Faktoren zu untersuchen und zu erkennen, verfolgte auch die herkömmliche Länderkunde. Es geht nun darum, diese Betrachtungsweise von den alten methodischen Konventionen der Schulländerkunde, wie dem Gang vom Nahen zum Fernen und dem Fortschreiten in konzentrischen Kreisen, sowie dem länderkundlichen Schema, zu lösen. Die Behandlung eines ganzen Landes, die auch ihre Berechtigung hat, tritt zugunsten kleinerer räumlicher Einheiten in den Hintergrund. Dabei wird nicht mehr angestrebt, den Raum in der Gesamtheit seiner Erscheinungen zu erklären, sondern es werden die Beziehungen zwischen einer festgelegten, begrenzten Anzahl von raumrelevanten Faktoren erarbeitet.

Diese Betrachtungsweise wurde schon im bisherigen länderkundlichen Unterricht angestrebt – wenn auch oft wegen der Stoffülle nicht erreicht –, deshalb war hier eine ausführliche Auseinandersetzung mit der Länderkunde erforderlich. Es wäre jedoch von Vorteil, dieses Verflechtungsdenken in Zukunft nicht mehr „Länderkunde" zu nennen, um eine Verwechslung mit der herkömmlichen Länderkunde zu vermeiden.

Das Gefüge geographisch relevanter Erscheinungen in einem Raum kann verschiedenen Betrachtungsweisen unterzogen werden, die sich gegenseitig ergänzen. Einzelne Faktoren können nach Aufbau und Form, also nach ihrer Struktur erfaßt werden. Die Untersuchung eines oder mehrerer Faktoren auf ihre Verteilung im Raum hin führt zu Verbreitungsmustern. Diese Betrachtungsweise läßt Strukturen im Raum erkennen. Zwischen den einzelnen Faktoren und Faktorengruppen bestehen vielfältige Beziehungen, z. T. lineare Abhängigkeiten, z. T. komplizierte Wechselwirkungen. Im anorganischen und nicht-menschlichen organischen Bereich herrschen kausale Beziehungen. Auch der Mensch steht durch seine Aktivität in einer Beziehung zum Raum, die ebenfalls wechselseitig ist, aber nicht dem Gesetz der Kausalität unterliegt. Diese Relationen werden durch die funktionale Betrachtungsweise aufgedeckt. Darüber hinaus sind die geographisch relevanten Erscheinungen im Raum einem zeitlichen Wandel unterworfen. Das gilt gleichermaßen für Strukturen und Funktionen. Die genetische Betrachtung verfolgt die Veränderungen im Zeitablauf. Mit ihrer Hilfe können einerseits frühere Zustände rekonstruiert werden, andererseits verhilft das Verfolgen der Entwicklung oft erst zum rechten Verständnis des augenblicklichen Zustandes, der so als eine Momentaufnahme eines Prozesses erfaßt wird.

H. Carol zeigt die Beziehung und gegenseitige Ergänzung dieser drei Betrachtungsweisen auf. Die Geographie hat damit ein Denksystem entwickelt, „womit die unendliche Mannigfaltigkeit der Wirklichkeit durchdrungen, Betrachtungsweisen, Denkebenen, auf welche die Vielfalt abstrahiert, projiziert wird".[74]

Um das Wirkungsgefüge eines Raumes zu erfassen, um also Länderkunde betreiben zu können, ist es erforderlich, diese drei Betrachtungsweisen zu vollziehen. Das Verständnis für länderkundliche Zusammenhänge setzt demnach die Fähigkeit voraus, Strukturen, funktionale Abhängigkeiten und Veränderungen im Zeitablauf zu erfassen. Von den drei genannten Betrachtungsweisen wurden so drei Aspekte länderkundlichen Verständnisses für die empirische Untersuchung an Grundschülern abgeleitet. Drei weitere Untersuchungsaspekte ergaben sich aus den Überlegungen, aus welchen sonstigen Fähigkeiten sich länderkundliches Verständnis konstituiert. Die Geographie versteht sich als Raumwissenschaft. Die beobachteten Sachverhalte befinden sich an bestimmten Stellen im Raum, zwischen ihnen bestehen räumliche Beziehungen. Raumverständnis, als eine Vorstellung vom Raum und die Fähigkeit, sich im Raum zu orientieren, ist demnach ebenfalls erforderlich, um Länderkunde zu betreiben. Eine weitere Voraussetzung stellt das Verständnis geographischer Begriffe dar. Es hat gewissermaßen eine propädeutische Funktion. Klar abgegrenzte, eindeutige Begriffe dienen der Erfassung der Sachverhalte und ihrer Beziehungen und ermöglichen erst die Verständigung darüber. Dagegen stellt das Wissen der Schüler um geographische Fakten und ihre räumliche Zuordnung, z. B. zu bestimmten Ländern oder Kontinenten, einen Indikator für das Interesse der Schüler und ihr geographisches Vorwissen dar; es ist jedoch im Gegensatz zu den vorher genannten Fähigkeiten keine unabdingbare Voraussetzung für länderkundliche Arbeit im Unterricht.

[1]) *H. Bobek*, Das logische System, 1957, S. 140 ff.
[2]) *A. Hettner*, Die Geographie, 1927, S. 321 ff.
[3]) Vgl. *H. Schmitthenner*, Länderkunde, 1954, S. 14
[4]) *N. Krebs*, Wesen und Wert der Länder, 1941, S. 3 f.
[5]) Vgl. *C. Troll*, Die geographische Landschaft, 1950, S. 165
[6]) Vgl. *H. Carol*, Landschaft und Geographie, 1956, S. 114
[7]) Vgl. *H. Bobek/J. Schmithüsen*, Landschaft, 1949, S. 113
[8]) Vgl. *R. Sieger*, Länderkunde und Landeskunde, 1915, S. 211
[9]) Vgl. *H. Bobek*, 1957, S. 139
[10]) Vgl. *E. Weigt*, Die Geographie, 1968, S. 9
[11]) Vgl. *E. Weigt*, 1968, S. 34
[12]) Vgl. *H. Beck*, Geographie, 1973, S. 294
[13]) *A. Hettner*, Das länderkundliche Schema, 1932. S. 1
[14]) Vgl. *A. Hettner*, 1932, S. 3
[15]) *H. Beck*, 1973, S. 318
[16]) Vgl. *E. Plewe*, Regionale Geographie, 1952, S. 416
[17]) *A. Schultze*, Allgemeine Geographie, 1970, S. 6
[18]) *H. Spethmann*, Dynamische Länderkunde, 1928
[19]) *H. Spethmann*, Dynamische Länderkunde, 1933, S. 208
[20]) *H. Spethmann*, 1933, S. 208 ff.
[21]) Vgl. *H. Spethmann*, 1933, S. 210
[22]) Vgl. *A. Hettner*, 1932, S. 1
[23]) *H. Lautensach*, Der geographische Formenwandel, 1952, S. 3
[24]) Vgl. *H. Beck*, 1973, S. 408
[25]) Vgl. *W. Gerling*, Regionale Geographie, 1973, S. 17
[26]) *W. Gerling*, 1973, S. 32
[27]) Vgl. *W. Gerling*, 1973, S. 23
[28]) Vgl. *W. Gerling*, 1973, S. 29
[29]) *J. Birkenhauer*, Länderkunde, 1970
[30]) *D. Bartels*, Wissenschaftstheoretische Grundlegung, 1968
[31]) Vgl. Geografiker 3, 1969, S. 11
[32]) Vgl. *G. Hard*, Die Geographie, 1973, S. 221
[33]) Vgl. *G. Hard*, 1973, S. 102
[34]) Vgl. Geografiker 3, 1969, S. 12
[35]) Vgl. *G. Hard*, 1973, S. 221
[36]) Vgl. *G. Hard*, Wird die Geographie überleben?, 1972, S. 10
[37]) Vgl. *G. Hard*, Die Geographie, 1973, S. 224
[38]) Vgl. *G. Hard*, 1973, S. 222
[39]) *G. Fuchs*, Die Bundesrepublik Deutschland, 1977
[40]) Vgl. *E. Plewe*, Regionale Geographie, 1952, S. 418
[41]) Vgl. *F. K. Fischer/H. Hild*, Länderkundlich orientierter Unterricht, 1974, S. 56
[42]) *E. Otremba*, auf dem Deutschen Geographentag in Kiel, Tagungsbericht, 1970, S. 209
[43]) Vgl. *E. Wirth*, Thesen zur Länderkunde 1970, S. 447 ff.
[44]) *K. Ganser*, Deutscher Geographentag in Kiel, 1970, S. 223
[45]) *H. Geibert*, Erdkunde im Umbruch, 1974, S. 4
[46]) *H. Knübel*, Landschaft und Mensch, 1952, S. 726
[47]) *A. Schultze*, Allgemeine Geographie, 1970, S. 7
[48]) *L. Bäuerle*, Die Krise der Länderkunde, 1970, S. 21

[49]) s. *M. Wagenschein*, Exemplarisches Lehren, 1952
[50]) *E. Hinrichs*, Erdkunde im 5. und 6. Schuljahr, 1950
[51]) *W. Grotelüschen*, Stufen des Erdkundeunterrichts, 1965
[52]) *S. B. Robinsohn*, Bildungsreform, 1967
[53]) *K. Ruppert/F. Schaffer*, Sozialgeographie, 1969
[54]) *A. Schultze*, Allgemeine Geographie, 1970
[55]) *R. Geipel*, Geographie im Fächerkanon, 1968
[56]) *W. Grotelüschen/A. Schüttler*, Dreimal um die Erde, 1968–1972
[57]) Vgl. auch S. 9
[58]) *H. Hendinger*, Neuorientierung der Geographie, 1970, S. 11
[59]) *H. Hendinger*, 1970, S. 11
[60]) *H. Hendinger*, 1970, S. 11
[61]) Vgl. *A. Schultze*, Allgemeine Geographie, 1970, S. 2
[62]) *G. Ramakers*, Curriculumrevision 1974, S, 357
[63]) *H. Hendinger*, 1970, S. 12
[64]) *H. Hendinger*, 1970, S. 12
[65]) *H. Hendinger*, 1970, S. 11
[66]) Vgl. *D. Böhn,* Regionale Geographie 1974, S. 55
[67]) *H. Hendinger*, 1970, S. 15
[68]) *A. Schultze*, Allgemeine Geographie, 1970
[69]) Vgl. *A. Schultze*, 1970, S. 7
[70]) Vgl. *A. Schultze,* 1970, S. 8
[71]) Vgl. *A. Schultze*, 1970, S. 7
[72]) Vgl. *J. Birkenhauer*, Länderkunde, 1970, S. 199
[73]) Vgl. *J. Birkenhauer*, 1970, S. 197
[74]) *H. Carol*, Das Agrargeographische Betrachtungssystem, 1952, S. 20

2. Die länderkundlichen Aspekte der empirischen Untersuchung

2.1. Begriffsverständnis

Die Begriffe dienen dem Menschen als Denkwerkzeuge zur Erfassung der Realität. Mit ihrer Hilfe wird die Erfahrungswirklichkeit organisiert und die Komplexität der Umwelt reduziert.[1] Es muß daher ein Ziel jeden Unterrichts sein, die Schüler dahin zu führen, daß sie über klare, definierbare Begriffe verfügen, mit deren Hilfe sie Sachverhalte analysieren und sich darüber verständigen können. Wenn diese Begriffsbildung gezielt geschehen soll, ist es notwendig, das Begriffsverständnis der Schüler zu kennen, auf das der Unterricht trifft.

2.1.1. Beiträge der Geographiedidaktik zur Begriffsbildung

Das Problem der Begriffsbildung ist in der fachdidaktischen Literatur verschiedentlich behandelt worden. Es liegen jedoch kaum echte empirische Untersuchungen vor, meist handelt es sich um Erfahrungsberichte aus der Schularbeit. Auf der Grundlage eigener Unterrichtserfahrungen werden methodische Hinweise zur Einführung geographischer Begriffe als Handreichung für den Lehrer gegeben.[2] Die Autoren betonen die große Bedeutung der Anschauung für die Begriffsbildung und fordern, daß den Schülern Gelegenheit gegeben wird, Gegenstände in realer Begegnung zu „begreifen", zu erfahren und zu erleben, um auf diesem Wege zu klaren und anschaulichen Begriffen zu gelangen. In Beispielen wird der methodische Weg der Begriffserarbeitung ausführlich beschrieben. An keiner Stelle wird jedoch über den Begriff als solchen reflektiert bzw. definiert, was die Autoren darunter verstehen. Die Auffassung, daß aus dem Umgang mit dem Gegenstand der Begriff unmittelbar hervorgehe, deutet darauf hin, daß Begriff und Gegenstand gedanklich nicht klar getrennt werden.

Der Terminus „Grundbegriff" findet sich in sehr unterschiedlicher Bedeutung. *W. Ingelbach* faßt unter Grundbegriffe z. B. Berg, Tal, Fluß, daneben aber auch so komplexe Begriffe wie Landwirtschaft und Bodenverhältnisse zusammen. Eine eindeutige, wenn auch unbefriedigende Unterscheidung zwischen Grundbegriffen und Begriffen trifft *H. Köck*, der die Grundbegriffe der Physischen Geographie und die Begriffe der Geographie des Menschen zuordnet.[3] *J. Birkenhauer* läßt als Grundbegriffe bzw. Begriffe nur solche gelten, die ein Beziehungsgefüge ausdrücken, wie z. B. „Steigungsregen"; andere bezeichnet er als Fachausdrücke.[4] Bisher ist es offenbar nicht gelungen, grundlegende Begriffe für das Fach Geographie zu definieren. Im folgenden wird die Terminologie des jeweiligen Autors benutzt, wobei Begriff und Grundbegriff synonym verwendet werden.

Die umfangreichste Untersuchung über Inhalt und Umfang geographischer Grundbegriffe und deren Abhängigkeit vom Alter der Kinder führte *J. Wollersheim* durch.[5] Er stellte einen Katalog von Begriffen auf – u. a. Berg, Fluß, Dorf, Stadt, Erde, Sonne – und befragte darüber insgesamt 39 Kinder des 1. bis 8. Schuljahres in Einzelgesprächen. *J. Wollersheim* unterscheidet anschauliche und unanschauliche Begriffe; die letzteren repräsentieren Objekte, die der Erfahrung nicht zugänglich sind, wie z. B. die Erde als Himmelskörper. Er stellte fest, daß die anschaulichen Begriffe auf allen Altersstufen einen höheren Bekanntheitsgrad aufweisen. Bei den Antworten der Kinder fand er vier verschiedene Definitionsweisen: Definition durch Zweckangabe, durch Beschreibung, durch Beispiel und durch Oberbegriff. Bis zum 6. Schuljahr einschließlich überwiegt die Definition durch Beschreibung, danach die Nennung des Oberbegriffs. Erstere zeichnet sich dadurch aus, „daß die Vpn. offensichtlich nur einen einzigen Gegenstand nach Nennung des Reizwortes reproduzieren und diese reproduzierte Vorstellung *nicht als Beispiel* für das gegebene Reizwort, sondern als *den* hiermit gemeinten Gegenstand auffassen".[6] Bei Kindern des 1. Schuljahres stellte *J. Wollersheim* fest, „daß a) gewisse, *zufällige* Beschaffenheiten eines bestimmten, von der Vp. vorgestellten Berges als *generelle* Begriffsmerkmale angegeben werden. b) Die Merkmalsangaben mit *persönlichen Erlebnissen* verknüpft werden. c) Phantasievorstellungen mit realbedingten Erinnerungsvorstellungen als gleichwertig verknüpft werden".[7] Diese Kinder verfügen demnach in bezug auf die Gegenstände der Befragung noch nicht über Begriffe, die eine Klasse von Objekten repräsentieren, sondern „besitzen nur einen «Assoziationsbegriff» oder «Individualbegriff»".[8] Die genannten Merkmale kindlicher Begriffe treten nach *J. Wollersheim* bis zum 8. Schuljahr völlig zurück.

Die Arbeit von *J. Wollersheim* zeigt auf, daß sich die Begriffe jüngerer Kinder nach Inhalt und Umfang von denen der Erwachsenen unterscheiden. Die an einer sehr kleinen und willkürlich ausgewählten Stichprobe erhobenen Daten lassen jedoch nicht die allgemeingültigen Schlüsse zu, die er aus den Ergebnissen ableitet.

Durch Beobachtung und Befragung in 8. und 9. Schuljahren ermittelte *G. Puttich,* daß die Schüler im Unterricht bereits behandelte Begriffe nicht oder nur unzureichend anwenden und erklären können und oft Begriffe untereinander verwechseln. Er macht allerdings keine Angaben darüber, welche Begriffe – außer dem sehr komplexen Beispiel „Kolonie" – untersucht wurden.[9]

F. Stückrath befragte 50 Kinder des 4. Schuljahres, indem er die Reizwörter „Urwald, Neger, Vulkan, Küste, Wüste, China" vorgab und dazu Zeichnungen anfertigen ließ bzw. Einzelgespräche führte.[10] *H. Apfelstedt* ließ im 4. und 5. Schuljahr Aufsätze und Zeichnungen zu den Reizwörtern „Amerika, Rußland, Wüste, Meer" anfertigen. Obwohl beide Untersuchungen das Ziel verfolgten, die Vorstellungen der Schüler über ferne Länder und Landschaften zu ermitteln, geht aus den Schüleräußerungen einiges über die inhaltliche Füllung dieser komplexen Begriffe hervor. Bedingt durch die Aufgabenstellung werden kaum Begriffsdefinitionen, sondern vorwiegend Assoziationen zu den Begriffen angegeben. Die Äußerungen der Schüler zeigen, daß ihre Vorstellungen neben sachlichen Merkmalen, die z. T. zutreffend, z. T. klischeehaft sind, auf dieser Altersstufe noch starke Affektgehalte haben.[11] Auch hier wird deutlich, daß die Schüler die vorgegebenen Begriffe zwar verstehen, daß diese aber inhaltlich nicht den Begriffen der Erwachsenen entsprechen. Beide Autoren weisen darauf hin, daß die kindlichen Begriffe keine starren Schemata darstellen, sondern einem Wandel unterliegen. Daß die Begriffsbildung ein langdauernder Prozeß ist, bei dem der Inhalt eines Begriffs vielfältig modifiziert wird, betont auch *H. Köck,* hier bezogen auf die systematische Erarbeitung von Begriffen im Unterricht.[12] Da Kinder sich leicht durch Beobachtungslernen den richtigen Gebrauch von Begriffen in isolierten Situationen aneignen, täuschen sie darüber hinweg, daß sie nur das Wort, nicht aber den Begriff erworben haben. Vor dieser Gefahr des Verbalismus warnen *G. Puttich* und *W. Ingelbach.*

2.1.2. Beiträge der Psychologie zur Begriffsbildung

Eine Betrachtung von Begriffen und des Prozesses der Begriffsbildung erfordert zunächst eine klare Unterscheidung von Wort, Begriff und Sachverhalt. Nach einer Definition von *F. Kainz* sind Begriffe „unanschauliche Denkgebilde, in denen bestimmte Wirklichkeitsgegebenheiten, die durch gemeinsame Wesensmerkmale geeinigt sind, zusammengefaßt werden".[13] Begriffe können schon vorsprachlich gebildet werden, z. B. indem ein Individuum lernt, auf eine Klasse von Reizen in einer bestimmten Weise zu reagieren, aber sie werden erst durch die Bindung an ein Wort, das als Symbol und Träger fungiert, voll verfügbar.[14] Die Zusammenfassung von Sachverhalten bei gleichzeitiger Abstraktion von individuellen Merkmalen entlastet das Denken. Es wird weniger anschaulich, aber gleichzeitig leistungsfähiger.

Manche Autoren unterscheiden verschiedene Arten von Begriffen. *R. Gagné* bezeichnet Begriffe, die Gegenstände oder ihre Merkmale repräsentieren, als konkrete Begriffe – z. B. Baum, Haus, Farbe, Größe – und solche, die Relationen beinhalten wie Diagonale, Quadratwurzel als Definitionsbegriffe.[15] Für Begriff und Oberbegriff finden in der Literatur verschiedene Termini Verwendung.

Wissenschaftstheoretische Überlegungen zu Begriff und Begriffsbildung stellt *W. Nestle* an. Er betont, „daß komplexe Begriffe mehr sind, als durch empirische Sachverhalte aufgewiesen werden kann" und wendet sich gegen „Verfahren zur Begriffsbildung, nach denen Begriffe lediglich durch sinnlich Wahrnehmbares aufgebaut werden".[16]

Der Prozeß der Begriffsbildung ist in zahlreichen Experimenten empirisch untersucht worden. Einen Überblick über die Ergebnisse empirischer Forschung gibt G. Kaminski.[17] Die Versuchsanordnung, bei der die Vpn. lernten, verschiedene Zeichen, die im Gesamt ähnlich waren, sich aber im Detail unterschieden, mit demselben „Namen", meist sinnlosen Silben, zu belegen, ist vielfach variiert worden. G. Kaminski stellt hierzu jedoch kritisch fest, daß damit nicht eigentlich Begriffsbildung untersucht worden sei – denn Begriffe sind logische Klassenbildungen mit komplizierten Beziehungen von Inhalt und Umfang –, sondern daß aus diesem Insgesamt von Merkmalen, die einen Begriff ausmachen, um der methodischen Sauberkeit des Experiments willen nur einzelne Merkmale herausgegriffen worden seien. Weiter bemerkt er, daß es sich um Begriffe handelte, die die Vp. nicht erst im Experiment erwarb, sondern die schon vorhanden waren und nur aktualisiert wurden. Es war demnach kein Prozeß der Begriffsbildung sondern der Begriffsfindung.[18]

Die Vorgänge bei der Bildung konkreter Begriffe beschreibt *R. Gagné.* Das Individuum muß zunächst lernen, Gegenstände differenziert zu sehen und Merkmale zu unterscheiden (Diskriminationslernen), dann kann es in einem zweiten Schritt lernen, auf eine Kollektion von Gegenständen „als Klasse zu reagieren und diese Reaktion über die speziellen, ursprünglich präsenten Klassenglieder hinaus auszudehnen" (Begriffslernen).[19] So lernen die Schüler zuerst, ein Wort mit einem Gegenstand in Beziehung zu setzen. Danach werden sie mit verschiedenen Gegenständen konfrontiert, die den Begriff repräsentieren, und solchen, für die das nicht zutrifft, um die Diskrimination zu lernen. Bei dieser systematischen Erarbeitung von Begriffen im Unterricht ist es wichtig, daß die Schüler den Begriff in vielen verschiedenen Reizsituationen identifizieren, damit sie ihn in seiner ganzen Breite erfassen. Erst wenn der Schüler fähig ist, den Begriff in einer neuen Reizsituation selbständig anzuwenden, zeigt er damit, daß er ihn wirklich erworben hat. Während das Begriffslernen durch Versuch und Irrtum ein sehr langwieriger Prozeß ist, kann dadurch, daß die verschiedenen Reizsituationen zeitlich sehr nahe beieinander liegen, ein Begriff schnell erworben werden. Der Unterstützung des Begriffslernens durch die Versprachlichung kommt eine große Bedeutung zu.[20]

Der Bildung komplexer, abstrakter Begriffe wie z. B. Raum und Zeit ist *J. Piaget* in umfangreichen Untersuchungen nachgegangen. Er zeigt auf, daß ein logischer Klassenbegriff nicht isoliert erworben wird, sondern daß er jeweils in einem ganzen System von „Einschachtelungen" steht. Solche Klassenbegriffe werden über viele Vorstufen, auf denen die Beziehungen allmählich differenziert werden, vom Kind erworben.[21]

Bezüglich der Begriffsbildung finden sich bei den Vpn. verschiedene Stile oder Strategien. J. Kagan unterscheidet einen kategorialen, einen relationalen und einen analytischen Begriffsbildungsstil. Bei mehreren Gegenständen, die in verschiedener Weise gruppiert werden können, fassen manche Vpn. nach Oberbegriffen zusammen, andere nach Beziehungen, wieder andere nach Einzelmerkmalen. Kein Vorgehen kann als objektiv richtig bezeichnet werden. J. Kagan stellte jedoch fest, daß der Anteil der kategorialen Zuordnungen sowie der analytischen Begriffsbildungen bei Kindern im Laufe des Schulalters zunimmt, während die relationalen Antworten abnehmen.[22] „Verschiedene neuere Untersuchungen haben jedoch eine direkte Proportionalität des analytischen Begriffsbildungsstils zum Alter der Kinder wieder in Frage gestellt."[23]

F. Weinert führt einige Faktoren an, die auf die Begriffsbildung einwirken. „Die Leistungen bei der Bildung von Begriffen verbessern sich mit zunehmender Intelligenz" und mit zunehmendem Alter. „Die Begriffsbildung ist um so schwieriger, je komplexer die Aufgabe ist", „je unauffälliger die relevanten Merkmale sind" und „je abstrakter der zu erwerbende Begriff ist".[24] Jüngere Kinder sind nicht fähig, Begriffe exakt zu definieren. *J. Piaget* deutet diese Schwierigkeit der Kinder, „Definitionen zu geben, die das ganze Definierte umfassen", als eine Unfähigkeit zur logischen Multiplikation.[25] Bei Kindern finden sich verschiedene Arten von Begriffsdefinitionen, die von einzelnen Autoren unterschiedlich klassifiziert werden. Nach W. Schmidt erwirbt das Kleinkind zunächst die Sphäre des Begriffs, über die es sich selbst noch nicht sprachlich äußern kann. Bei Schulanfängern dominiert die Definition durch Angabe der Funktion. Sie wird gegen Ende der Grundschulzeit abgelöst von der Definition durch Umschreibung. Die höchste Stufe bildet die Fähigkeit zur logischen Definition, die mit 13 bis 14 Jahren in Ansätzen erreicht wird.[26] S. Reichard stellte fest, daß vom 11. bis 12. Lebensjahr an die Definition durch Oberbegriff überwiegt. Diese Fähigkeit tritt jedoch nicht plötzlich auf, sondern bahnt sich im Laufe der Entwicklung allmählich an. Die einzelnen Definitionsarten lösen einander nicht exakt ab, sondern werden bei einem Individuum u. U. gleichzeitig angetroffen. Sie können je nach Aufgabenstellung variieren.[27] Bei der Beobachtung von Kindern wird deutlich, daß die Unzulänglichkeit ihrer Definitionen nicht nur auf mangelnde Reflexion über ihr eigenes Denken und die Unfähigkeit, die Inhalte ihres Denkens zu artikulieren, zurückzuführen ist, sondern daß ihre Begriffe noch nicht fest umrissen sind. Zahlreiche Beispiele dafür, daß kleine Kinder Begriffe sehr weit fassen, führt W. Metzger an. Sie bezeichnen z. B. mit „Geburtstag" jede Gelegenheit, die besondere Freude macht; mit „sehen" jede Wahrnehmung, auch von Geräusch, Kälte, Schmerz; mit „heiß" alles, was bei Berührung weh tut.[28] H. Rohracher stellt dazu fest, daß „die Entstehung sehr allgemeiner, wenig differenzierender Begriffe in der ersten Lebenszeit außerordentlich sinnvoll und zweckmäßig" ist; „es wird dadurch eine erste, sehr grobe Ordnung in die Welt hineingetragen, die es dem Kind ermöglicht, sich nach und nach in immer differenzierterer Weise in ihr zurechtzufinden".[29] Bei dem Prozeß der Auseinandersetzung mit der Wirklichkeit strukturieren die bereits vorhandenen Begriffe eines Individuums das Beobachtungsfeld, gleichzeitig wirken sich neue Erkenntnisse und Erfahrungen modifizierend auf die Begriffe aus.[30]

Die vorhandenen Untersuchungen haben gezeigt, daß kindliche Begriffe anders inhaltlich gefüllt sind als die der Erwachsenen, daß das Verständnis eines Begriffes sich im Laufe der geistigen Entwicklung wandelt und daß Kinder dazu neigen, Begriffe zu weit zu fassen; oder sie stellen sich bei der Nennung eines Begriffes einen Sonderfall vor, den sie unzulässig verallgemeinern. Mit Hilfe des ersten Teiltests dieser Untersuchung soll nun die inhaltliche Fassung, insbesondere die Enge oder Weite, einiger für den Geographieunterricht relevanter Begriffe bei Kindern im Grundschulalter ermittelt werden.

2.2. Raumverständnis

Im Rahmen des länderkundlichen Unterrichts ist die Bildung zutreffender Raumvorstellungen notwendig, da die Kenntnis von Lagebeziehungen und Entfernungen eine Voraussetzung für länderkundliches Verflechtungsdenken darstellt. Auch die Richtlinien und Lehrpläne für die Grundschule in Nordrhein-Westfalen 1973 fordern, daß die Fähigkeit der Schüler, sich im Raum zu orientieren, geschult wird, ohne allerdings diese Fähigkeit genauer zu definieren. Da der Raumbegriff sehr vielschichtig ist, sollen zunächst verschiedene Aspekte und Erlebnisweisen des Raumes erörtert werden, damit die im Anschluß daran zu erläuternde spezifische Raumauffassung der Geographie deutlich wird.

2.2.1. Verschiedene Raumtheorien

A. Gosztonyi beginnt seine Abhandlung über das Raumproblem mit der Feststellung: „Was Raum sei, entscheidet die voraussetzungsgesteuerte Orientierung der jeweiligen Untersuchung."[31] Er gibt in seinem Aufsatz einen Überblick über einige philosophische Raumtheorien.

Auch M. Jammer[32] stellt zunächst fest, daß jeder Philosoph seine eigene Raumtheorie hatte. Er macht es sich zur Aufgabe, die geschichtliche Entwicklung des physikalischen Raumbegriffs darzustellen, von seinen Anfängen im primitiven Denken, das noch „nicht fähig war, den Begriff des Raumes von der Raumerfahrung zu abstrahieren", bis hin zum Raumbegriff der modernen Physik, die „im allgemeinen den Raum als kontinuierlich, isotrop, homogen, endlich bzw. unendlich" charakterisiert, „Eigenschaften, die nicht sämtlich der Sinneswahrnehmung zugänglich, vielmehr das Ergebnis eines langen, fortschreitenden Abstraktionsprozesses sind".[33] Im Altertum herrscht die Vorstellung von einem Raum vor, der wie ein Behälter die Dinge enthält und ihnen Grenzen setzt. Der Raum selbst ist das Leere. Das Universum als Ganzes nimmt einen bestimmten Raum ein. Raum bedeutet nicht reine Ausdehnung, sondern er enthält Kräfte und verschiedene Qualitäten. Bei Lukrez wird „der Raum ein unendliches Gefäß für Körper".[34]

I. Newton entwickelte die Vorstellung vom absoluten Raum. Dieser „bleibt vermöge seiner Natur und ohne Beziehung auf einen äußeren Gegenstand stets gleich und unbeweglich. Der relative Raum ist ein Maß oder ein beweglicher Teil des ersteren, welcher von unsern Sinnen durch seine Lage gegen andere Körper bezeichnet und gewöhnlich für den unbeweglichen Raum genommen wird".[35] I. Newtons relative Räume entsprechen verschiedenen Koordinatensystemen. Der absolute Raum wurde gegen Ende des 19. Jahrhunderts von der Physik überwunden, da er experimentell nicht erfaßbar ist.[36] Der Gedanke des dreidimensionalen, rechtwinkligen Koordinatensystems, der heute so scheinbar selbstverständlich unserer Raumvorstellung zugrunde liegt, kam erst im 17. Jahrhundert auf.[37] Nach der Entdeckung der nicht-euklidischen Geometrie wurden von K. F. Gauß u. a. Experimente durchgeführt, um die euklidische Struktur des wahrnehmbaren Raumes zu widerlegen, was jedoch nicht gelang. B. Riemann überwand den Gegensatz in seinem Begriff des gekrümmten Raumes. Er zeigte, daß der euklidische Raum und die Räume der nicht-euklidischen Geometrie spezielle Fälle eines allgemeineren Raumes sind.[38]

Eine ganz andere Unterscheidung von Räumen finden wir bei H. Scheller. Sie ergibt sich aus der wechselseitigen Bedingtheit vom Menschen und dem Raum, in dem er lebt. „Je nach unserer augenblicklichen Einstellung leben wir in sehr verschiedenen Räumen, je nach der Seins-Weise, der wir uns momentan befinden, je nach der Aufgabe, die uns im Augenblick gestellt ist, ändert sich die Modalität des Raumes."[39] Als Beispiel führt er die grundsätzlich verschiedene Raumerfahrung eines Menschen im Gebirge an, je nachdem, ob er sich dem Landschaftserlebnis hingibt oder eine Paßstraße plant.

Den vom Menschen abhängigen erlebten Raum unterzieht O. F. Bollnow einer umfangreichen Betrachtung. Dieser erlebte Raum hat im Gegensatz zum abstrakten Raum der Mathematik durch den Ort des erlebenden Menschen einen ausgezeichneten Mittelpunkt und – begründet durch die Schwerkraft – ein ausgezeichnetes Achsensystem. Er hat qualitativ unterschiedene Orte, ist inhaltlich gegliedert und weist Unstetigkeiten auf. Er ist zunächst ein abgeschlossener endlicher Raum, der sich mit zunehmender Erfahrung des Menschen zum unendlichen Raum erweitert.[40] O. F. Bollnow beschreibt anschaulich verschiedene menschliche Erlebnisweisen des Raumes. Er unterscheidet dabei Nahraum und Fernraum, Wegeraum, Handlungsraum, gestimmten Raum u. a. Es handelt sich dabei jedoch nicht um verschiedene Räume, sondern um jeweils unterschiedliche Aspekte des Raumes. Die genannten Räume durchdringen sich gegenseitig. Bemerkenswert ist die große qualitative und quantitative Diskrepanz zwischen dem subjektiven erlebten Raum des Menschen und dem gewissermaßen objektiven euklidischen Raum, die durch die Ausführungen O. F. Bollnows deutlich wird.

2.2.2. Der Raum in der Geographie

Die Geographie versteht sich seit A. Hettner überwiegend als Raumwissenschaft. Sie untersucht die Erscheinungen der Erdoberfläche in ihrer Verbreitung und funktionalen Verknüpfung. Auch innerhalb der geographischen Wissenschaft wird der Begriff „Raum" nicht einheitlich verwendet. So zählt

23

D. Bartels fünf verschiedene geographische Raumbegriffe auf. Raum als Landschaft (1) bezeichnet die komplexe Gesamtheit der Gegenstände einer Erdstelle.[41] In der neueren Wirtschafts- und Sozialgeographie wird der Raum aufgefaßt als „Zweidimensionales Modell der Erdoberfläche, in dem Standorte mit ihren Flächenqualitäten und -ansprüchen sowie Distanzen zwischen ihnen beschrieben werden können" (2). Daneben wird der Raumbegriff angewendet auf die Umwelt des Menschen (3), das Ökosystem als strukturell-funktionales Gefüge verschiedener Geofaktoren (4) und auf das soziale Interaktionsgefüge (5).[42] Der erstgenannte ist der Raumbegriff der traditionellen Landschafts- und Länderkunde. Einzelne länderkundliche Untersuchungen legen jedoch den Raumbegriff (2) zugrunde, z. B. *W. Müller-Wille* in seiner Länderkunde Westfalens.[43] Auch die moderne Landschaftskunde und die Regionalforschung tendieren zu dem distanziellen Raumbegriff. Dieser soll im folgenden näher erläutert werden, da er die Grundlage für die Fragestellungen des zweiten Abschnitts der vorliegenden Untersuchung bildet.

Der raumwissenschaftliche Ansatz i. e. S. geht von einem Raummodell aus, das Raum versteht „als ein System von (Distanz-) Relationen, als eine Ordnungsbeziehung zwischen Dingen, als ein räumliches Relationsgefüge, welches die gegenseitige Stellung dieser Dinge regelt".[44] *J. D. Nystuen* setzt in diesem Sinne räumliche und geographische Betrachtungsweise gleich. Er bestimmt einige fundamentale Raumbegriffe in der Absicht, die kleinstmögliche Gruppe von Begriffen zusammenzustellen, die der räumlichen Betrachtungsweise zugrunde liegen, die untereinander unabhängig sind und auf die alle weiteren Begriffe zurückführbar sind. Diese fundamentalen Raumbegriffe sind Richtung oder Orientierung, Distanz und Verbindung oder relative Lage.[45] Die Richtung wird durch einen Punkt und einen Sichtwinkel festgelegt. Bedeutsamer für die geographische Betrachtung ist im allgemeinen die Distanz. Neben der geodätisch definierten Distanz, der kürzesten Strecke zwischen zwei Punkten, gibt es zahlreiche andere mögliche Distanzmaße, z. B. Wegezeiten, Transportkosten u. a. Die durch das Distanzmaß festgelegten Räume sind oft nicht euklidisch. Die Distanz zwischen zwei Punkten kann asymmetrisch sein, „dann ist die Entfernung von a nach b nicht die gleiche wie von b nach a. Als Beispiel hierfür mag das Fahren in einem Einbahnstraßen-System gelten".[46] Die Verbindung ist eine topologische Eigenschaft des Raumes, die unabhängig von Richtung und Entfernung ist. Sie wird auch als Nachbarschaft, Geschlossenheit oder relative Lage bezeichnet.[47] So ist z. B. die Verbindung zwischen jeweils zwei Bahnhöfen in einem Verkehrsnetz bei gleicher Entfernung verschieden, je nachdem ob noch weitere Bahnhöfe dazwischen liegen.

Die hier angeführten Raumbegriffe lassen sich sowohl auf Sachverhalte der Physischen Geographie als auch die Geographie des Menschen anwenden. Im Rahmen der Wirtschafts- und Sozialgeographie dienen sie als methodische Hilfsmittel zur Analyse und Erklärung räumlicher Verbreitungsmuster, die durch menschliche Aktivitäten an der Erdoberfläche entstehen. Diese Strukturen stehen wiederum in wechselseitiger Beziehung zu funktionalen Prozessen.

2.2.3. Die Raumerfassung

2.2.3.1. Beiträge der Psychologie zur Raumerfassung

Die Raumerfassung ist wie das Zeiterleben stark in das Gesamterleben integriert. Das gilt nicht nur für Kinder, sondern auch noch für Erwachsene.[48] Bei der ursprünglichen Raumerfassung erlebt der Mensch sich selbst als Zentrum des Raumes. *H. Rohracher*[49] geht der Frage nach, wie die Raumwahrnehmung entsteht, da es weder Raumreize noch Raumsinne gibt. Offenbar sind am Zustandekommen der Raumwahrnehmung viele Faktoren beteiligt, zwischen denen ein kompliziertes Zusammenspiel besteht. Die einzelnen Komponenten, insbesondere die optische, kinästhetische und labyrinthäre, sind Gegenstand zahlreicher psychologischer Untersuchungen. Eine ausführliche Darstellung des sinnesphysiologischen Aspekts der Raumwahrnehmung findet sich bei *N. Bischof*.[50] Die Bedingungen der optischen Wahrnehmung untersuchte *W. Metzger*,[51] und eine Zusammenfassung der neueren Ergebnisse empirischer Forschung in diesem Bereich gibt *M. D. Vernon*.[52] *H. Rohracher* vertritt die Ansicht, daß Raumauffassung keine reine Wahrnehmungsleistung ist, sondern daß Denkprozesse dabei eine Rolle spielen.[53] Die Fähigkeit zur Tiefenwahrnehmung konnte bereits bei Säuglingen nachgewiesen werden; sie scheint eine genetisch determinierte Fähigkeit zur Erfassung von Distanzen zu sein. Bei der Orientierung im Raum und der Schätzung von Entfernungen wirken dagegen kognitive Prozesse mit.[54]

Zur Entwicklung des räumlichen Denkens bei Kindern haben *J. Piaget* und *B. Inhelder* umfangreiche Untersuchungen angestellt. Sie stellten fest, indem sie z. B. Kinder verschiedene Körper abtasten und anschließend zeichnen, bzw. die erkannte Form aus mehreren vorgegebenen Formen herausfinden ließen, daß Kinder zuerst topologische Eigenschaften der Figuren erfassen wie innerhalb – außerhalb, offen – geschlossen. Diese topologischen Strukturen sind die einfachsten, weil sie Eigenschaften der einzelnen Figur sind, während es sich beim projektiven und euklidischen Raum um Beziehungen von Figuren zueinander handelt. Diese Strukturen sind komplizierter und werden deshalb genetisch erst später erfaßt.[55] Von den zahlreichen Untersuchungsergebnissen, die *J. Piaget* ermittelte, sollen hier nur einige angeführt werden, die für das geographische Raumverständnis relevant sind. Die Entwicklung der projektiven Raumauffassung untersuchte er zunächst mit Hilfe von Einzelgegenständen, Kegel und Stab, dann in bezug auf eine Gesamtheit von Gegenständen. Dazu wurden die Vpn. vor ein Modell mit drei Bergen gesetzt. Sie waren auf einer quadratischen Grundfläche aufgebaut und unterschieden sich deutlich nach Höhe, Form und Farbe. Eine Puppe wurde dann an die verschiedenen Seiten des Modells gestellt, und die Vp. sollte angeben, in welcher Weise die Puppe die Landschaft „sah". Die Kinder rekonstruierten die Landschaft mit Hilfe von Kartonausschnitten der Berge. Bis zum Alter von 7 bis 8 Jahren verfallen die Kinder dabei immer wieder in ihre eigene Perspektive. Sie sind in die Wahrnehmung gebunden und können sich nicht vorstellen, daß ein Beobachter von einem anderen Standpunkt aus die Landschaft anders sieht. Schließlich ahnen sie die andere Perspektive und drehen ihre Rekonstruktion oder die einzelnen Berge in die Richtung der Puppe, verstehen aber nicht, daß sich die Relationen zwischen den Bergen ändern. Für sie sind rechts und links, vorn und hinten noch absolute Eigenschaften. Mit etwa 8 bis 9 Jahren verstehen die Kinder dann, daß der Standortwechsel des Beobachters Transformationen in den inneren Relationen des Bergmassivs nach sich ziehen, und ab 9 bis 10 Jahren ist die vollständige Relativität der Perspektiven erreicht. Es wird deutlich, daß die eigene Perspektive erst bewußt wahrgenommen wird, wenn die Vp. in der Lage ist, sich alle anderen möglichen Perspektiven vorzustellen und sie zueinander in Beziehung zu setzen.[56]
Erwachsene benutzen ganz selbstverständlich ein Bezugssystem, in dem Vertikale und Horizontale anscheinend natürlicherweise durch die Schwerkraft und die Oberfläche von Flüssigkeiten vorgegeben sind. Durch Versuche mit Flaschen, die gefärbtes Wasser enthielten, und Zeichnungen, die die Flaschen in veränderter Lage zeigten und in die die Kinder den Wasserspiegel einzeichnen sollten, bzw. mit der Zeichnung eines Berges, an dessen Hang Pfähle eingezeichnet werden sollten, wies *J. Piaget* nach, daß die Kinder sich zunächst nicht auf ein Bezugssystem außerhalb der Zeichnung beziehen; sie zeichnen z. B. in jeder Lage die Wasseroberfläche parallel zum Boden des Gefäßes. Sie durchlaufen mehrere Entwicklungsstadien und entdecken erst im Alter von etwa 8 Jahren die Horizontale und die Vertikale. Bald danach bilden diese Achsen ein Koordinatensystem, das die Kinder

unmittelbar antizipieren. Um „eine Verlagerung im physikalischen Raum zu definieren, muß man die beweglichen Elemente (die Oberfläche der Flüssigkeit) auf ein unbewegliches Bezugssystem (Tisch usw.) beziehen, und dieses In-Beziehung-Setzen bildet die geometrischen Operationen, die das Koordinatensystem erzeugen".[57]

Eine komplizierte Aufgabe, bei der alle geometrischen Beziehungen berücksichtigt werden mußten, war die Nachbildung von einem Modell eines Dorfes entweder mit Bausteinen oder als Zeichnung. Im ersten Stadium verwenden die Kinder noch nicht einmal dieselbe Anzahl von Elementen. Mit 4 bis 6 Jahren werden kleine Gruppen zusammengefügt, denen aber die Beziehung zum Ganzen noch fehlt. Die Kinder werden mehr von der Wahrnehmung als vom Denken geleitet. Im nächsten Stadium berücksichtigen sie die Ordnungsrelationen rechts-links und vorn-hinten. Sie koordinieren die Blickwinkel, und schließlich gelingt mit etwa 11 Jahren die Wiedergabe der richtigen Abstände. Auf dieser Altersstufe werden auch einfache Maßstabverhältnisse berücksichtigt.[58]

Die Ergebnisse *J. Piagets* zeigen, daß die Erfassung des euklidischen Raumes nicht auf die Wahrnehmung zurückführbar ist, sondern der Vorstellung und diese wiederum der Fähigkeit zum formalen Denken bedarf.

2.2.3.2. Beiträge der Geographie und ihrer Didaktik zur Raumerfassung

Im Rahmen der Geographiedidaktik ist die Raum*vorstellung* der Kinder von besonderem Interesse. Sie beruht zwar weitgehend auf der Wahrnehmung, aber vorwiegend auf einer indirekten Wahrnehmung. Z. B. werden Entfernungen nicht optisch erfaßt, sondern aus der Zeit, die man für ihre Überwindung braucht, erschlossen. Unsere Vorstellungen von den Lagebeziehungen zwischen Städten oder Ländern gehen nicht auf direkte Erfahrung, sondern z. B. auf das Studium von Landkarten zurück. Die Raumvorstellung setzt sich nach einer Hypothese von *L. L. Thurstone* aus drei Faktoren zusammen, nämlich Veranschaulichung, räumliche Beziehungen und räumliche Orientierung. Der Faktor Veranschaulichung ist in der Fähigkeit enthalten, Figuren vorstellungsmäßig zu drehen und zu wenden und die Beziehung zwischen geometrischen Körpern und ihren Netzen zu erkennen. Der zweite Faktor markiert die Fähigkeit, die räumliche Anordnung von Objekten und damit ihre Beziehungen untereinander im Raum zu erfassen. Aufgaben, die auf den Faktor räumliche Orientierung zielen, erfordern die richtige räumliche Einordnung der eigenen Person, wobei eine Relation zu Punkten im Raum vorgegeben ist.[59] Diese Fähigkeit ist beim Vorstellen von Richtungen und Distanzen erforderlich. Die beiden letztgenannten Faktoren sind für die geographische Raumvorstellung wesentlich.

Angesichts ihrer großen Bedeutung für den Geographieunterricht ist es erstaunlich, wie wenig kindliche Raumvorstellung im Bereich der Geographiedidaktik bisher empirisch untersucht worden ist.

W. Sperling wertete Zeichnungen 12- bis 14jähriger Schüler aus. Er versuchte, die Raumvorstellungen der Kinder aus ihrer zeichnerischen Darstellung des Raumes zu erschließen.[60] Die Fähigkeit der Kinder, sich im Raum zu orientieren – was eine Vorstellung vom Raum voraussetzt –, ist mehrfach Gegenstand von Untersuchungen gewesen. *I. M. J. Kern* ließ Schüler des 3. Schuljahres ihren Schulweg beschreiben und zeichnen. Er stellte dabei fest, daß sich der vorgestellte Raum vom real gegebenen erheblich unterscheidet und daß sich die Orientierung der Kinder von markanten Punkten aus vollzieht. Dasselbe gilt grundsätzlich auch für Erwachsene, nur unterscheiden sich, ihrem subjektiven Bedeutungsgehalt entsprechend, die markanten Punkte bei Kindern und Erwachsenen.[61] *F. Stückrath* untersuchte die Fähigkeit zur Orientierung bei Jungen der acht Volksschuljahrgänge, indem er mit jeweils vier Schülern eine Wanderung in unbekanntem Gelände unternahm und die Aufgabe stellte, selbständig den Rückweg zu finden. Außerdem fertigten sie am nächsten Tag eine Zeichnung des Wanderweges an. *F. Stückrath* teilte die Reaktionen der Schüler in drei Stadien ein. Bis zum 8. Lebensjahr stützten sich die Kinder auf dem Rückweg auf wenige markante Eindrücke und Erlebnisse, die sich zufällig eingeprägt hatten. Sie suchten im Raum nach Stellen, die ihnen bekannt vorkamen. Bei der zeichnerischen Darstellung reihten sie aneinander, was ihnen einfiel, ohne eine übergreifende Ordnung zu beachten. Vom 9. bis 11. Lebensjahr erfolgte ein planmäßiges Einprägen von Merkdingen. Der Raum wurde differenzierter wahrgenommen. Einzelne Orte konnten im Raum fixiert und untereinander verknüpft werden. In der Zeichnung gliederten die Schüler den Weg in Teilabschnitte und bemühten sich um die Lokalisierung von Merkdingen. Etwa vom 12. Lebensjahr an erfaßten sie Richtungen. Sie hatten eine Vorstellung vom Verlauf des Weges außerhalb der Wahrnehmungsgrenzen. Die einzelnen Orte und Verbindungsstrecken wurden als Figur erfaßt. Die Zeichnung entwickelte sich in diesem Stadium zur Plandarstellung.[62]

Diese Untersuchung *F. Stückraths* griff *W. Engelhardt* auf. Er wies nach, daß die Figuralwahrnehmung nicht erst vom 12. Lebensjahr an auftritt, sondern daß sie weniger vom Alter als von der Komplexität der Aufgabe abhängig ist. Seine Probanden, Schüler eines 4. Schuljahres, waren bei der Wanderung mit einer Karte ausgestattet, die sie zumindest für den Rückweg auch benutzten. Zwei Drittel der Wegfiguren wurden richtig erkannt und angewandt. *W. Engelhardt* betont, daß die Lösung der Aufgabe keine Wahrnehmungs- sondern eine Denkleistung darstellt. Er hält die Fähigkeit zur Raumerfassung nicht in dem Maße wie *F. Stückrath* für entwicklungspsychologisch determiniert, sondern spricht sich für eine unterrichtliche Förderung schon vom 1. Schuljahr an aus.[63]

R. Fichtinger untersuchte das Vorstellungsbild 12- bis 17jähriger Münchner Schüler vom Ammersee/Starnberger See-Naherholungsgebiet. Die Ergebnisse bestätigten die Hypothese, daß die Vorstellung von einem Raum nicht seiner realen Struktur und Ausstattung entspricht, sondern daß sie durch Erfahrungen, Interessen und den sozialen Hintergrund eines Individuums modifiziert wird. Dieses Vorstellungsbild, nicht die tatsächliche Raumausstattung, bestimmt aber das Verhalten. Räumliche Präferenzen, die auf die Vorstellung zurückgehen, beeinflussen die Wahrnehmung von Distanzen.[64] Eingehendere Untersuchungen über die Vorstellungen von Richtungen und Entfernungen bei Kindern fehlen zumindest im deutschen Sprachraum noch. *D. A. Hardwick* et al. untersuchten die Fähigkeit, Richtungen vorzustellen, bei Kindern des 1. und 5. Schuljahres und College-Studenten.[65] Die Ergebnisse sind für die Geographiedidaktik allerdings wenig aufschlußreich, da die Experimente in einem Bibliotheksraum durchgeführt wurden – Ziele innerhalb des Raumes wurden angepeilt – und aus geographischer Sicht zu engräumig angelegt waren.

Die vorliegende Arbeit greift die fundamentalen geographischen Raumbegriffe von *J. D. Nystuen*, nämlich Distanz, Richtung und relative Lage, auf und untersucht die Raumvorstellung von Grundschülern bezüglich dieser Parameter.

2.3. Strukturerfassung

Struktur kann allgemein definiert werden als „der innere Aufbau, das Bezugs- und Regelsystem einer komplexen Einheit (Ganzheit), in dem alle

Elemente innerhalb dieses Ganzen eine je eigene Aufgabe erfüllen. Das so gebildete Formgefüge gewinnt damit gesthalthaften Charakter. Der Begriff Struktur kann für einen Querschnitt des momentanen Zustands, also den gegliederten Zusammenhang in einem bestimmten Augenblick, oder für einen chronologischen Längsschnitt in Anspruch genommen werden".[66] Alles, was nicht völlig homogen ist, weist irgendeine Struktur auf. Gegenstände, alles Wahrnehmbare, Gedanken und sprachliche Gebilde sind strukturiert. In nahezu allen Wissenschaftsbereichen spielt der Strukturbegriff – in jeweils spezifischer Bedeutung – eine Rolle. So untersucht die Geographie u. a. Raumstrukturen. „Räume sind strukturiert durch bestimmte Naturvoraussetzungen, funktionale Gegebenheiten, menschliche Wertvorstellungen. Eine wichtige Bedingung zum Verständnis solcher Raster ist die Gliederung nach bestimmten Merkmalen – beispielsweise die Typisierung von Stadtvierteln nach Art der Häuser."[67] Hier ist anzumerken, daß die Strukturen nicht in der Landschaft selbst vorzufinden sind, sondern daß sie durch gedankliche Abstraktion entstehen. Merkmale werden nach festgesetzten Einteilungskriterien zu Kategorien zusammengefaßt. Von der Wahl der Kategorien hängt es ab, welche Raumstrukturen als Ergebnis einer Untersuchung sichtbar werden. Sie „werden erfaßt durch Zählungen, Befragungen, Kartierungen, Umsetzung in thematische Karten".[68] Sofern keine eigene systematische Beobachtung im Gelände vorgenommen wird, erfolgt die Erfassung von Raumstrukturen vorwiegend anhand der Analyse und Interpretation von Landkarten. Die Erfassung räumlicher Muster und das Erkennen funktionaler Beziehungen, die sich großenteils in Raumstrukturen niederschlagen, sind Ziel des länderkundlichen Unterrichts. Voraussetzung dafür ist das Verständnis von Kartendarstellungen, insbesondere thematischer Karten. Im Rahmen dieser Arbeit soll die Fähigkeit der Schüler zur Strukturerfassung in bezug auf Kartendarstellungen untersucht werden. Die dazu erforderlichen Fähigkeiten sind Gliederungsvermögen, Form- und Farbauffassung. An diesem Prozeß der Strukturerfassung sind die psychischen Funktionen visuelle Wahrnehmung, Denken und Gedächtnis beteiligt. Im folgenden sollen nun psychologische Arbeiten über die Entwicklung der visuellen Wahrnehmung bei Kindern, insbesondere im Vorschul- und Grundschulalter, referiert werden.

2.3.1. Psychologische Aspekte visueller Strukturerfassung

Schon seit langem besteht in der Psychologie Einhelligkeit darüber, daß wir unsere Umwelt nicht so wahrnehmen, wie sie objektiv ist, sondern daß Faktoren innerhalb des Individuums sich modifizierend auf die Wahrnehmung auswirken. Solche Faktoren sind z. B. Gefühle, Interessen, Gedächtnis, Zustand der Sinnesorgane, Grad der Aufmerksamkeit und die denkende Verarbeitung. *H. Werner* betont, daß die Wahrnehmungen des Kindes von prinzipiell anderer Struktur sind als die des Erwachsenen, was vorwiegend auf das affektive Gesamtverhalten des Kindes zurückzuführen ist.[69] Kindliche Wahrnehmung zeichnet sich zudem durch das völlige Vertrauen auf das Zeugnis der Sinne aus. Das Kind faßt das subjektiv Bedingte als objektive Wirklichkeit auf.[70]

Wahrnehmungsleistungen sind offensichtlich zu einem Teil anlagebedingt. Die Farbe wird von Kindern schon früh beachtet. Bereits bald nach der Geburt konnten Farbunterscheidungen und ebenfalls eine erste Figur-Grund-Sondierung beobachtet werden.[71] Mit etwa 12 Monaten werden die Grundfarben unterschieden. Eine körperlich affektive Reaktion auf verschiedene Farben ist schon früh festzustellen, bei wahrnehmungsmäßigen Zuordnungen treten dagegen noch grobe Fehlleistungen auf. Die Kinder reagieren auf warme und kalte Farben. Noch Fünfjährige verwechseln oft Farben und unterscheiden die Nuancen nicht. Mit 6 Jahren werden die Grundfarben ohne Fehler sortiert. Die richtige Zuordnung von Namen zu den Farben entwickelt sich langsam. Sie gelingt bei Sechsjährigen erst zu 62%[72]. Die Fähigkeit, Farben zu differenzieren und zu benennen, nimmt im Schulalter noch weiter zu.

Bei Zuordnungsaufgaben, die eine Gruppierung des Materials nach Farbe und Form zulassen, ordnen Vorschulkinder überwiegend nach Übereinstimmung der Farbe. In der Grundschule setzt sich dann allmählich die Ordnung nach der Form durch. Die Formbevorzugung steigt bis ins Jugendalter weiter an. Außerdem besteht eine gewisse Beziehung zwischen Farb-Form-Bevorzugung und Intelligenz. Die Kinder, die überwiegend nach Übereinstimmung der Form zuordnen, haben tendenziell einen höheren IQ.[73] *R. Oerter* stellt dazu fest, daß in der westlichen Kultur dem Merkmal Form die größere Bedeutung zukommt und daß die Dominanz der Formbeachtung wahrscheinlich ein Ergebnis der Sozialisation ist. Die simultane Beachtung zweier Dimensionen ist ab dem 6. bis 7. Lebensjahr möglich.[74]

Jeder Formwahrnehmung liegt ein Figur-Grund-Erlebnis zugrunde. Für die Identifikation von Formen ist ihre Unterscheidung Voraussetzung, aber diese reicht allein nicht aus; eine gewisse Erinnerungsfähigkeit ist ebenfalls erforderlich. Schon mit 6 bis 12 Monaten können Kinder lernen, einfache Figuren wie Kreis, Dreieck, Quadrat zu unterscheiden, wenn sie paarweise dargeboten werden. Die Identifikation einer Figur unter mehreren ist wesentlich schwieriger und entwickelt sich nur langsam. Mit 5 Jahren gelingt sie bei den genannten Figuren sicher. Bei jüngeren Kindern wird die visuelle Wahrnehmung durch die taktile ergänzt und unterstützt, später dann die visuelle Wahrnehmung eindeutig. Bei der Differenzierung von Figuren nehmen Genauigkeit und Schnelligkeit mit fortschreitendem Alter der Kinder schnell zu.[75] Kinder erkennen Bilder langsamer als Erwachsene. Außerdem haben sie Schwierigkeiten, verzerrte oder unvollständige Bilder zu erfassen. Die Vierjährigen bemerken oft nur auffallende Charakteristika und vernachlässigen Einzelheiten der Farbe und Form. Bei komplexen Bildern identifizieren sie einzelne Teile und lassen andere außer acht. Beim Vergleich von Bildern achten kleine Kinder auf zufällige Einzelheiten, die dabei eine unangemessene Bedeutung erlangen. Frühestens ab 6 Jahren vergleichen sie systematisch.[76]

Einer „Annahme der Gestaltpsychologie zufolge gibt es eine angeborene Tendenz, Wahrgenommenes nach bestimmten Gesetzen zu Konfigurationen zusammenzufassen, und zwar so, daß das wirklich Wahrgenommene nicht unbedingt dem äußeren Reiz entspricht. Die Zusammenfassung erfolgt nach dem «Prägnanzsatz». Er besagt, Konfigurationen hätten die Tendenz, so klar, deutlich und stabil wie möglich zu erscheinen. Das läßt sich dadurch erreichen, daß, wo immer möglich, vereinfacht wird; eine Form der Vereinfachung ist die Steigerung der Symmetrie und der Regelmäßigkeit. Bei anderen Reizformen können die Faktoren der Geschlossenheit, der Kontinuität, des Aufgehens ohne Rest und der guten Gestalt so wirken, daß Teile der Reizfigur zu einem einheitlichen Ganzen vereinigt werden. Selbst wenn der Reiz nur aus einzelnen, unzusammenhängenden Teilen besteht, gibt es eine Tendenz, diese Teile nach den Gesetzen der Nähe . . . und der Gleichartigkeit . . . einander zuzuordnen".[77] Dieselben Gesetze der Gliederung von Wahrnehmungsfeldern gelten auch für Kinder, nur sind die einzelnen Faktoren bei ihnen u. U. anders gewichtet. Wenn mehrere Gesetze des Sehens konkurrieren, setzen sich beim Kind manchmal andere durch als beim Erwachsenen. Wenn bei ihm z. B. der Faktor der Geschlossenheit über den des durchgehenden Verlaufs dominiert, sieht es Flächen, der Erwachsene aber Linien. So kann es vorkommen, daß das Kind in einzelnen Reizsituationen nicht nur einen anderen Eindruck hat, sondern ganz andere Dinge sieht als der Erwachsene.[78] Eine verstärkte Tendenz zur guten Gestalt ist bis ins 1. Schuljahr hinein zu beobachten.[79] Die Konstanzphänomene, die Tatsache, daß man Farben auch bei unterschiedlicher Beleuchtung, Größen bei unterschiedlicher Entfernung und Formen aus verschiedener Perspektive jeweils annähernd gleich wahrnimmt, gelten weitgehend schon für Kinder. Die Wahrnehmungskonstanz entwickelt sich aber im Schulalter noch weiter. Es ließ sich eine Zunahme der Größenkonstanz nachweisen mit einer Neigung zur Überkonstanz von etwa 8 bis 10 Jahren ab. Die Helligkeitskonstanz erreicht ihr Maximum mit 10 Jahren, die Formkonstanz erst mit 14 bis 15 Jahren.[80]

Auch wenn sich beim Kind im Laufe des ersten Lebensjahres eine allmähliche Trennung von Ich und Umwelt vollzogen hat, sieht es die Dinge seiner Umgebung keineswegs sachlich, sondern die Objekte werden zunächst nur im Blick auf die Bedeutung für das eigene Verhalten wahrgenommen. Die Gegenstände erscheinen dem Kind beseelt, sie haben ein Gesicht.[81] Diese physiognomische Sicht[82] geht bis zum Schuleintritt deutlich zurück. Das Kind nimmt seine Umwelt zunehmend differenzierter und realitätsbezogener auf. Es gewinnt Interesse an der Erfassung der Umwelt und nimmt dabei eine kognitive Einstellung an. Seine zunehmend kritische Haltung führt zu einer sorgfältigen Beobachtung von Objekten. Außerdem wird das Kind zu einer bewußten Aufmerksamkeitszuwendung fähig. Der Auffassungsvorgang zeichnet sich durch immer größere Planmäßigkeit, Systematik und Sorgfalt aus. Parallel zur intellektuellen Entwicklung verbessert sich auch die Wahrnehmungsleistung. Die Fähigkeit, eingebettete Figuren zu erfassen, steigt im Schulalter deutlich an. Sie steht in enger Beziehung zum analytischen Denken und der Fähigkeit zur Anwendung logischer Regeln. Mit der Möglichkeit der Klassenbildung nimmt die Anzahl der für eine Gegenstandserkennung notwendigen Einzelinformationen bedeutsam ab. Die vorangegangenen Erfahrungen wirken sich zunehmend auf den Wahrnehmungsprozeß aus. Die Fähigkeit, umgedrehte Figuren, z. B. Buchstaben zu erfassen, geht mit fortschreitendem Alter zurück; hier bewirkt die Erfahrung eine Abnahme der Flexibilität, dient aber gleichzeitig einer Leistungsverbesserung im Sinne einer sichereren und schnelleren Auffassung.[83] Mit Hilfe des schlußfolgernden Denkens gelingt es, relevante und irrelevante Reize zu unterscheiden und falsche Eindrücke, z. B. bei optischen Täuschungen, zu korrigieren. Die fortschreitende Sprachentwicklung fördert ebenfalls die Wahrnehmungsleistung, denn das Benennen erleichtert die Identifikation und das Behalten komplexer Figuren. Durch den Namen werden Charakteristika des Objektschemas zusammengefaßt und kodiert.[84] Die Sprache erleichtert die Wahrnehmung besonders, wenn das Gedächtnis eine Rolle spielt.

Nach R. Oerter ist die Wahrnehmung dadurch gekennzeichnet, daß nicht alle vorhandenen Reize aufgenommen werden, sondern daß vom Individuum selektiert und abstrahiert wird. Wahrnehmung ist demnach ein aktiver Prozeß, bei dem Strukturen aufgebaut werden. Schon beim Neugeborenen ist der Sinnesapparat weitgehend funktionsfähig; aber zur Verarbeitung der Eindrücke ist das Lernen von Ordnungsschemata erforderlich. Im Laufe der Entwicklung werden die Wahrnehmungseindrücke zu immer höheren For-

men organisiert. Der Entwicklung von Wahrnehmungsleistungen entspricht eine Verbesserung der Strategien und Ordnungsstrukturen.[85] *R. Oerter* weist darauf hin, daß sich Wahrnehmungsleistungen trainieren lassen. Das gilt z. B. auch für die im Unterricht so bedeutsame einzelheitlich-differenzierende Wahrnehmung.[86]
Zusammenfassend ist zu sagen, daß die Wahrnehmungsleistungen im Schulalter noch deutlich zunehmen, wenn auch der Anstieg gegenüber der Vorschulzeit allmählich flacher verläuft und einem Maximum zustrebt. Vorangegangene Erfahrungen und das Denken wirken dabei zunehmend auf den Wahrnehmungsprozeß ein und bestimmen sein Ergebnis.

2.3.2. Beiträge der Geographiedidaktik zur
Strukturerfassung in bezug auf Karten

Die Fähigkeit zur Strukturierung visueller Wahrnehmungsfelder ist eine wesentliche Voraussetzung für das Kartenverständnis. Darüber hinaus sind noch weitere erforderlich, z. B. das Abstraktionsvermögen. Im vorangegangenen wurde jedoch deutlich, daß bei älteren Kindern die übrigen kognitiven Prozesse den Wahrnehmungsvorgang durchdringen, so daß die einzelnen beteiligten Funktionen kaum isoliert betrachtet werden können.
Obwohl im Bereich der Geographiedidaktik eine Fülle von Literatur über das Kartenverständnis existiert, sucht man empirische Arbeiten mit quantifizierten Ergebnissen über die Voraussetzungen bei den Schülern, auf die die „Einführung in das Kartenverständnis" aufbaut, bisher vergeblich. Da die Kinder heute schon vor dem Einsetzen des Sachunterrichts mit Karten und Plänen konfrontiert werden, wäre festzustellen, wie weit die außerschulisch erworbenen Fähigkeiten reichen, ob z. B. einfache Karten und Pläne ohne Anleitung oder nach nur kurzer Instruktion von den Schülern verstanden werden. Die verschiedenen Methoden der Einführung in das Kartenverständnis, wie sie bei *W. Engelhardt* und *H. Glöckel*[87] ausführlich dargestellt und gegeneinander abgewogen werden, sollen an dieser Stelle nicht erörtert werden, es werden lediglich empirische Ergebnisse der letzten Jahre über die Voraussetzungen bei den Schülern angeführt, die überwiegend aus der Unterrichtspraxis hervorgegangen sind.
R. Rabenstein ermittelte bei einer Befragung von Schülern des 2. Schuljahres, „daß zwar alle Kinder bereits Autokarten oder Stadtpläne, z. T. auch Grundstücks- und Wohnungspläne außerhalb der Schule in der Hand gehabt hatten, nur wenige aber von den Eltern oder anderen Personen eine «Kurzanleitung» im Umgang mit Plänen erhalten hatten. Ausgesprochene Vorkenntnisse waren in keinem Fall da; kein Kind war in der Lage, einen einfachen Plan zu «lesen»". Andererseits fand er die Fähigkeit vor, graphische Symbole zu verwenden.[88] Der Kenntnis der Farbsymbolik ging eine andere Untersuchung bei Kindern im 1. Schuljahr nach. Die Kinder erkannten auf einer schematisch gezeichneten Karte des Niederrheins den Fluß, Städte, Straßen und Brücken und die Waldflächen. Sie identifizierten die Darstellung als Karte des Niederrheingebietes und deuteten die Farben richtig. Dann fertigten sie selbst Karten an, wobei sie die Symbole in der richtigen Weise benutzten. Dieses Ergebnis wurde nach einer einzigen Unterrichtsstunde erzielt. Andere Kinder eines 1. Schuljahres waren ohne Anleitung fähig, angesichts eines Modells den Grundriß eines Hauses zu zeichnen.[89] *W. Engelhardt* berichtet von einer Unterrichtsstunde, in der Schüler des 2. Schuljahres eine thematische Karte, die Auskunft über den Zustand

sanierungsbedürftiger Gebäude gab, „interpretierten". Sie waren offenbar fähig, der Karte Informationen zu entnehmen und sie im Gespräch zu verarbeiten.[90] An anderer Stelle stellte W. Engelhardt fest, daß Schüler des 4. Schuljahres sich ohne Einführung im Plan ihres Stadtviertels zurechtfanden.[91] Bei diesen Ergebnissen aus Unterrichtsstunden ist nicht abzuschätzen, was die Schüler selbständig leisteten, bzw. wie stark die Führung – u. U. auch die Vorgabe – durch den Lehrer war. Außerdem entsteht jeweils ein Gesamtbild der Leistung einer ganzen Klasse, das recht differenziert erscheint, es ist aber nicht ersichtlich, wozu das einzelne Kind fähig ist.
L. Bäuerle behauptet: „Das Kind kennt die Karte, ehe es zur Schule kommt. Es findet sich auf ihr zurecht und vermag ihr die Informationen zu entnehmen, die es im Einzelfalle braucht oder wünscht. Kurze Erläuterungen genügen, um ihm auch das Verständnis für die Darstellungsformen zu erschließen, die es noch nicht aus dem Kartengebrauch kennt."[92] Leider gibt der Artikel keinen Aufschluß über eine empirische Absicherung dieser Behauptung.
W. Engelhardt[93] stellte in seiner Untersuchung[94] fest, daß 10jährige Schüler Strukturen im Raum und auf dem Plan erkannten. Sie erfaßten Wegfiguren und zeigten spontan Abkürzungen auf der Karte. Einige Kinder benutzten sogar den Maßstab; womit der Einfluß außerschulischer Erfahrungen belegt ist. Es zeigte sich weiter, daß die Aufmerksamkeit ein wichtiger Faktor für die Bewältigung der Aufgabe war. Die Leistungen der Jungen waren höher als die der Mädchen. Aus den Ergebnissen zieht W. Engelhardt den Schluß, daß Schüler dieser Altersstufe zur gedanklichen Durchdringung des Raumes und zum Umgang mit Raumstrukturen fähig sind. Schon vom 1. bis 2. Schuljahr an soll das Erfassen einfacher Strukturen angebahnt werden. Er fordert, daß sich Karten-Leseübungen über die gesamte Schulzeit erstrecken sollen,[95] ein „eigener, wohlabgewogener Lehrgang zur Einführung in das Kartenverständnis erscheint" ihm jedoch nicht erforderlich.[96]
Eine Untersuchung an 10- bis 12jährigen Schülern ergab, daß ihr Verständnis für die Reliefdarstellung noch sehr unzulänglich ist, während die übrigen Signaturen keine Probleme bereiten. W. Hlawatsch zog aus seinen Ergebnissen den Schluß: „Mit viel methodischem Aufwand kann man 10–12jährige Schüler zur Kartenarbeit anhalten. Aber die Schüler sehen dabei nur das Gelernte."[97] Eine weitere große Schwierigkeit liegt offenbar im Verständnis des Maßstabs.[98]
Die Ergebnisse der angeführten Untersuchungen erscheinen teilweise widersprüchlich. Das ist sicher in einigen Fällen darauf zurückzuführen, daß die Versuchsbedingungen nicht zureichend kontrolliert waren. Andererseits wird deutlich, daß die Beurteilung der Fähigkeiten der Schüler und die methodischen Schlußfolgerungen für eine Einführung in das Kartenverständnis nur im Hinblick auf die Zielsetzung der Kartenarbeit möglich sind. G. Grobe nimmt hier eine vermittelnde Position ein. „Wir müssen davon ausgehen, daß Kinder schon sehr früh mit Karten verschiedenster Art konfrontiert werden. Oftmals genügen wenige Erläuterungen, um die Kinder in die Lage zu versetzen, sich auf Karten zurechtzufinden. Um zu . . . Einsichten und Fähigkeiten zu führen, bedarf es jedoch gezielter Maßnahmen."[99]
„Das Hinführen zu einem Kartenverständnis ist ein langwieriger Prozeß. Ein sachgemäßer Umgang mit Karten verschiedenster Art kann weder in einem Lehrgang noch in einer Schulstufe erreicht werden."[100]

Die vorliegende Arbeit will mit dem 3. Teiltest einen Beitrag dazu leisten, die Fähigkeit der Grundschüler zur Strukturerfassung in bezug auf einfache thematische Karten zu ermitteln und ihre Kenntnis einiger gebräuchlicher Kartensymbole festzustellen.

2.4. Verständnis funktionaler Abhängigkeiten

Der Begriff „Funktion" wird in zwei verschiedenen Bedeutungen verwendet. Einmal bezeichnet er eine Aufgabe oder Leistung, zum anderen die Abhängigkeit eines Sachverhaltes oder Vorganges von einem anderen.[101] In der Geographie kommen beide Funktionsbegriffe zur Anwendung. Im folgenden geht es jedoch ausschließlich um Funktionen in der letztgenannten Bedeutung, da sie für die Länderkunde relevanter sind. Die funktionalen Beziehungen zwischen geographischen Erscheinungen zu erkennen und zu erklären ist die wesentliche Aufgabe der Länderkunde. Solche Beziehungen bestehen z. B. zwischen Klima und Vegetation, Siedlungsdichte und Verkehrswegen, Industriestandorten und Besiedlungsdichte usw. Es liegt dabei nicht immer Funktionalität im streng mathematischen Sinne vor, die durch eine Formel ausgedrückt werden könnte, sondern vielfach bezieht sich der Begriff „Funktion" in der Geographie lediglich auf eine Abhängigkeit der Faktoren. Die Einsicht in solche funktionalen Abhängigkeiten setzt die Fähigkeit zum kausalen bzw. schlußfolgernden Denken voraus.

2.4.1. Beiträge der Psychologie zur Entwicklung des kausalen Denkens

H. Remplein bezeichnet das Denken als „die Funktion, die dem Menschen die Welt erschließt". Es ermöglicht dem Individuum, „Dinge als Gegenstände mit festen Eigenschaften zu erfassen und Sachverhalte als Zusammenhänge objektiven Charakters zu erkennen".[102] Beim Denken werden demnach Beziehungen hergestellt. Es lassen sich verschiedene Ordnungsprinzipien unterscheiden, nach denen die zwischen den Gegebenheiten bestehenden Beziehungen klassifiziert werden können. Solche Ordnungsprinzipien sind z. B. die Ähnlichkeit, die Zeit und der Kausalzusammenhang.[103] Das kausale Denken setzt – im einfachsten Falle – zwei Zustände oder Ereignisse zueinander in Beziehung und erkennt in einem die Ursache und im anderen die Auswirkung. Von einem beobachteten Sachverhalt schließt es zurück auf die Ursache für sein Zustandekommen. Da die enge Beziehung zum schlußfolgernden Denken besteht, bei dem von gegebenen Prämissen auf die daraus resultierenden Folgen geschlossen wird, soll an dieser Stelle die Entwicklung beider Fähigkeiten gemeinsam verfolgt werden.

Vorbereitet durch das Erleben der eigenen Wirksamkeit und das Werkzeugdenken, das die Fähigkeit bezeichnet, sich Dinge zur Erreichung eines unmittelbaren Zieles nutzbar zu machen, erwacht beim Kind das Verständnis für die Abhängigkeit eines Geschehens von einem anderen. Das Kind beginnt, nach Erklärungen für die Erscheinungen zu suchen, dabei begnügt es sich mit der Feststellung rein äußerlicher Wenn-dann-Beziehungen. Es erlangt noch keine Einsicht in kausale Abhängigkeitsverhältnisse. Im Alter von 4 bis 5 Jahren treten die Warum-Fragen besonders häufig auf. Sie richten sich aber zunächst auf den Zweck einer Sache, erst später interessieren das Kind die Gründe und das Wie eines Ablaufs. Es entwickelt allmählich ein Weltbild, in dem sich richtige und falsche Vorstellungen durchdringen. Da

es noch nicht imstande ist, naturwissenschaftlich-technische Zusammenhänge einzusehen, „greift es zum Zwecke genauerer Erklärungen zu phantastischen Vorstellungen. Ein Vierjähriges hält es z. B. durchaus für möglich, daß im Radiokasten ein Mann sitze, der spreche und Musik mache".[104] H. Remplein betont, daß die technisierte Welt für das Kind weitgehend undurchschaubar ist, daß es zwar lernt, mit Geräten usw. umzugehen, daß das aber mechanisch und ohne Einsicht in die Funktionsweise geschieht. Dem Denken des Vorschulkindes sind unüberschreitbare Grenzen gesetzt, da es noch ausschließlich dinggebunden-konkret ist. Es existieren nur wahrnehmbare Inhalte, keine abstrakten Beziehungen und Sachverhalte.[105] So sind dem Kind angenommene, also ichdistanzierte Sachverhalte ganz fremd. Es weigert sich, Prämissen anzunehmen, die nicht der realen Situation entsprechen. Während der Erwachsene Beziehungen vom Sachverhalt lösen kann, richtet sich das kindliche Denken auf anschauliche Gesamtsituationen. Das wird sehr deutlich, wenn Kinder Analogie-Aufgaben lösen sollen.[106]
Die Entwicklung des kausalen Denkens kommt in den kindlichen Erklärungen für Naturerscheinungen zum Ausdruck. Die Erfassung der Umwelt basiert auf einer physiognomischen und anthropomorphen Grundhaltung; „alles erhält seinen Sinn von der Beziehung zur kindlichen Existenz; und so verschmilzt in der primitiven Kausalität Ursache und egozentrischer Zweck zu einer komplexen Einheit".[107] H. Werner unterscheidet in teilweiser Übereinstimmung mit J. Piaget drei Stadien kausaler Erklärungsweisen. Das erste Stadium zeichnet sich durch anthropomorph-teleologische Erklärungen aus. Ein 5; 6jähriger Junge begründet z. B. die Tatsache, daß es abends dunkel wird, damit, daß die Leute dann müde werden und schlafen wollen. Im zweiten Stadium, in dem eine zunehmende Objektivierung zu erkennen ist, sind animistische Erklärungen der Natur häufig. Den Dingen werden Absichten und Kräfte zugesprochen. Auf dieser Stufe findet sich auch die Auffassung, daß Landschaftsformen vom Menschen gemacht sind. Im dritten Stadium, das die Kinder mit etwa 7 bis 8 Jahren erreichen, treten schließlich realistische Erklärungsweisen auf. Das Kind kennt aber auch in diesem Alter noch keine Erklärungen aufgrund allgemeiner, notwendiger Bedingungen im Sinne echter kausaler Begründungen. Wenn es einen physikalischen Vorgang erklären soll, gibt es eine erzählungsmäßige Beschreibung ab. Dabei können kausale Begründungen implizit enthalten sein, sie werden aber nicht ausdrücklich genannt. Die logische Folge von Ursache und Wirkung ist oft noch undifferenziert.[108]
J. Piaget weist hier auf die enge Beziehung zwischen Zeit und Kausalität hin. Erst wenn die Sukzession von Ereignissen richtig erfaßt und damit die zeitliche Priorität der Ursache vor der Wirkung erkannt wird, können kausale Beziehungen verstanden werden. Aber auch nach der Bildung des Zeitbegriffs benutzt das Kind noch nicht-kausale Erklärungen.[109]
Nach einer Untersuchung von A. Sikora an 7- bis 13jährigen Schülern sind beim schlußfolgernden Denken in den ersten drei Schuljahren erhebliche Fortschritte zu verzeichnen. Er führt diese auf den Einfluß der Schule zurück, da die Kinder hier lernen, Dinge sinnvoll zu ordnen und in Zusammenhang zu bringen. Er fand bei den Schülern drei Formen des Schließens: das Schließen aus dem Sachverhalt, den Analogieschluß und das syllogistische Folgern. Bei den jüngeren Schülern dominierte die erste Form, bei den älteren bestanden alle drei Formen nebeneinander. Der syllogistische

Schluß zeigte eine beschleunigte Entwicklung bis zum 12. bis 13. Lebensjahr. Durchschnittlich begabte Kinder beherrschen den Syllogismus bei konkreten Inhalten mit etwa 9 Jahren; die formale Beherrschung tritt erst etwa zwei Jahre später auf.[110]
Eine Untersuchung der Abstraktionsfähigkeit bei 7- bis 15jährigen Mädchen ergab, daß die Entwicklung durch das gesamte Schulkindalter und die Reifezeit gleichmäßig, ohne besondere Schübe voranschreitet. Die Ergebnisse deuten weiter darauf hin, daß die Leistungen im abstrakten Denken wahrscheinlich durch Übung beeinflußt werden können. Die fortschreitende Entwicklung des logischen Denkens führt zu einer sachgerechteren Erfassung kausaler Beziehungen.[111]
H. Werner ging der Frage nach, ob die kindlichen Erklärungsweisen durch den Stand der geistigen Reife oder durch einen Mangel an Erfahrung bedingt sind. Er stellte bei den älteren Schülern einen erheblich größeren Leistungszuwachs aufgrund von Erfahrung fest als bei den jüngeren. Er folgert daraus, daß die Ausnutzung der Erfahrung ihre Grenze am Reifezustand des Kindes hat. Auch die 9jährigen kamen beim abschließenden Test nicht über die gegenständliche Wenn-dann-Erklärung hinaus.[112] Sie macht in den ersten vier Schuljahren den größten Anteil der Kausalerklärungen für Naturerscheinungen aus. Das Kind sieht aufgrund seiner praktischen Erfahrungen einzelne Faktoren oder Bedingungen als Ursachen an, ohne daß diese die tatsächlichen Kausalbedingungen darstellen. Meist besteht nur eine gewisse Häufigkeitsbeziehung zwischen den betreffenden Vorgängen. Die Einsicht in Kausalrelationen nimmt im Grundschulalter kontinuierlich zu. Die Schüler erkennen zunächst Anfangs- und Endglied einer Kausalreihe, wobei die Zwischenglieder noch fehlen. Noch im 8. Schuljahr dominieren diese vereinfachten Erklärungen über die echten, lückenlosen Kausalerklärungen. Bei der Erfassung der Kausalrelation spielt neben dem Alter auch das allgemeine intellektuelle Niveau eine Rolle.[113]
J. Piaget sieht in der Schwierigkeit bei den jüngeren Kindern, mit der Logik der Beziehungen umzugehen, eine Konsequenz der Egozentrik. Er beobachtete bei den Kindern eine Tendenz, den Umgang mit den Beziehungen zu meiden und relative Begriffe durch absolute zu ersetzen. Mit dem Rückgang des Egozentrismus – ab etwa 7 bis 8 Jahren – setzt ein Bedürfnis nach logischer Begründung ein. Bis zu diesem Alter und teilweise noch darüber hinaus denkt das Kind nur über spezielle Fälle nach. Es hat noch keinen Begriff vom Zufall und kann deshalb die notwendigen Bedingungen für einen Vorgang und die zufälligen Begleiterscheinungen nicht unterscheiden. Da es die verschiedenen Fälle nicht in Beziehung setzt, erkennt es keine Alternativen und Gegensätze und vor allem noch keine Gesetzmäßigkeiten. Die Tatsache, daß das Kind jede Situation als Einzelfall auffaßt, begründet auch die Widersprüchlichkeit seiner Erklärungen. Von 7 bis 8 Jahren an wird dem Kind die Gegenseitigkeit der Standpunkte und Beziehungen immer klarer bewußt. Mit dem Erreichen der Stufe des formalen Denkens – mit 11 bis 12 Jahren – wird es fähig, von seiner persönlichen Meinung zu abstrahieren und sich auf jeden fremden Standpunkt zu begeben. Jetzt wird es ihm möglich, Hypothesen zu bilden. Das Denken löst sich von der unmittelbaren Wirklichkeit und dringt in den Bereich des Möglichen vor.[114] Das Kind bekommt einen Sinn für das Allgemeingültige und Gesetzhafte. Es erkennt z. B. einen Einzelvorgang als Sonderfall des Ursache-Wirkungsverhältnisses.

2.4.2. Beiträge der Geographiedidaktik zum kausalen Denken und seiner Entwicklung

Der Fähigkeit, Beziehungen, insbesondere Kausalrelationen zu erkennen, wird in der Geographiedidaktik eine besondere Bedeutung zugemessen. In der fachdidaktischen Literatur findet sich dafür sogar der Terminus „erdkundliches" oder „geographisches Denken".[115] Damit soll sicherlich nicht behauptet werden, daß das Erfassen von Kausalrelationen eine spezifisch geographische Denkweise darstellt, wohl aber, daß es eine unabdingbare Voraussetzung ist, um das Zusammenwirken und die Verflechtung verschiedener geographisch relevanter Faktoren zu analysieren und zu interpretieren. Von daher ist es eine wesentliche Aufgabe des Geographieunterrichts, das kausale Denken zu fördern, um den Schülern schließlich einen Einblick in die vielfältigen Zusammenhänge zu ermöglichen. In der fachdidaktischen Literatur ist das kausale Denken bezüglich geographischer Inhalte vielfach behandelt worden.

Eine Systematisierung der Kausalbezüge nimmt *W. Pleiner* vor. Er unterscheidet zunächst kausale Beziehungen aus dem Bereich des Naturgeschehens und finale Beziehungen aus dem Bereich des menschlichen Handelns. Dabei sind lediglich die Urheber der Ursachen verschieden, die Struktur der Denkform ist jeweils gleich. Die Kausal-Final-Bezüge unterteilt er in bilaterale, bei denen eine Erscheinung auf *eine* Ursache zurückgeht, und multilaterale, bei denen mehrere Ursachen vorliegen. Bei den Kausalketten ist jedes Glied gleichzeitig Ursache und Wirkung bezüglich anderer Erscheinungen. Darüber hinaus gibt es verschiedene Mischformen. Als Kausalgeflechte bezeichnet er die „vielfältig verknüpften Ursache-Wirkungsbezüge..., welche zwischen den Faktoren der Naturlandschaft bzw. denen der Kulturlandschaft intern bestehen, als auch jene, welche zwischen den beiden Bereichen vorhanden sind und deren Gesamtheit die Physiognomie und das Wesen eines bestimmten Ausschnitts der Erdoberfläche kennzeichnet".[116] Wechselseitige Beziehungen, bei denen zwei Faktoren gegenseitig aufeinander wirken, führt *W. Pleiner* nicht an. Da es in der Geographie kaum Erscheinungen mit *einer* isolierbaren Ursache gibt, sondern es sich meist um komplexe Beziehungen zwischen mehreren Faktoren handelt, ist die vollständige Erfassung für die Schüler schwierig, und die Befähigung dazu stellt wohl das Endziel des geographischen Unterrichts dar. *W. Pleiner* ist jedoch der Auffassung, daß elementare Kausalbezüge schon im Sachunterricht der Grundschule behandelt werden können. Das kausale Denken als eine relativ anspruchsvolle abstrakte Beziehungserfassung wird allerdings von älteren Schülern effektiver vollzogen. Als Voraussetzungen dafür führt *W. Pleiner* einen gewissen entwicklungspsychologischen Stand, Denk- und Gesprächsschulung und stoffliches Vorwissen an. Weiter stellt er didaktische Forderungen für die Durchdringung von Kausalrelationen im Unterricht auf. Die Schüler sollen zunächst mit einzelnen, unkompliziert strukturierten, also vorwiegend bilateralen Kausalbezügen konfrontiert werden. Es sollen nur bedeutsame und aufschlußreiche Teilprobleme aufgegriffen werden. Wesentlich ist das rechte Maß der Hilfestellung durch den Lehrer, wenn die Schüler zu selbständiger Erforschung von Ursachen und Beziehungserfassung befähigt werden sollen. *W. Pleiner* entwickelte ein Modell für ein entsprechendes Problemlösungsverfahren.[117]

Basierend auf seiner Zielsetzung erdkundlichen Denkens, nämlich Zusammenhänge aufdecken, aus Parallelen und Gegensätzen Gesetze ableiten und zur Erarbeitung fremder Räume heranziehen,

stellt *H. Windisch* didaktische Forderungen und methodische Vorschläge für die Erarbeitung kausaler Beziehungen im Unterricht auf. Nach seiner Auffassung ist der Heimatraum auch in der Oberstufe Ausgangspunkt für kausales geographisches Denken. Seine Darstellung des erdkundlichen Kausalgefüges ist unvollständig und einseitig deterministisch.[118]
A. A. Dometti behandelt in einem Aufsatz die Förderung des Beziehungsdenkens mit Hilfe der Arbeit an der Landkarte. Er projiziert dabei allerdings anhand von fiktiven Unterrichtsszenen überwiegend Zielvorstellungen, ohne darzulegen, auf welche Weise die Schüler die Kenntnisse und Fähigkeiten erlangen.[119]

H. Lehmann betont, daß gerade der Geographieunterricht aufgrund der Merkmale seiner Inhalte in der Lage ist, die Denkfähigkeit zu fördern. An anschaulichen Sachverhalten kann konkretes Denken ausgiebig geübt werden, ehe theoretische Verallgemeinerungen erfolgen. Dabei leistet die Entwicklung der Beobachtungsfähigkeit einen wichtigen Beitrag zur Herausbildung des kausalen Denkens. Im 5. bis 8. Schuljahr sollen die Grundlagen geschaffen werden, damit im 9. und 10. Schuljahr die komplexen Beziehungen der Physischen und Ökonomischen Geographie verstanden werden. Die Schüler sollen über das Verständnis der kausalen Abhängigkeiten bei einzelnen Fällen zum Erfassen allgemeiner Gesetzmäßigkeiten geführt werden.[120]

2.4.3. Empirische Untersuchungen aus dem Bereich der Didaktik der Geographie und der Naturwissenschaften zum kausalen Denken

In Anbetracht der großen Bedeutung, die dem Verständnis für kausale Beziehungen im Bereich des Geographieunterrichts beigemessen wird, ist es erstaunlich, daß die Fähigkeit der Schüler, diese Relationen in bezug auf geographische Inhalte zu erfassen, bisher kaum empririsch untersucht worden ist.

Eine Untersuchung von *E. Wagner*[121] enthielt u. a. eine Kausalfrage. Schon im 3. Schuljahr zeigen die Antworten erste Ansätze zu kausaler Verknüpfung. Bei den Schülern des 5. Schuljahres ist eine größere Vielfalt der erwähnten Sachzusammenhänge zu verzeichnen. Diese Kinder haben offenbar die Fähigkeit, kausale Zusammenhänge zu erkennen, wenn auch die Reihe der Glieder nicht immer ganz vollständig ist. Für das 7./8. Schuljahr sind die Ergebnisse widersprüchlich. *E. Wagner* gibt an, daß die Schüler die Beziehungen erfassen und auch darstellen können, wobei diese Darstellungen wenig systematisch sind, sondern mehr in erzählender Form gegeben werden. Es heißt, daß die Kausalfrage nicht sprachlich klar beantwortet werde; viele Jungen hülfen sich mit einer Zeichnung. Die Anworten der Mädchen seien größtenteils falsch; andererseits weist die graphische Darstellung über 90 % richtige Lösungen der Kausalfrage aus.
F. Stückrath stellte in einer Untersuchung, die nicht in erster Linie das Verständnis kausaler Beziehungen ermitteln sollte, bei Schülern des 4. Schuljahres fest, daß sie in ihren Zeichnungen die Inhalte teilweise noch in naiver Weise zusammenfügen, in ihren Äußerungen dazu kommt jedoch schon das Wissen um kausale Zusammenhänge zum Ausdruck. Er führt dazu einige Beispiele an: „In Amerika wachsen Bananen, weil es da so heiß ist." „Da wächst der Kaffee, weil es da so fruchtbar ist." „Amerika liegt in der Mitte der Erdkugel, deshalb ist es da so heiß."[122]
F. Stückrath folgert aus den Ergebnissen, daß das kausale Denken bezüglich des Erdraumes und seiner Erscheinungen erst nach dem 10. Lebensjahr zu voller Entfaltung kommt. Die Untersuchung zeigt die ersten Ansätze dazu.
Eine Befragung von Kindern des 1. bis 8. Schuljahres[123] gab Aufschluß über die kindlichen Vorstellungen von den Ursachen für einige Naturerscheinungen. Bei den jüngeren Schülern fanden sich teilweise falsche Analogieschlüsse. So glaubten einige Kinder, daß die Sonne abends – wie das Herdfeuer – mit Asche gelöscht würde. Die Beziehung von Ursache und Wirkung wurde von einigen nicht erkannt: Der Wind entsteht durch die Wellen des Meeres. In den unteren Jahrgängen wurden animistische Erklärungen für die Entstehung von geographischen Objekten und für klimatische Erscheinungen gegeben. *J. Wollersheim* fand drei Stufen der Kausalauffassung: die animistische bis

37

zum 9. Lebensjahr einschließlich, eine technisch-kritische bis zum 12. Lebensjahr und schließlich die naturwissenschaftliche vom 13. Lebensjahr an.

Eine umfangreiche Untersuchung über die kindlichen Theorien zur Erklärung von Naturerscheinungen stellte *K. Zietz* bei 10- bis 14jährigen Jungen an. Er befragte die Schüler im freien Gespräch innerhalb des Unterrichts nach ihren Vorstellungen über Gewitter, Wolken, Wind und die Bewegungen der Gestirne. Es handelt sich dabei zwar in erster Linie um physikalische Probleme, aber die Ergebnisse sind auch im Hinblick auf den Geographieunterricht aufschlußreich. *K. Zietz* konnte beobachten, daß die kindlichen Theorien unabhängig von den in der Schule vermittelten Kenntnissen unter einer dünnen Schicht übernommenen Wissens weiterbestehen.[124] So wird z. B. noch im 8. Schuljahr, nach der Einführung in die Elektrizitätslehre, der Donner durchweg durch den Zusammenprall der Wolken erklärt. Die Schüler wissen zwar, daß Wolken aus Wasserdampf bestehen, trotzdem stellen sie sich diese dinghaft und mit Wasser gefüllt vor. Manchmal findet sich eine Angleichung der im Unterricht vermittelten Einsichten an die kindlichen Vorstellungen, oder die Kinder übertragen Beobachtungen der täglichen Erfahrung auf Naturerscheinungen, z. B.: Die Wolken entstehen durch den Dampf der Lokomotiven. *K. Zietz* betont, daß es sich hier nicht um zeitweilige Irrtümer handelt, sondern daß diese Anschauungen tief in der kindlichen Denkstruktur verwurzelt sind. Die wissenschaftlichen physikalischen Theorien können den Kindern nur bis zu einem gewissen Grad nahegebracht werden, weil sich die Schüler noch nicht ganz von der anschaulichen Grundlage lösen können.[125] Eine Erscheinung, die auf allen Altersstufen anzutreffen ist, ist der Kausalzirkel. Der Wind entsteht durch die Bewegung der Wellen, welche wiederum auf den Wind zurückgeführt wird. Zweifel an der Zirkeltheorie tauchen im allgemeinen erst bei den 13jährigen auf. Im 8. Schuljahr durchschauen einige Schüler nicht nur die faktische Unrichtigkeit, sondern auch die logische Unmöglichkeit. Beim Kausalzirkel ist der einzelne Vorgang durchaus möglich, aber erst wenn die Unumkehrbarkeit des Prozesses verstanden wird, kann das Kind die Kausalrelation erfassen. Manchmal gaben die Schüler eine verbal richtige Erklärung ab, hinter der dennoch falsche Vorstellungen standen.

Eine Befragung in einer Jungenklasse des 4. Schuljahres – es sollte erklärt werden, warum sich ein Auto bewegt – zeigte, daß die Kinder noch ganz auf der Stufe des Wenn-dann-Denkens stehen. Sie erklären eingehend die Handgriffe des Fahrers und kommen daraufhin zu dem Schluß: „... und dann fährt das Auto". Damit ist für sie die Ursache der Bewegung befriedigend erklärt. Weiterführende Fragen werden nicht verstanden.[126]

Insgesamt gewähren die Ergebnisse einen interessanten Einblick in kindliche Denkstrukturen. Der Nachteil einer Gruppenbefragung im Gespräch, das erst nachträglich protokolliert wurde und außerdem keine Quantifizierung der Ergebnisse zuließ, war *K. Zietz* sich deutlich bewußt. Ein Mangel ist darin zu sehen, daß die Kinder fast ausschließlich über Erscheinungen befragt wurden, die auch der durchschnittliche Erwachsene keineswegs lückenlos erklären kann. *K. Zietz* weist darauf hin, daß der Erwachsene sich aber seiner Unwissenheit bewußt ist, während die Kinder unbekümmert mit Begriffen operieren, die sie nicht wirklich verstehen. Darüber hinaus fehlt ihnen noch das Bedürfnis nach der Herstellung eines widerspruchsfreien Systems.[127]

K. Odenbach ließ 419 Schüler des 6. bis 10. Schuljahres Landkarten von fiktiven Ländern zeichnen. Die Arbeiten gaben Aufschluß über die Einsicht der Schüler in die Beziehungen zwischen verschiedenen geographischen Faktoren. Die Ergebnisse wurden quantifiziert und nach Jahrgang und Geschlecht aufgeschlüsselt. Insgesamt schneiden die Jungen etwas besser ab als die Mädchen. K. *Odenbach* untersuchte die Landkarten daraufhin, welche Zusammenhänge im einzelnen beachtet oder mißachtet wurden. Insbesondere die Fehler kennzeichnen den Stand der Einsicht, denn manche „Konfigurationen, die auf Landkarten häufig wiederkehren (z. B. Flußmündung mit großer Stadt), können sich rein bildmäßig eingeprägt haben oder die Formulierung eines bloßen «Wenn-Dann-Zusammenhangs»" ohne tiefere Einsicht darstellen.[128] Die Beziehung zwischen Bodengestalt und Bewässerung ist relativ leicht einzusehen, trotzdem fanden sich merkwürdige Fehler bis ins 10. Schuljahr hinein. 20% der Karten berücksichtigten die Beziehung zwischen Siedlungsdichte und Bodenbeschaffenheit; hierbei wurden kaum Fehler gemacht. Wenig Einsicht zeigten die Kinder für den Zusammenhang zwischen Bodenschätzen, Industrie und Siedlungsdichte. Die Relation zwischen Siedlungsdichte und Verkehrslage wurde besonders von den Mädchen häufig nicht beachtet. Das Verständnis für die Relationen Verkehrslinien – Güterverteilung und Siedlungsdichte – Verkehrsnetz nahm erst vom 8. Schuljahr an stark zu. Wenig berücksichtigt wurde auch die Ökonomie der Linienführung. K. *Odenbach* folgert aus den Ergebnissen, daß die Kinder mit fortschreitendem Alter zunehmend fähig werden, geographische Gesetzlichkeiten aufzufassen und anzuwenden. Er ermittelte allerdings erhebliche Leistungsunterschiede auf einer Altersstufe, die nachweislich auf den Einfluß des Unterrichts zurückzuführen waren. Das Erkennen von Wechselwirkungen kann demnach durch den Unterricht gefördert werden.[129]

Das Verständnis für sehr komplexe Wirkungsgefüge untersuchte W. *Rhys*. Eine umfassende Erklärung der Zusammenhänge konnten erst Schüler ab 14; 6 Jahren abgeben.[130]

Die hier angeführten Untersuchungen über das Verständnis für Kausalrelationen bezüglich geographischer Inhalte wurden ausschließlich an Schülern ab 10 Jahren vorgenommen. Die Untersuchungen, die E. *Wagner* vom 3. Schuljahr an und F. *Stückrath* im 4. Schuljahr durchführten, hatten im Grunde eine andere Zielsetzung, sie streiften das hier angesprochene Problem lediglich. Die vorliegende Arbeit soll nun Aufschluß geben über die Anfänge des Verständnisses für Kausalrelationen bzw. funktionale Abhängigkeiten im Grundschulalter.

2.5. Verständnis von Abläufen und Entwicklungen

Neben dem strukturellen und dem funktionalen Aspekt ist für die länderkundliche Arbeit der genetische Aspekt von grundlegender Bedeutung. Manche Strukturen können nur richtig erfaßt und interpretiert werden, wenn man sie als Momentaufnahme eines Prozesses versteht. Das Erfassen von Veränderungen in der Zeit, kurzfristiger Abläufe und langfristiger Entwicklungen, ist deshalb eine wesentliche Komponente des länderkundlichen Verständnisses. So sollen den Schülern im länderkundlichen Unterricht z. B. Produktionsabläufe, aber auch die Entwicklung von Siedlungen und Einwohnerzahlen, von Wirtschafts- und Sozialstrukturen nahegebracht werden. Voraussetzungen für das Verständnis von Prozessen aller Art sind die Bildung des Zeitbegriffs und die Fähigkeit zu kausalem Denken.

2.5.1. Psychologische Befunde zum Zeitbegriff und seiner Entwicklung

Über das Zeiterleben und die Entwicklung des Zeitbegriffs bei Kindern liegen eine Reihe psychologischer Befunde vor. Das Zeiterleben ist tief im Menschen verwurzelt. Die Zeit selbst ist nicht zu erfassen; wir werden uns ihrer bewußt durch das Kommen und Gehen von Ereignissen, durch das Erleben von Veränderung.[131] Die Zeitwahrnehmung ist relativ unabhängig von der Sinneswahrnehmung.[132] Daß das Zeiterleben stark in das Gesamterleben integriert ist, zeigt sich insbesondere bei der Zeitschätzung und der zeitlichen Orientierung. Dabei greifen Wahrnehmungen, Vorstellungen und intellektuelle Prozesse wie Begriffsbildung und schlußfolgerndes Denken ineinander. Emotionen und die Motivation beeinflussen ebenfalls das Zeiterleben.[133] H. Roth sieht in der Erinnerungsfähigkeit die Grundvoraussetzung für jedes Zeiterleben. Durch das Gedächtnis wird das Individuum fähig, sich über den Ablauf der Zeit zu erheben und sich Vergangenes zu vergegenwärtigen. Der Zeitablauf ist unumkehrbar, aber der geistige Blick kann über die Zeitlinie hin- und herwandern. R. Roth betont, daß diese Fähigkeit ein Spätprodukt menschlicher Reife ist.[134]

Das kleine Kind lebt noch ganz in der Gegenwart und in der Erwartung auf das Kommende. Bei ihm bedingt das „egozentrische, zugleich gefühlte und dingliche Wesen der Zeit ... eine gänzlich andere Auffassung des formalen Aufbaus des Zeitlichen" als beim Erwachsenen.[135] Der Zeitablauf wird nicht als kontinuierlich erfaßt, sondern zeichnet sich durch Sprunghaftigkeit aus. Zeit wird nach affektiv hervorgehobenen Einzelereignissen gegliedert, z. B. Mahlzeiten, Schlafen; so entsteht eine vorwiegend qualitative Gliederung von sehr unregelmäßiger Struktur. Aus dieser egozentrischen Aktionszeit entwickelt sich relativ langsam die objektive metrische Zeit.[136] Der Zeitbegriff entwickelt sich später als der Raumbegriff. Der Grund dafür dürfte sein, daß die Zeit nicht anschaulich gegeben ist, sondern von Ereignissen und Bewegungen abstrahiert werden muß. Nach J. Paul entwickelt sich die Zeitdimension „früher – später" aus der Raumdimension „vorn – hinten".[137] Für das kleine Kind sind zeitliche und räumliche Strecken identisch; es gelingt ihm noch nicht, die Zeit von dem Ereignis zu lösen. So benutzt es zunächst qualitative Zeitbestimmungen; die Zeitangaben werden durch Orts- und Ereignisangaben ersetzt. Wie der Raum so wird auch der Zeitablauf von markanten Punkten aus durchgliedert, z. B. Sonntage, Weihnachten, Geburtstag.

Die enge Beziehung zwischen Raum und Zeit äußert sich auch in zahlreichen Analogien. Wir sprechen von zeitlicher Nähe und Ferne, von Zeiträumen und der Zeitperspektive. Die nahe Vergangenheit und Zukunft sind wesentlich feiner strukturiert als fernere Zeiträume. So ändert sich gewissermaßen der Beobachtungsmaßstab je nachdem, ob wir kurze Zeitstrecken oder ganze Epochen betrachten. Daß für die Kinder Raum und Zeit eine zunächst untrennbare Einheit bilden, wurde bereits erwähnt. Einen weiteren Beleg dafür führt H. Werner an. Ein 8jähriges Kind, „das wußte, daß es Sonnabend in Cambridge war, antwortete: «In London ist es Sonntag, weil das eine andere Stadt ist, und anderswo in England mag es sogar Montag sein»".[138] Diese Antwort ist keineswegs ein Einzelfall, sondern beispielhaft für zahlreiche andere.

Aufschluß über die Entwicklung der Zeitperspektive gibt der Gebrauch der Zeitadverbien. Die Altersangaben hierfür differieren bei den verschiedenen Autoren. Nach H. Roth[139] erfaßt das Kind mit etwa 1 ; 6 Jahren die Bedeutung von „jetzt", mit 2 Jahren von „bald", damit beginnt es, warten zu lernen. Ab etwa 3 Jahren benutzt es die Wörter „wann", „Zeit" und „heute"; etwas später wendet es „morgen" und noch später „gestern" an. Die Zeitbegriffe werden zunächst in konkreten Situationen gebraucht, lange bevor sie Abstraktbegriffe werden. Ihre Anwendung ist anfangs noch ungenau.

Die Erinnerungsspanne des Kindes wächst von Jahr zu Jahr; bei affektbetonten Erlebnissen ist sie am größten. Etwa vom 6. Lebensjahr an ist ein ernsthaftes, willentliches Sichbesinnen zu beobachten. In diesem Alter ist zwar ein Zeiterleben, aber noch kaum ein Zeitwissen vorhanden. Dieses Zeitwissen ist an die richtige Handhabung der Zahlen gebunden. Manche Kinder kennen zwar die Wochentage und Monatsnamen, doch dabei handelt es sich meist nur um Wortreihen. Morgen und Abend werden nun nicht mehr, morgen und gestern aber noch manchmal verwechselt. Die benutzten Zeitangaben haben noch keinen einheitlichen Bezugspunkt. Auch das Alter von Menschen wird noch nicht auf eine einheitliche Zeit bezogen. Jedes Ding hat seine eigene Zeit. Bilder aus einer anderen Zeit werden als fremdartig und räumlich fern erlebt. Die Zeitbegriffe Woche, Monat und Jahr bedürfen des Zählens als Grundlage; sie werden erst durch ausdrückliche Belehrung erfaßt. Die weitere Differenzierung des Zeiterlebens ist an das Verständnis der Uhr und des Kalenders gebunden. Damit setzt das eigentliche Zeitwissen ein. Im Laufe des Grundschulalters wächst der zeitliche Ordnungssinn, und die Zeitbegriffe werden immer genauer verwendet. Mit 8 bis 9 Jahren ist die Absicht zu erkennen, die Zeit zahlenmäßig zu erfassen. Das Kind erobert zunächst biologische Zeiten, wie z. B. die Lebensdauer. Auf dieser Altersstufe begreift es auch den periodischen Ablauf der Jahreszeiten. Mit 8 bis 10 Jahren erwirbt es das Verständnis für die Generationenfolge. In diesem Alter tritt auch erstmals die Zeitangabe durch die Jahreszahl auf. Wenn vorher schon Jahreszahlen genannt wurden, geschah das im allgemeinen ohne entsprechendes Zeitverständnis. Die Kinder werden sich jetzt plötzlich des Alters der Dinge bewußt. Damit beginnt die geschichtliche Vergangenheit in die Gegenwart der Schüler hineinzuragen. Sie erfassen meist spontan die Zeitlinie, die zunächst noch eine ganz grobe Gliederung aufweist. Das Interesse und Verständnis für genaue Geschichtszahlen wächst nur langsam. In der Pubertät entdecken die Kinder schließlich ihre eigene Geschichtlichkeit, die Tatsache, daß sie in eine bestimmte Zeitepoche unaustauschbar hineingestellt sind, daß ihre Vergangenheit nicht mehr rückgängig zu machen und ihre Zukunft eine bemessene Zeit ist. Damit erwacht auch das Verständnis für geschichtliche Epochen.[140]
Nach *J. Paul* lernt das Kind bis zum 10. Lebensjahr, Zeitpunkte losgelöst vom Ich auf die Zeitstrecke zu verlegen und die Interrelation „früher–später" zu erfassen. Das ermöglicht ihm, eine überindividuelle, auf objektive und soziale Übereinkunft sich gründende Zeiteinteilung zu treffen und einzuhalten. Zwischen dem 7. und 10. Lebensjahr wird die analytische Differenzierung des Tages in Stunden, Minuten und Sekunden und die Integration des Tages in Woche, Monat und Jahr vollzogen. Diese und die weitere Entwicklung wird durch den Fortschritt in der Denkfähigkeit ermöglicht. Mit Hilfe des abstrakten Denkens kann die Zeit schließlich auch gegenläufig verfolgt werden, und es wird erkannt, daß die Vergangenheit auch einmal Gegenwart war. Handlungen und Entscheidungen werden realitätsangepaßt auf die Zukunft gerichtet.[141] Die vorangegangenen Erfahrungen beeinflussen in zunehmendem Maße das Handeln.
Die umfassendste Untersuchung zur Bildung des Zeitbegriffs beim Kind wurde von *J. Piaget* durchgeführt. Er analysiert zunächst den Zeitbegriff vom Standpunkt des Logikers aus. Raum und Zeit bilden danach eine Einheit. „Der Raum ist eine Momentaufnahme der Zeit, und die Zeit ist der Raum in Bewegung ... Solange ... die Zeit noch nicht konstruiert ist, bleibt

sie nur eine der räumlichen Dimensionen."[142] Raum und Zeit differenzieren sich, wenn zwei Bewegungen von ungleicher Geschwindigkeit koordiniert werden. Während die anschauliche Zeit von der unmittelbaren Wahrnehmung abhängig ist, beruht die operative Zeit auf Beziehungen der Folge und Dauer und gründet sich auf Operationen, die den logischen Operationen entsprechen.[143] Der Zeitbegriff ist demnach nicht a priori gegeben, sondern bedarf der Konstruktion, die ihrerseits operatives Denken voraussetzt.

Von den vielfältigen Versuchsanordnungen, mit denen J. Piaget das Verständnis der Kinder für Folge und Dauer und ihre Fähigkeit, beide zu koordinieren, untersuchte, soll hier nur eine exemplarisch angeführt werden.[144] Er befragte die Kinder über ihr eigenes Lebensalter und das anderer Familienmitglieder, über die Relation jünger–älter, die Reihenfolge der Geburten und darüber, wie sie sich das Älterwerden vorstellen. J. Piaget teilt die Entwicklung in drei Stadien ein. Im ersten Stadium, bis zu etwa 5 Jahren, sind die Lebensalter unabhängig von der Reihenfolge der Geburten, und da die Zeit nicht homogen ist, können sich die Altersunterschiede mit der Zeit ändern. Das Kind setzt Größerwerden und Älterwerden gleich, das schließt ein, daß es seine Geschwister altersmäßig überholen kann. Erwachsene bleiben immer gleich alt. Im zweiten Stadium, von 5 bis etwa 8 Jahren, fand J. Piaget zwei verschiedene Reaktionen. Eine Gruppe von Kindern erkannte zwar die Abhängigkeit der Lebensalter von der Reihenfolge der Geburten, nicht aber, daß die Altersunterschiede im Laufe des Lebens bestehen bleiben. Die andere Gruppe erfaßte die Beständigkeit der Altersunterschiede, aber sie hängen bei ihnen nicht von der Reihenfolge der Geburten ab. Die Kinder sind noch nicht in der Lage, Reihenfolge und Dauer zu koordinieren. Diese Fähigkeit markiert das dritte Stadium. Dann werden schließlich „die Zeitstrecken mit den Sukzessionen koordiniert, und ihre Beziehungen bleiben dank eben dieser Koordination erhalten".[145]

J. Piaget fand für die verschiedenen Fragestellungen bezüglich des Zeitbegriffs jeweils Antworten vor, die sich den drei Entwicklungsstadien zuordnen ließen. Die Altersstreuung in den einzelnen Stadien ist jedoch recht groß. Außerdem ist das Alter der Kinder beim Eintritt in das dritte Stadium u. a. von der Komplexität der jeweiligen Aufgabe abhängig. Die Ergebnisse *J. Piagets* können den Eindruck erwecken, als laufe der Prozeß der Zeitbegriffsbildung naturnotwendig in dieser Weise ab, so daß die einzelnen Stadien nicht vor einem bestimmten Alter erreicht werden können, da dafür die Reifevoraussetzungen fehlen. Weitere Untersuchungen von *H. Aebli* zeigen jedoch, daß sich Entwicklungsfortschritte auch während des Experiments ergaben,[146] daraus zog *R. Schäffer* neben anderen Geschichtsdidaktikern den Schluß, daß die „Entwicklung des Zeitbegriffs ... durch zielgerichtete Lernsituationen unterstützt und gefördert werden" kann.[147]

Beim Vergleich von subjektiv erlebter und objektiver Zeit finden sich auch beim Erwachsenen Differenzen. Leere Zeiträume erscheinen im allgemeinen länger als gefüllte. Beim Kind sind die Fehleinschätzungen ausgeprägter, da Erwachsene die Faktoren, die den Fehler begünstigen, z. B. Motivation oder Langeweile, berücksichtigen und so ihre Schätzung korrigieren. Die Zeitschätzung ist stärker altersabhängig als die Zeitwahrnehmung, da dabei vorangegangene Erfahrungen und intellektuelle Faktoren in höherem Maße beteiligt sind.[148] Die unmittelbar erlebte Zeit schwankt beim Kind bis weit in die Schulzeit hinein stärker als beim Erwachsenen. Ganze Tage und größere Zeitabschnitte sind für die Kinder wesentlich länger.[149] Das unterschiedliche subjektive Zeiterleben auf verschiedenen Altersstufen hat möglicherweise eine physiologische Ursache. Umfangreiche Untersuchungen der physikalischen, biologischen und psychischen Faktoren der Zeitwahrnehmung und Schätzung von Zeitstrecken werden von *P. Fraisse*[150] erörtert.

Beim Verfolgen von Prozessen wird ersichtlich, daß sich die einzelnen Stadien sowohl zeitlich als auch kausal aneinanderreihen. Mit der Beziehung zwischen Zeit und Kausalität setzt sich *J. Piaget* auseinander. Er stellt dazu fest, daß die Zeit in der Kausalität enthalten ist. Die Kausalität bildet ihrerseits das Gesamtsystem für alle Operationen, die den Zeitbegriff konstruieren. Legt man Kindern mehrere Bilder, die einen Vorgang zeigen, in einer zufälligen Reihenfolge vor und fordert sie auf, sie in die richtige Reihenfolge zu bringen – die zugleich zeitlich und kausal ist –, so setzt „die Herstellung der nicht umkehrbaren Geschehnisfolge . . . die Umkehrbarkeit („Reversibilität") des Denkens voraus, d. h. solche Operationen, die die Reihen nach beiden Richtungen abschreiten können".[151] Ohne diese operative Umkehrbarkeit ist das Kind nicht in der Lage, sich die verschiedenen möglichen Reihenfolgen vorzustellen, sie gegeneinander abzuwägen und so zur richtigen Folge zu gelangen, sondern es bleibt auf die erstbeste Ordnung fixiert. Wie die Zeit mit der Kausalität und dem nicht umkehrbaren Verlauf der Dinge verbunden ist, so hängen die zeitlichen Operationen mit den erklärenden Operationen im allgemeinen zusammen.[152] Beim Umgang mit Bilderreihen, die zeitlich und logisch geordnet werden können, dominiert bei Kindern der zeitliche Aspekt. Die kausale Beziehung wird lange nicht durchschaut. Ursache und Wirkung werden häufig verwechselt.

Der fünfte Teil des vorliegenden Tests soll Aufschluß geben über das Verständnis der Grundschüler für die prozessuale Sicht, die auch in der Geographie allgemein und in der Länderkunde insbesondere von Bedeutung ist. Die Aufgaben beinhalten in einem Falle eine räumliche Folge, bei der der Faktor Zeit keine Rolle spielt, und im übrigen Prozesse, die ein unterschiedliches Maß an Ausdehnung der Zeitperspektive voraussetzen. Teilweise dominiert die Kausalität eindeutig über die Zeitlichkeit der Abfolge.

2.6. Räumliche Zuordnung länderkundlicher Inhalte

Bei der hier angesprochenen Fähigkeit, länderkundliche Inhalte räumlich zuzuordnen, geht es nicht eigentlich um Lagevorstellungen von Ländern, die sich als relative Lage zu anderen Ländern, durch Richtungen und Distanzen beschreiben lassen, sondern um die Fähigkeit, Ländern geographische Fakten wie Menschenrassen, Tierarten, Landschaftstypen, Bauweisen u. a. zuzuordnen. Es geht also um die Vorstellungen der Kinder von der dinglichen Erfüllung ferner Räume, die ihnen ganz überwiegend nur aus sekundärer Anschauung bekannt sein dürften. Diese Vorstellungen geben je nach ihrer Reichhaltigkeit und Korrektheit Aufschluß darüber, in welchem Maße die Kinder Informationen über fremde Räume, die von verschiedenen Seiten an sie herangetragen werden, aufgenommen haben. Sie sind einerseits ein Indikator für das Interesse der Kinder an fremden Ländern, andererseits ist es im Hinblick auf den Unterricht wesentlich, das Vorwissen der Schüler zu kennen, um darauf aufbauen zu können und gegebenenfalls falsche Vorstellungen zu korrigieren. Die Fähigkeit, länderkundliche Fakten räumlich zuordnen zu können, ist im Gegensatz zu den zuvor angesprochenen Fähigkeiten keine unabdingbare Voraussetzung für die länderkundliche Arbeit.

Aufschluß über diese Vorstellungen bei Kindern im Alter von 6 bis 14 Jahren geben einige empirische Untersuchungen von *E. Wagner*,[153] *F. Stückrath*[154] und *H. Apfelstedt*,[155] obwohl sie z. T. mit einer anderen Intention durchgeführt wurden. Die Untersuchungen von *E. Wagner* beziehen sich auf außerschulisch erworbenes geographisches Wissen von Schülern des 1. bis 3. und 6. Schuljahres und auf die Beziehung zwischen erdkundlichem Interesse und erdkundlichen Kenntnissen bei Volksschülern. Sie benutzte dabei folgende Methoden: die schriftliche Beantwortung von Fragen, freie Niederschriften, das Unterrichtsgespräch und die Anfertigung von Zeichnungen. An dieser Stelle sollen nur die Ergebnisse wiedergegeben werden, die sich auf Gebiete und Fakten beziehen, die außerhalb der direkten Wahrnehmung der Kinder liegen. *E. Wagner* stellte bei den Schülern schon vom 2. Schuljahr an ein starkes Interesse am Fremden fest, das besonders auf die Lebensweise des Menschen gerichtet ist. Dieses Interesse ist bei den Mädchen überwiegend ichbezogen und gefühltsbetont, bei den Jungen mehr sachgerichtet. Die Darstellungen der Jungen haben einen stärkeren Wirklichkeitsbezug, zeugen von genauerer Beobachtung und sind exakter. Über die Vorstellungen der Schüler von Afrika liegen die meisten Ergebnisse vor. Schon im 2. Schuljahr haben die Kinder eine erstaunliche Menge an Kenntnissen, die ihren zeichnerischen Ausdruck in Klischees finden. Meist werden Szenen dargestellt. Am häufigsten erscheinen Menschen, Tiere, Pflanzen und die Sonne in den Zeichnungen. Falsche Vorstellungen entstehen meist durch die Übertragung von Kenntnissen aus dem Heimatraum in die fremde Welt. Diese Mischung ist bei den Mädchen häufiger zu beobachten. Im 6. Schuljahr enthält das Bild der Schüler von Afrika inhaltlich nichts Neues, nur die Darstellung wird genauer und geschlossener in der Anordnung, außerdem finden sich keine heimatlichen Elemente mehr. Bei einer Befragung im 7. Schuljahr zeigte sich, daß undifferenziertes, außerschulisch erworbenes Wissen nicht immer von der Schule korrigiert wird. Immer noch prägen wilde Tiere, Neger, heiße Sonne und Wüste die Vorstellung von Afrika. Weitere Befragungen über Amerika, Schottland, China, Rußland, Eskimos und Lappen machten die Klischeehaftigkeit kindlicher Vorstellungen deutlich. Geleitet durch ihr Interesse am Abenteuer, an Forscher- und Wildwestromantik, gelangen die Schüler zu einseitigen Kenntnissen.

E. Wagner ermittelte als Quellen des Wissens Fernsehen, Filme, Zoo- und Zirkusbesuche, Comics, Bilder- und Indianerbücher. Auch die Werbung dürfte hier eine Rolle spielen. Ein Vergleich der Ergebnisse von 1958 und 1973 zeigt, daß das Afrika-Bild der Kinder trotz des zunehmenden Einflusses des Fernsehens keine inhaltliche Veränderung erfahren hat; die Darstellungen sind richtiger geworden, bleiben aber nach wie vor klischeehaft. Aus den Untersuchungsergebnissen leitet *E. Wagner* einige didaktische Forderungen ab. Die außerschulisch erworbenen Kenntnisse der Kinder über ferne Länder müßten stärker im Unterricht berücksichtigt werden. Das Wissen sollte geklärt, geordnet und korrigiert werden und nicht bis zum 6. bis 8. Schuljahr brachliegen, da sonst die Gefahr besteht, daß falsche Vorstellungen sich verhärten. Der Unterricht sollte das starke Interesse der Kinder am Fremden vom 1. Schuljahr an nutzen, zu richtigen Lagevorstellungen führen, beginnenden Vorurteilen begegnen und schließlich die Kinder zu einer kritischen Wertung der außerschulischen Beeinflussung befähigen.

F. Stückrath untersuchte an 50 Kindern des 4. Schuljahres die Vorstellungen über die Begriffe Urwald, Neger, Vulkan, Küste, Wüste und China, indem er sie als Reizwörter vorgab und dazu Zeichnungen anfertigen ließ bzw. mit Kindern Einzelgespräche führte. Außerdem gaben Unterrichtsgespräche über das Meer und Amerika Aufschluß über die kindlichen Vorstellungen. Amerika ist danach ein Pauschalbegriff für das fremde, ferne, großartige Land. Für die Jungen ist es „das Land, das alles Bekannte im Superformat enthält".[156] *F. Stückraths* Ergebnisse bezüglich der Kenntnisse, der Art der Darstellung und der Informationsquellen entsprechen denen von *E. Wagner*. Er stellt fest, daß die Kinder sich in einer Durchgangsphase von naiv-phantastischen zu aufgeklärt-realistischen Vorstellungen befinden. Ihr Bedürfnis nach emotionaler Bewegung ist groß und stellt einen wichtigen Faktor für die Aneignung von Kenntnissen dar. Am Ende der Grundschulzeit findet sich ein auffälliger Zuwachs an Vorstellungen über fremde Länder und Völker. Das intensive Interesse führt zu einer detaillierten Kenntnis. Die Ferne differenziert sich zunehmend. Daraus, daß die Vorstellungen der Schüler über einen Erdraum in anschaulichen, geschlossenen Gesamtbildern bestehen, wobei der Mensch im Mittelpunkt steht, leitet *F. Stückrath* die Forderung ab, die Stoffeinheiten im Unterricht szenisch aufzubauen.

Die Frage nach dem richtigen Anfangsalter für den Geographieunterricht und der Zweifel an der Richtigkeit des Grundsatzes „Vom Nahen zum Entfernten" veranlaßten *H. Apfelstedt* zu einer Untersuchung des außerschulisch erworbenen Wissens bei Schülern des 4. und 5. Schuljahres. Er ließ Niederschriften zu den Reizwörtern Amerika, Rußland, Wüste, Meer anfertigen. Die Ergebnisse entsprechen den oben angeführten. *H. Apfelstedt* stellt fest, „daß unseren Schülern bei allem selbstaufgenommenen Detailwissen ein gemeinsamer Schatz exakter geographischer Kategorien vor Beginn des eigentlichen Erdkundeunterrichts noch fehlt".[157] Er kommt zu dem Schluß, daß das Alter von ungefähr 11 Jahren für den Beginn des Geographieunterrichts auch im Zeitalter der Masseninformationsmittel noch richtig ist. Er betont die psychische Nähe des räumlich Fernen und spricht sich für die Aufnahme entsprechender Unterrichtseinheiten, die nach ganzheitlichen Gesichtspunkten aufgebaut werden sollten, in den Unterricht der Grundschule aus.[158]

Die genannten Untersuchungen geben Aufschluß über die kindlichen Vorstellungen von fremden Ländern, aber sie sind methodisch nicht ganz befriedigend. *H. Apfelstedt* faßt z. B. die Antworten aller Schüler zu einem Bild zusammen. Es ist nicht erkennbar, wie viele Kinder bestimmte Fakten erwähnt haben und wie die Vorstellungen einzelner Kinder beschaffen sind. *F. Stückrath* ermittelt seine Ergebnisse an einer kleinen Population. Er interpretiert einzelne Schülerzeichnungen und quantifiziert die Ergebnisse ebensowenig wie *H. Apfelstedt*. *E. Wagner* untersuchte insgesamt eine große Population. Da aber die Aufgabenstellung immer wieder wechselte, sind die Ergebnisse der verschiedenen Altersstufen nur bedingt vergleichbar. Bei allen Untersuchungen besteht ein Problem darin, daß die Kinder ihre Vorstellungen selbst schriftlich oder zeichnerisch darstellen müssen, wodurch die Fähigkeit zur Darstellung mit in das Ergebnis eingeht. „Wie Kornmann ... mit Nachdruck betont, stellen Kinderzeichnungen keineswegs Abbildungen «gesehener» Dinge dar, sondern sind aus der kindlichen Imagination geschöpfte, aus dem gesamten Erleben der Dinge gestaltete Aussagen."[159]
Diese Überlegungen waren der Anlaß dazu, die Fähigkeit der Schüler, länderkundliche Fakten räumlich zuzuordnen, noch einmal mit Hilfe eines Bildzuordnungsverfahrens zu untersuchen, das bei den Kindern keine Fähigkeit der Darstellung voraussetzt. Zusätzlich wurden noch einige Auswahlantwort-Aufgaben gegeben. Dieser Teiltest diente einmal der Überprüfung der oben angeführten Ergebnisse, zum anderen sollte damit festgestellt werden, ob sich die Vorstellungen der Schüler über fremde Länder in den vergangenen Jahren durch den stark angewachsenen Konsum von Fernsehsendungen[160] verändert haben.

---

[1]) Vgl. *W. Nestle*, Neukonzeption des Sachunterrichts, 1973, S. 349 und S. 354
[2]) s. auch: *C. Cordel*, Heimatkundliche Grundbegriffe, 1959
       J. Munique, Erarbeitung von Grundbegriffen, 1950
       W. Ingelbach, Heimatkundliche Grundbegriffe, 1953
[3]) Vgl. *H. Köck*, Grundbegriffe zur Länderkunde, 1969

[4]) Vgl. J. *Birkenhauer,* Erdkunde, Teil 1, 1972, S. 40
[5]) J. *Wollersheim,* Geographische Grundbegriffe, 1932
[6]) J. *Wollersheim,* 1932, S. 49
[7]) J. *Wollersheim,* 1932, S. 53
[8]) J. *Wollersheim,* 1932, S. 53
[9]) G. *Puttich,* Begriffsbildung im Geographieunterricht, 1972
[10]) F. *Stückrath,* Geographisches Weltbild, 1958
[11]) H. *Apfelstedt,* Erdkundliche Vorkenntnisse, 1960
[12]) Vgl. H. *Köck,* 1969, S. 171 f.
[13]) F. *Kainz,* Denken und Sprache, 1964, S. 573
[14]) Vgl. F. *Kainz,* 1964, S. 573
[15]) Vgl. R. *Gagné,* Bedingungen des Lernens, 1973, S. 137 f.
[16]) W. *Nestle,* 1973, S. 355
[17]) G. *Kaminski,* Ordnungsstrukturen, 1964
[18]) Vgl. G. *Kaminski,* 1964, S. 405 ff.
[19]) R. *Gagné,* 1973, S. 126
[20]) Vgl. R. *Gagné,* 1973, S. 140 ff.
[21]) Vgl. J. *Piaget,* zit. nach G. *Kaminski,* 1964, S. 403
[22]) Vgl. J. *Kagan,* zit. nach H. *Nickel,* Entwicklungspsychologie II, 1975, S. 259
[23]) H. *Nickel,* 1975, S. 260
[24]) F. *Weinert,* Kognitives Lernen, 1975, S. 669
[25]) J. *Piaget,* Urteil und Denkprozeß, 1972, S. 167 f.
[26]) Vgl. W. *Schmidt,* Kindliche Orientierungsakte, 1961, S. 768
[27]) Vgl. S. *Reichard,* zit. nach H. *Nickel,* 1975, S. 376
[28]) W. *Metzger,* Erkenntnisprozesse, 1972, S. 433
[29]) H. *Rohracher,* Einführung in die Psychologie, 1965, S. 332
[30]) Vgl. W. *Nestle,* 1973, S. 349
[31]) A. *Gosztonyi,* Das Raumproblem, 1957, S. 532
[32]) M. *Jammer,* Das Problem des Raumes, 1960
[33]) M. *Jammer,* 1960, S. 5
[34]) M. *Jammer,* 1960, S. 10
[35]) M. *Jammer,* 1960, S. 106
[36]) Vgl. M. *Jammer,* 1960, S. 158
[37]) Vgl. M. *Jammer,* 1960, S. 26
[38]) Vgl. M. *Jammer,* 1960, S. 163 ff.
[39]) H. *Scheller,* Raum in der Psychopathologie, 1957, S. 566
[40]) Vgl. O. F. *Bollnow.* Mensch und Raum, 1963, S. 17 f.
[41]) Vgl. auch oben S. 6–9
[42]) D. *Bartels/G. Hard,* Studium der Geographie, 1975, S. 76 f.
[43]) W. *Müller-Wille,* Westfalen, 1952
[44]) G. *Hard,* Die Geographie, 1973, S. 184
[45]) Vgl. J. D. *Nystuen,* Fundamentale Raumbegriffe, 1970, S. 93
[46]) J. D. *Nystuen,* 1970, S. 89
[47]) Vgl. J. D. *Nystuen,* 1970, S. 90
[48]) Vgl. H. *Nickel,* Entwicklungspsychologie II, 1975, S. 175
[49]) H. *Rohracher,* Einführung in die Psychologie, 1965, S. 120 ff.
[50]) N. *Bischof,* Raumwahrnehmung, 1974
[51]) W. *Metzger,* Gesetze des Sehens, 1953
[52]) M. D. *Vernon,* Wahrnehmung und Erfahrung, 1977
[53]) Vgl. H. *Rohracher,* 1965, S. 124
[54]) Vgl. H. *Nickel,* 1975, S. 175 f.
[55]) Vgl. J. *Piaget,* zit. nach K. *Resag,* Raumkunde, 1966, S. 420
[56]) Vgl. J. *Piaget/B. Inhelder,* Räumliches Denken, 1971, S. 249 ff.
[57]) J. *Piaget/B. Inhelder,* 1971, S. 453
[58]) Vgl. J. *Piaget/B. Inhelder,* 1971, S. 486 ff.
[59]) Vgl. L. L. *Thurstone,* zit. nach K. *Treumann,* Leistungsdimensionen, 1974, S. 166 ff.
[60]) W. *Sperling,* Kind und Landschaft, 1973

[61]) *I. M. J. Kern*, Welt des Kindes, 1963
[62]) *F. Stückrath*, Kind und Raum, 1963, S. 28 ff.
[63]) *W. Engelhardt/H. Glöckel*, Kartenverständnis, 1973, S. 103 ff.
[64]) Vgl. *R. Fichtinger/R. Geipel/H. Schrettenbrunner*, Geographie der Wahrnehmung, 1974
[65]) *D. A. Hardwick*, Cognitive Maps, 1976
[66]) Brockhaus Enzyklopädie, 1973, Bd. 18
[67]) *B. Hellings*, Erfassung von Raumstrukturen, 1976, S. 380
[68]) *B. Hellings*, 1976, S. 381
[69]) Vgl. *H. Werner*, Entwicklungspsychologie, 1970, S. 42
[70]) Vgl. *W. Metzger*, Erkenntnisprozesse, 1972, S. 422
[71]) *R. Oerter*, Entwicklungspsychologie, 1976, S. 369
[72]) Vgl. *H. Werner*, 1970, S. 69 f.
[73]) Vgl. *H. Nickel*, Entwicklungspsychologie II, 1975, S. 168 f.
[74]) Vgl. *R. Oerter*, 1976, S. 331 und S. 348 ff.
[75]) Vgl. *M. D. Vernon*, Wahrnehmung und Erfahrung, 1977, S. 42 ff.
[76]) Vgl. *M. D. Vernon*, 1977, S. 81 f.
[77]) *M. D. Vernon*, 1977, S. 51 f.
[78]) Vgl. *W. Metzger*, Gesetze des Sehens, 1953, S. 91 ff.
[79]) Vgl. *W. Metzger*, Erkenntnisprozesse, 1972, S. 418
[80]) Vgl. *R. Oerter*, 1976, S. 352 f.
[81]) Vgl. *R. Oerter*, 1976, S. 312 f.
[82]) Vgl. *H. Werner*, 1970, S. 45
[83]) Vgl. *H. Nickel*, 1975, S. 169 ff.
[84]) Vgl. *M. D. Vernon*, 1977, S. 80 und S. 84
[85]) Vgl. *R. Oerter*, 1976, S. 326 ff.
[86]) Vgl. *R. Oerter*, 1976, S. 403
[87]) *W. Engelhardt/H. Glöckel*, Kartenverständnis, 1973
[88]) *R. Rabenstein*, Plandarstellung, 1974, S. 145
[89]) Vgl. *E. Wagner*, Umwelterfahrungen, 1974, S. 7 f.
[90]) Vgl. *W. Engelhardt*, Thematische Karten, 1974
[91]) Vgl. *W. Engelhardt/K. H. Wendel*, Thematische Karten, 1975
[92]) *L. Bäuerle*, Abbildung geographischer Gegenstände, 1969, S. 28
[93]) Vgl. *W. Engelhardt/H. Glöckel*, 1973, S. 103 ff.
[94]) s. o. S. 27
[95]) Vgl. *W. Engelhardt/H. Glöckel*, 1973, S. 103 ff.
[96]) *W. Engelhardt/K. H. Wendel*, 1975, S. 74
[97]) *W. Hlawatsch*, Topographische Karten, 1970, S. 687
[98]) s. *B. S. Bartz*, Maps in the Classroom, 1971
[99]) *G. Grobe*, Karte und Symbolverständnis, 1975, S. 71
[100]) *G. Grobe*, 1975, S. 73
[101]) Vgl. Brockhaus Enzyklopädie, 1968, Bd. 6
[102]) *H. Remplein*, Die seelische Entwicklung, 1969, S. 198
[103]) Vgl. *H. Remplein*, 1969, S. 244 ff.
[104]) *H. Remplein*, 1969, S. 246
[105]) Vgl. *H. Remplein*, 1969, S. 246 f.
[106]) Vgl. *H. Werner*, Entwicklungspsychologie, 1970, S. 236 f.
[107]) *H. Werner*, 1970, S. 242
[108]) Vgl. *H. Werner*, 1970, S. 242 ff.
[109]) Vgl. *J. Piaget*, zit. nach *R. Oerter*, 1976, S. 476
[110]) Vgl. *A. Sikora*, zit. nach *H. Nickel*, 1975, S. 238 f.
[111]) Vgl. *P. Saarinen*, zit. nach *H. Nickel*, 1975, S. 239 f.
[112]) Vgl. *H. Werner*, 1970, S. 245 ff.
[113]) Vgl. *H. Nickel*, 1975, S. 241 ff.
[114]) Vgl. *J. Piaget*, Urteil und Denkprozeß, 1972
[115]) s. auch *H. Windisch*, Kausales Denken, 1955
    W. Pleiner, Kausal-Final-Bezüge, 1970
[116]) *W. Pleiner*, 1970, S. 447

[117]) Vgl. W. Pleiner, 1970, S. 445 ff.
[118]) Vgl. H. Windisch, 1955
[119]) Vgl. A. A. Dometti, Entwicklung des Denkens, 1951
[120]) Vgl. H. Lehmann, Entwicklung des Denkens, 1963
[121]) Vgl. E. Wagner, Erdkundliche Kenntnisse, 1957
[122]) F. Stückrath, Geographisches Weltbild, 1958, S. 143
[123]) Vgl. J. Wollersheim, Geographische Grundbegriffe, 1932
[124]) Vgl. K. Zietz, Kindliche Erklärungsversuche, 1937, S. 220
[125]) Vgl. K. Zietz, 1937, S. 223
[126]) Vgl. K. Zietz, Kausales Denken, 1939, S. 74
[127]) Vgl. K. Zietz, Kindliche Erklärungsversuche, 1937, S. 226
[128]) K. Odenbach, Kindliche Phantasielandkarten, 1943, S. 69
[129]) Vgl. K. Odenbach, 1943, S. 76 ff.
[130]) Vgl. W. Rhys, Logical Thinking, 1972
[131]) Vgl. H. Roth, Kind und Geschichte, 1968, S. 43
[132]) Vgl. H. Rohracher, Einführung in die Psychologie, 1965, S. 130
[133]) Vgl. H. Nickel, Entwicklungspsychologie II, 1975, S. 175 f.
[134]) Vgl. H. Roth, 1968, S. 44 ff.
[135]) H. Werner, Entwicklungspsychologie, 1970, S. 134
[136]) Vgl. H. Werner, 1970, S. 134 f.
[137]) Vgl. J. Paul, Zeitbewußtsein, 1971, S. 241
[138]) H. Werner, 1970, S. 135
[139]) H. Roth, 1968,
[140]) Vgl. H. Roth, 1968, S. 49 ff.
[141]) Vgl. J. Paul, 1971, S. 243
[142]) J. Piaget, Die Bildung des Zeitbegriffs, 1974, S. 14
[143]) Vgl. J. Piaget, 1974, S. 15
[144]) Vgl. J. Piaget, 1974, S. 280 ff.
[145]) J. Piaget, 1974, S. 283
[146]) Vgl. H. Aebli, zit. nach R. Schäffer, Zeitbegriffsbildung, 1973, S. 71
[147]) R. Schäffer, 1973, S. 71
[148]) Vgl. H. Nickel, 1975, S. 178
[149]) Vgl. W. Metzger, Erkenntnisprozesse, 1972, S. 415 f.
[150]) P. Fraisse, Zeitwahrnehmung, 1974
[151]) J. Piaget, 1974, S. 18
[152]) Vgl. J. Piaget, 1974, S. 19
[153]) E. Wagner, Erdkundliche Kenntnisse, 1957
E. Wagner, Erdkundliches Wissen, 1958
E. Wagner, Umwelterfahrungen, 1974
[154]) F. Stückrath, Geographisches Weltbild, 1958
[155]) H. Apfelstedt, Erdkundliche Vorkenntnisse, 1960
[156]) F. Stückrath, 1958, S. 142
[157]) H. Apfelstedt, 1960, S. 132
[158]) Vgl. H. Apfelstedt, 1960, S. 131
[159]) G. Ritter, Das Lichtbild im Erdkundeunterricht, 1970, S. 30
[160]) s. auch F. Stückrath, Televisuelle Erdkunde, 1976

3. Der Test

3.1. Die Entwicklung der Testaufgaben und des Fragebogens

Die Entwicklung eines standardisierten Tests, der im allgemeinen von einer „Expertengruppe konstruiert und an einer repräsentativen Stichprobe von oft mehreren tausend Schülern geeicht"[1] wird, war im Rahmen dieser Arbeit nicht möglich, da sie einen sehr großen Arbeits- und Zeitaufwand erfordert und nur in einem Arbeitsteam zu bewältigen ist. Deshalb war von Anfang an die Erarbeitung eines informellen Tests geplant, der ebenfalls nach testtheoretischen Gesichtspunkten konstruiert ist und die Kenntnisse und Fähigkeiten der Schüler objektiv mißt. Um die Ergebnisse verschiedener Altersstufen vergleichen zu können, mußten die Schüler aller Jahrgänge dieselben Aufgaben bearbeiten. Daraus ergab sich ein besonderes methodisches Problem bei der Aufgabenkonstruktion. Da die Schüler des 1. Schuljahres noch nicht in der Lage sind, Fragen schriftlich zu beantworten, mußten alle Antworten vorgegeben werden. Zum Zeitpunkt der Durchführung des Tests waren die Erstkläßler im Minimum schon ein halbes Jahr in der Schule, deshalb war neben dem Kennzeichnen der gewählten Antworten durch Ankreuzen auch das Eintragen von Zahlen möglich. Der Test enthält somit ausschließlich Aufgaben mit gebundenen Antworten. Es handelt sich überwiegend um Auswahlantwort-Aufgaben, die in bezug auf Durchführung und Auswertung ökonomisch sind. Nach Möglichkeit wurden vier Antworten vorgegeben, um die Ratewahrscheinlichkeit gering zu halten.[2] Daneben wurden Alternativantwort-Aufgaben verwendet und einige Zuordnungsaufgaben, die die gleichen Vorzüge wie die Auswahlantwort-Aufgaben besitzen.

Der Test besteht aus sechs Teilen, in denen die Aufgaben, die jeweils die gleiche Fähigkeit prüfen, zusammengefaßt sind. Innerhalb der einzelnen Teile sind die Aufgaben in erster Linie nach sachlichen Gesichtspunkten und, soweit möglich, nach steigendem Schwierigkeitsgrad angeordnet. Ein Lerneffekt konnte kaum eintreten, da im ersten Teil Kenntnisse bezüglich eines Begriffes nicht auf andere übertragbar sind und in den übrigen Testteilen die Aufgaben stark variieren.

Alle Aufgaben mußten im Gruppentest durchführbar sein, denn bei 217 Probanden wären Einzelbefragungen für einen einzigen Tester in der zur Verfügung stehenden Zeit nicht möglich gewesen. Es bestand die Notwendigkeit, die Testreihe bis zum Ende des Schuljahres abzuschließen, da die 4. Schuljahre danach nicht mehr erreichbar waren und sich auch die übrigen Klassenzusammensetzungen mit dem Schuljahrwechsel verändern konnten. Darüber hinaus mußte Zeit für einen eventuell erforderlichen Nachtest einkalkuliert werden.

Die methodischen Überlegungen bezüglich der Aufgabenkonstruktion werden in Kapitel 4 im Zusammenhang mit den einzelnen Aufgaben dargestellt. Nachdem die Aufgaben eine vorläufige Form erhalten hatten und zu Gruppen zusammengestellt worden waren, wurden sie in einem Vortest einer Prüfung unterzogen. Dazu wurden in der Schule B aus jedem Schuljahr vier Kinder, zwei Jungen und zwei Mädchen, ausgewählt, und zwar je zwei Kinder, die gute Schulleistungen erbrachten, und zwei schwache Schüler. Aufgrund dieser Auswahl sollte der Vortest Aufschluß darüber geben, inwieweit die Ergebnisse von Alter, Geschlecht und Schulleistung der Kinder abhängig sind. Die Stichprobe hatte, wie sich erst später beim Vergleich der

Testergebnisse mit den an einer anderen Schule gewonnenen herausstellte, einen Mangel. Da die Leistungen in der Schule B insgesamt unter dem Durchschnitt liegen, sind die besten Schüler dort häufig nicht repräsentativ für ihren Jahrgang. Das hatte zur Folge, daß die Aufgaben nach dem Vortestergebnis etwas schwieriger zu sein schienen als sie es im eigentlichen Test waren. Das wirkte sich aber lediglich auf die Aufgabe 3.2 und einen Teil der Aufgabe 3.1 ungünstig aus; sie erwiesen sich im Haupttest als zu leicht.
Bei der Auswertung des Vortests wurde für jede Aufgabe der Anteil der richtigen Lösungen und damit der Schwierigkeitsgrad festgestellt, außerdem wurde die Anzahl der Wahlen, die auf jede mögliche Antwort entfielen, ermittelt. Für jede Aufgabe wurde nach der Formel $b-s \geqq 10\%$ die Trennschärfe berechnet; dafür wurden die Ergebnisse je eines Teiltests in eine bessere und eine schlechtere Hälfte geteilt, b gibt die Anzahl der richtigen Lösungen für eine Aufgabe in der besseren, s die Anzahl in der schlechtern Hälfte an.[3] Insgesamt erbrachte die Trennschärfenberechnung ein gutes Ergebnis. In Ausnahmefällen wurden Aufgaben trotz geringer Trennschärfe aus sachlogischen Erwägungen beibehalten. Es handelt sich dabei um die Aufgaben 1.3, 1.4, den 3. Teil der Aufgabe 2.2 und einzelne Bilder aus der Aufgabe 6.1. Im übrigen zeigten sich gerade diejenigen Aufgaben als zu wenig trennscharf, die noch andere Mängel aufwiesen. So wurden die Aufgaben, die zu leicht waren, d. h. im Durchschnitt aller Schuljahre über 80% richtige Lösungen erhielten, verändert und Distraktoren, die nicht gewählt worden waren, durch andere ersetzt. Die beiden Aufgaben, bei denen die Schüler die Lösung selbst einzeichnen mußten (4.2; 4.6), erwiesen sich als in ihrem Ergebnis nicht objektiv beurteilbar. Sie wurden aus Gründen der Auswertungsobjektivität in Auswahlantwort-Aufgaben umgeändert, wobei die häufigsten Lösungen der Schüler als Antworten eingesetzt wurden. Dieses Verfahren hat den Vorteil, daß es Distraktoren liefert, die mit Sicherheit für die Kinder plausibel sind. Auf die Revision der Aufgaben folgte ein erneuter Test mit der entsprechenden Auswertung. In Einzelfällen war danach eine nochmalige Korrektur notwendig, auf die ein abschließender Test folgte.
Ergänzend zu den Aufgaben, die Wissen und Fähigkeiten der Schüler prüfen, wurde ein Fragebogen[4] erarbeitet, der Aufschluß über die außerschulischen Quellen länderkundlichen Verständnisses geben sollte. Die Kinder wurden nach Gegenständen, Lektüre, Reisen, Schulfunk- und Fernsehsendungen gefragt, von denen erwartet werden konnte, daß sie einzelne Aspekte des länderkundlichen Verständnisses positiv beeinflussen. Die Ergebnisse dieser Befragung geben zudem Einblick in das Maß der Anregung durch das Elternhaus. Zusätzlich wurden von den Schülern die letzten Zeugnisnoten in den Fächern Sprache, Mathematik und Sachunterricht ermittelt, die insgesamt die Schulleistung repräsentieren. Außerdem wurde festgestellt, ob die Probanden vor der Einschulung einen Kindergarten besucht hatten.

3.2. Die Durchführung des Tests

Die Tests wurden in den beiden Schulen im Abstand von sechs Wochen im März und Mai 1976 durchgeführt. Es wurden Testgruppen mit jeweils 15 Kindern aus einer Klasse gebildet. Die Zahl wurde so groß wie möglich und so klein wie notwendig gewählt. Einerseits sollten möglichst viele Kinder bei einem Testdurchgang erfaßt werden, zum anderen mußte die Gruppe übersichtlich bleiben, um die selbständige Bearbeitung der Aufgaben zu gewährleisten. Die Klassenräume waren so ausgestattet, daß bei 15 Kindern jedes einen Tisch für sich hatte. Der gesamte Test wurde in drei

Abschnitten durchgeführt, dazu wurden je zwei Teiltests zusammengefaßt. Die Durchführung der einzelnen Abschnitte dauerte im 1. Schuljahr etwa 45 Minuten, im 4. Schuljahr etwa 25–30 Minuten. Im 1. und 2. Schuljahr wurden nur frühe Schulstunden für den Test angesetzt, nach Möglichkeit vor dem eigentlichen Unterricht, da die jüngeren Schüler schnell ermüden und ihre Konzentration dann entsprechend nachläßt. Aus stundenplantechnischen Gründen mußten im 3. und 4. Schuljahr auch spätere Stunden, bis maximal zur 5. Stunde, für den Test in Anspruch genommen werden.

Die Durchführung sämtlicher Befragungen durch denselben Versuchsleiter trug dazu bei, daß für alle Testgruppen weitestgehend die gleichen Bedingungen herrschten. Dem Ziel, Durchführungsobjektivität zu gewährleisten, diente ebenfalls, daß alle Arbeitsanweisungen, auch die, die verbal erteilt wurden, schriftlich fixiert waren. Die Reihenfolge der drei Testabschnitte mußte aus inhaltlichen Gründen gewahrt werden, andernfalls wären Antworten vorgegeben worden.

Das Testmaterial wurde in 15facher Ausfertigung erstellt und der Gesamttest auf drei Mappen verteilt. Die Aufgabenblätter wurden in Klarsichtfolien eingezogen, die von den Schülern mit wasserlöslichen Filzstiften beschriftet wurden. An einem Tag konnten bis zu drei Schülergruppen mit je einem Abschnitt getestet werden. Nachmittags erfolgte die Übertragung der Ergebnisse in Antwort-Raster, die für jeden Probanden angelegt waren. So konnte das Testmaterial am nächsten Tag wieder verwendet werden.

Die Bearbeitung des Fragebogens zu den außerschulischen Anregungsverhältnissen bereitete bei den jüngeren Schülern Probleme. Im 1. Schuljahr wurde der Fragebogen für jedes Kind vom Versuchsleiter ausgefüllt. Obwohl die Begriffe „oft" und „selten" eingehend erläutert wurden, ist damit zu rechnen, daß wegen des noch unzureichend entwickelten Zeitbegriffs die Angaben hierzu bei einigen der jüngeren Kinder nicht stimmen. Etliche Schüler des 1. Schuljahres erinnerten sich auch nur sehr vage oder gar nicht an ihre bisherigen Reisen. In diesem Falle wurde die Frage offengelassen, da Reisen, an die keine klare Erinnerung besteht, sich kaum auf das länderkundliche Verständnis auswirken dürften.

3.3. Die Auswertung der Testergebnisse

Nach Beendigung der Tests erfolgte die Auszählung der richtigen Ergebnisse, und zwar getrennt nach Geschlecht, Schuljahr und Schule. Dann wurde der prozentuale Anteil der richtigen Lösungen bezogen auf die Gesamtstichprobe und die genannten Teilstichproben berechnet. Die Anzahl der Wahlen, die auf jede mögliche Antwort entfielen, wurde festgestellt, und die häufigsten Fehler wurden ermittelt. Danach erfolgte die Erarbeitung eines Bewertungsschemas für die Aufgaben und Aufgabenteile. Zunächst erhielt jede richtige Lösung – bei Aufgaben, die aus mehreren Teilen bestehen, jede Teillösung – einen Punkt. Dann wurden die Aufgaben so gewichtet, daß die bei den einzelnen Teiltests erreichbaren Punktzahlen annähernd gleich waren. Die Ausgewogenheit dieser Punktwerte ist im Hinblick auf den Vergleich der Schülerleistungen von Bedeutung. Mit Hilfe dieses Bewertungsschemas wurden für jedes Kind die Ergebnisse des Gesamttests und jedes Teiltests berechnet. Insgesamt konnten maximal 69 Punkte erreicht werden. Die Ergebnisse des Gesamttests streuen zwischen 16,75 und 65,5 Punkten. Der Mittelwert beträgt $\bar{x} = 43,19$ und die Standardabweichung $s = 10,05$. Es folgte die Auswertung des Fragebogens.

Zur Vorbereitung der Korrelationsrechnung war die Bestimmung des Skalenniveaus der Testergebnisse erforderlich. Dazu wurden die Gesamttestergebnisse – die Anzahl der erreichten Punkte für jeden Schüler – einer Prüfung auf Normalverteilung unterzogen. Sie ergab eine gute Anpassung an die Normalverteilung, die es erlaubte, im weiteren Rechengang die Ergebnisse als intervallskaliert zu behandeln. Die Berechnung der Korrelationskoeffizienten (r, punktbiserial) erfolgte mit Hilfe des Programm-Systems SPPV2 im Rechenzentrum der Pädagogischen Hochschule Rheinland, Abteilung Köln. Für alternativ gestufte Variablen wurde der Φ-Koeffizient und bei mehrfach gestuften Variablen der Kontingenzkoeffizient C berechnet.

Bei der Interpretation der Ergebnisse werden Differenzen mit einer Irrtumswahrscheinlichkeit von $\leq$ 5% als signifikant bezeichnet. Da beim Vergleich der Ergebnisse verschieden große Teilstichproben, nämlich Klassen, Jahrgänge und Schulen herangezogen wurden und die Beurteilung einer festgestellten Differenz von der Größe der Stichprobe abhängig ist,[5] mußte für jeden einzelnen Vergleich die Differenz der Werte auf ihre Signifikanz geprüft werden.

3.4. Beschreibung der Stichprobe

Die Stichprobe für die vorliegende Untersuchung umfaßte 217 Schüler von zwei Leverkusener Grundschulen: 114 Schüler der Schule A und 103 Schüler der Schule B. Es war eine Stichprobengröße von mindestens 200 Schülern angestrebt worden. Die Zahl der Probanden sollte möglichst groß sein, da sich mit steigendem n immer exaktere Aussagen machen lassen,[6] andererseits wurde eine Beschränkung notwendig, da die Testdurchführung von einem einzelnen Versuchsleiter bewältigt werden mußte. Um am Ende die vollständigen Testergebnisse von mindestens 200 Schülern zu erhalten, wurden die Testgruppen so zusammengestellt, daß zunächst etwa 240 Schüler den Test begannen. Durch Ausfälle reduzierte sich die Anzahl schließlich auf 217.

Eine systematische Konstruktion der Stichprobe war nicht möglich, da man bei einer Untersuchung von Schulkindern auf die entsprechenden Genehmigungen der Schulaufsichtsbehörde, des Schulleiters und der Eltern angewiesen ist. Die Verweigerung der Zustimmung schränkt nicht nur die Anzahl der potentiellen Probanden ein, sondern wirkt sich auch negativ auf die Repräsentativität der Stichprobe aus. So ist anzunehmen, daß die an Bildung interessierten Eltern eher den Sinn einer solchen Untersuchung einsehen und der Teilnahme ihrer Kinder zustimmen.

Die Stichprobe umfaßte 105 Jungen und 112 Mädchen.

Tab. 1 Verteilung der Schüler auf die einzelnen Schuljahre

Schuljahr:	1.	2.	3.	4.
Anzahl der Schüler:	55	54	52	56

An beiden Schulen, insbesondere aber an Schule B, werden eine Reihe ausländischer Schüler unterrichtet. Sie wurden wegen der zu erwartenden geringeren sprachlichen Fähigkeiten im allgemeinen nicht in die Testgruppen aufgenommen, um eine Verfälschung der Ergebnisse zu vermeiden. Es wurden jedoch einzelne ausländische Schüler, die in Deutschland geboren sind oder schon jahrelang hier leben – was für die Kenntnis des Nahraums bedeutsam ist – und die deutsche Sprache einwandfrei beherrschen, in den Test einbezogen. Der hohe Ausländeranteil, in manchen Klassen beträgt er 25%, wirkt sich in Schule B senkend auf das durchschnittliche Leistungsniveau der Schüler aus. Auch nach der Sozialstruktur unterscheiden sich die Schüler beider Schulen erheblich.

Tab. 2 Schichtzugehörigkeit[7] der getesteten Schüler in %

Schicht	Ober-	Mittel-	Unter-	n. z.	ges.
Schule A	9,7	27,2	56,1	7,0	100,0
Schule B	0,0	16,5	75,7	7,8	100,0

n. z.: nicht zuzuordnen (z. B. Hausfrau, Rentner)

In der Teilstichprobe aus Schule B waren nur wenige Kinder von Mittelschicht- und keine von Oberschichtangehörigen vertreten. Der Arbeiteranteil ist hier, in unmittelbarer Nähe des Bayerwerks, besonders hoch. Einige Schüler kommen aus Übergangshäusern. Von einigen Kindern ist den Lehrern bekannt, daß sie außerhalb der Schulzeit oft nicht beaufsichtigt und kaum gefördert werden.

In Schule A stammen dagegen fast 10% der Schüler aus Elternhäusern der Oberschicht, und ein größerer Anteil als in Schule B gehört der Mittelschicht an. Diese Kinder heben im allgemeinen das Leistungsniveau ihrer Klasse und wirken u. U. auch anregend auf die übrigen Schüler. Da Intelligenz und Bildungsinteresse mit der Schichtzugehörigkeit korrelieren,[8] dürften diese Schüler auch diesbezüglich die besseren Voraussetzungen mitbringen. Die Auswertung des Fragebogens ergab, daß die Familien der Schüler aus Schule A signifikant häufiger über Fernsehgerät, Auto, Straßenkarten, Atlas und Globus verfügen. Nach ihren eigenen Angaben sehen sich diese Schüler auch häufiger Landkarten an und haben mehr Reiseerfahrung als die Schüler der Schule B. Bei den Aussagen über Schulfunkhören, Fernsehen und Lesen und darüber, ob ihnen schon einmal Landkarten erklärt worden seien, fand sich keine signifikante Differenz.

Im Hinblick auf die Gesamtstichprobe ist festzustellen, daß die Kinder aus der Unterschicht überrepräsentiert sind. Die gewonnenen Ergebnisse sind deshalb wahrscheinlich etwas schlechter als sie bei einer repräsentativen Stichprobe ausgefallen wären. Das ist bei ihrer Beurteilung zu berücksichtigen.

---

[1] *G. Schanz*, Tests im Erdkundeunterricht, 1973, S. 3

[2] *G. A. Lienert*, Testaufbau und Testanalyse, 1969, S. 34

[3] Vgl. *G. Schanz*, 1973, S. 44 f.

[4] s. S. 81

[5] $\Phi^2 = \frac{\chi^2}{n}$, s. *G. Clauß/H. Ebner*, Grundlagen der Statistik, 1975, S. 282

[6] Vgl. *R. Mayntz*, Methoden der Soziologie, 1974, S. 76

[7] Vgl. *E. Wagner/G. Ritter*, Duisburg, 1968, S. 22

[8] Vgl. *H. Heckhausen*, Anlage und Umwelt, 1975, S. 287

**Quellennachweis
für den folgenden Bildteil**

List Verlag
Aufgabe 1.3, Bild 2 u. 4
         1.4, Bild 2
         1.9, Bild 4
         1.11, Bild 3 u. 4
         1.12, Bild 2 u. 4
         3.3, Bild 1, 2 u. 4
         6.1, Bild 6, 7, 8, 9, 11, 12

Jünger Verlag
Aufgabe 1.3, Bild 3
         1.9, Bild 2
         1.10, Bild 1, 3, 4
         1.11, Bild 1, 2
         6.1, Bild 13, 14, 15

Westermann Verlag
Aufgabe 3.3, Kartenausschnitt u. Bild 3

eigene Aufnahmen
Aufgabe 1.3, Bild 1
         1.9, Bild 1 u. 3
         1.10, Bild 2
         1.12, Bild 1 u. 3
         6.1, Bild 5 u. 16

Prof. G. Ritter, Köln
Aufgabe 1.4, Bild 1, 3, 4

Dr. G. Oertel, Leverkusen
Aufgabe 6.1, Bild 10

3.5. Das Testmaterial

1.1 Mache ein × an jedes Bild, auf dem du ein *Wohnhaus* siehst!

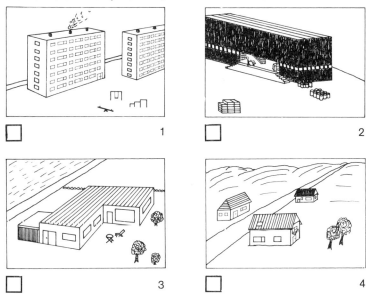

1.2 Mache ein × an jedes Bild, auf dem du einen *Berg* siehst!

1.3 Mache ein × an jedes Bild, auf dem du eine *Stadt* siehst!

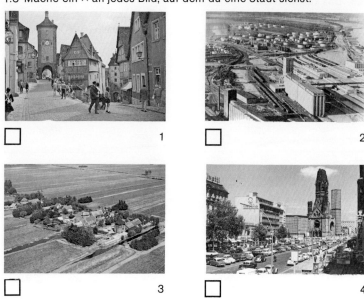

1.4 Mache ein × an jedes Bild, auf dem du einen *Bauernhof* siehst!

1.5 Mache ein × an jedes Bild, auf dem du einen *Fluß* siehst!

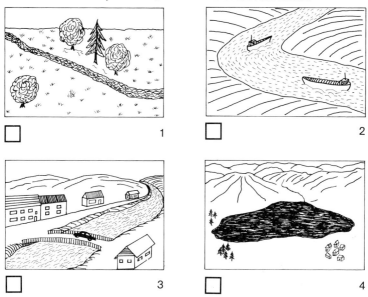

1.6 Mache ein × an jedes Bild, auf dem du ein *Meer* siehst!

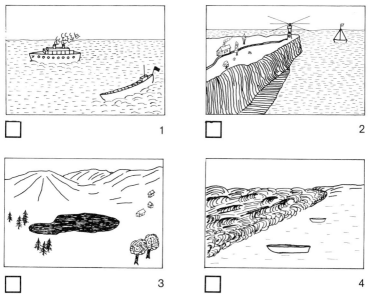

1.7 Mache ein × an jedes Bild, auf dem du eine *Insel* siehst!

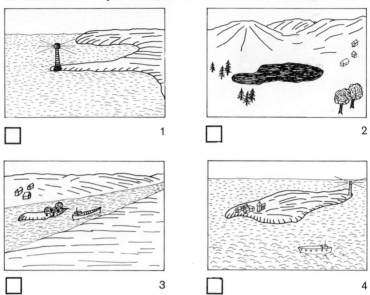

1.8 Mache ein × an jedes Bild, auf dem du eine *Küste* siehst!

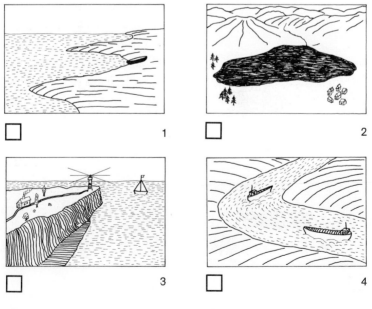

1.9 Mache ein × an jedes Bild, auf dem du eine *Wüste* siehst!

1.10 Mache ein × an jedes Bild, auf dem du einen *Urwald* siehst!

1.11 Mache ein × an jedes Bild, auf dem du eine *Fabrik* siehst!

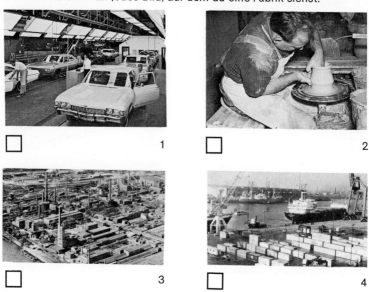

1.12 Mache ein × an jedes Bild, auf dem du einen *Hafen* siehst!

2.1 Was ist von der Schule *weiter* entfernt?

1. der Markt ☐ oder das Bayer-Kaufhaus ☐
2. das Forum ☐ oder das Bayer-Kaufhaus ☐
3. der Rhein ☐ oder die Stadtautobahn ☐

2.2 In welcher Richtung liegt jetzt

1. der Rhein: rechts ☐ im Norden ☐
   links ☐ im Süden ☐
   geradeaus ☐ im Westen ☐
2. das Bayerwerk: rechts ☐ im Norden ☐
   links ☐ im Süden ☐
   geradeaus ☐ im Westen ☐
3. die Hauptstraße: rechts ☐ im Norden ☐
   links ☐ im Süden ☐
   geradeaus ☐ im Westen ☐

2.3 1. Teil
   Du fährst mit dem Auto oder mit dem Bus nach Köln zum Dom.
   Wie lange dauert die Fahrt?

1. etwa 10 Minuten ☐
2. etwa eine halbe Stunde ☐
3. mehr als eine Stunde ☐

2.3 2. Teil
Wie lange dauert die Fahrt nach München?

1. etwa 2 Stunden ☐

2. etwa 4 Stunden ☐

3. etwa 7 Stunden ☐

2.4 Welche von diesen Ländern grenzen direkt an Deutschland?

1. Italien ☐   5. Rußland ☐

2. Frankreich ☐   6. Jugoslawien ☐

3. Griechenland ☐   7. Österreich ☐

4. Türkei ☐   8. Spanien ☐

2.5 Mit welchem Verkehrsmittel würdest du dorthin fahren? Schreibe die entsprechenden Zahlen in die Kästchen! Beachte, daß manchmal *ein* Verkehrsmittel *nicht* reicht!

1. nach Köln mit ☐

2. nach Italien mit ☐

3. nach England mit ☐ ☐

4. nach Amerika mit ☐ ☐

3.1 Auf diesem Bild siehst du eine große Insel mit 6 Ländern. Jedes Land hat eine Zahl. Die Insel ist ringsherum vom Meer umgeben.

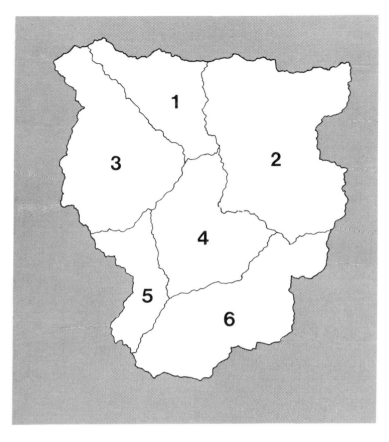

1. Welches ist das größte Land?
   Schreibe die Zahl dieses Landes in das Kästchen! ☐

2. Welches ist das kleinste Land? ☐

3. Welches Land grenzt nicht ans Meer? ☐

3.2 Sieh dir das nebenstehende Bild genau an!
Wo findest du dieselbe Form wieder?
Kreuze das Bild an!

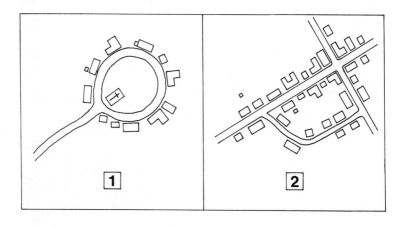

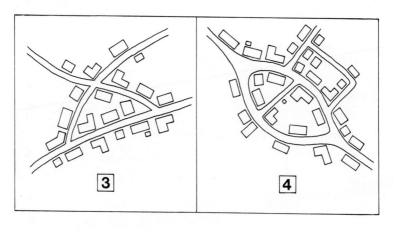

3.3

Hier siehst du die Karte einer Stadt.
Dieselbe Stadt findest du auf
einem der anderen Bilder wieder.
Kreuze es an!

(c) Westermann, Braunschweig

☐ 1

☐ 2

☐ 3

☐ 4

3.4 Du siehst hier die Karten von 4 Städten.

Die Farben haben die Bedeutung:

☐ Wohnhäuser

■ Geschäfte

▨ Fabriken

1. In welcher Stadt sind die Fabriken über die ganze Stadt verstreut? ☐

2. Welche Stadt hat ein Geschäftszentrum?
(Die Geschäfte sind fast alle beieinander) ☐

3. In welchen Städten sind die Geschäfte am stärksten gestreut? ☐ ☐

3 5
Hier siehst du 2 Karten von *demselben* Ort.

- [ ] 1 Stockwerk
- [▨] 2 Stockwerke
- [■] 3 Stockwerke

- [ ] moderne Häuser
- [≡] ältere Häuser
- [▦] ganz alte Häuser

Welcher Satz ist richtig? Kreuze ihn an!

1. Die modernen Häuser haben fast alle 3 Stockwerke. ☐
2. Die ganz alten Häuser haben 3 Stockwerke. ☐
3. Die älteren Häuser haben nur 1 Stockwerk. ☐
4. Ich weiß es nicht. ☐

3.6 Sieh dir die nebenstehende Karte an!
Welches ist das Zeichen für

1) Stadt

2) See

3) Straße

4) Fluß

5) Eisenbahn

6) Tiefland

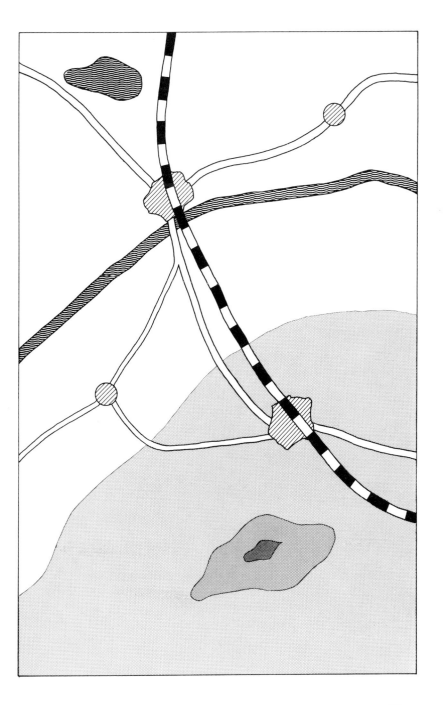

4.1 Sieh dir die Größe der Orte und die Straßenverbindungen genau an!
Kreuze die richtige Zeichnung an!

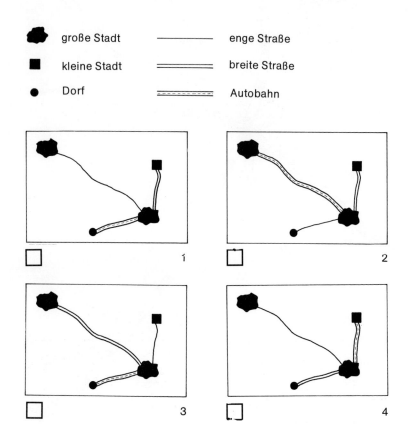

4.2 Warum wachsen bei uns in Deutschland keine Apfelsinen?

1. Der Boden ist hier nicht gut genug. ☐

2. Es ist hier nicht warm genug. ☐

3. Es regnet hier zu viel. ☐

4. Ich weiß es nicht. ☐

4.3 Die beiden Dörfer sollen durch Straßen verbunden werden. Auf dem Bild siehst du 4 Möglichkeiten. Welche sind die günstigsten? Kreuze sie an!

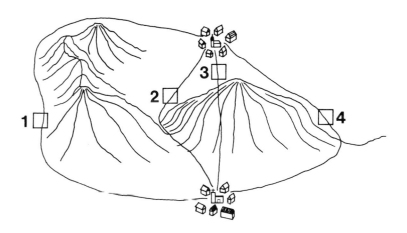

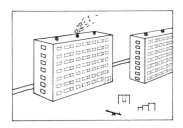 

4.4 Warum baut man *nicht* überall so schöne kleine Häuser mit einem großen Garten dabei?

1. Weil so viele kleine Häuser viel mehr Platz brauchen als ein Hochhaus. ☐
2. Weil der Garten gepflegt werden muß und viel Arbeit macht. ☐
3. Weil manche Leute lieber in einem Hochhaus wohnen. ☐
4. Weil ein ganzes Haus der Hausfrau mehr Arbeit macht als eine Wohnung in einem Hochhaus. ☐

4.5 Auf dieser Karte siehst du eine Stadt, einige einzelne Häuser in der Umgebung und 2 Plätze. Auf *einem* dieser Plätze steht eine Fabrik. Mache ein × an diese Stelle!

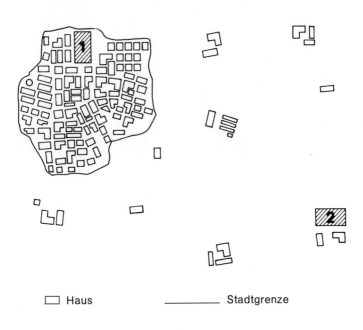

☐ Haus   ———— Stadtgrenze

Begründe deine Antwort!
Es können mehrere Gründe richtig sein.

1. Die Fabrik steht nicht in der Stadt, weil sie die Menschen durch Lärm und Umweltverschmutzung belästigt. ☐
2. Die Fabrik steht da, wo viele Menschen wohnen, weil sie viele Arbeiter braucht. ☐
3. Die Fabrik steht außerhalb der Stadt, weil sie viel Platz braucht. ☐
4. Viele Menschen wohnen bei der Fabrik, weil sie dort arbeiten. ☐

4.6 Auf dieser Karte siehst du Straßen, einen schiffbaren Fluß und 4 Plätze. Auf *einem* davon soll eine Autofabrik gebaut werden. Kreuze den günstigsten Platz an!

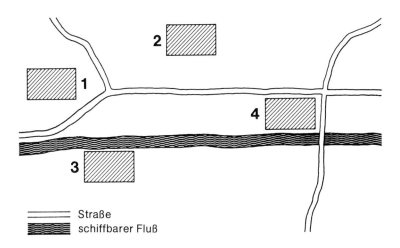

4.7 Peter darf sich in diesem Ort ein Haus aussuchen. Von welchem Wohnhaus aus kommt er überall gleich gut hin? Kreuze das Haus an!

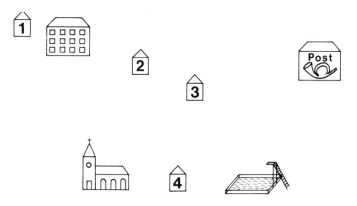

4.8[1] Welches Haus ist für Peter am günstigsten, wenn du bedenkst, *wie oft* er die einzelnen Wege geht? Kreuze das Haus an!

1) Im Original-Test war zu den Aufgaben 4.7 und 4.8 je eine Zeichnung vorhanden.

5.1 Diese Bilder sind durcheinander geraten! Kennzeichne die richtige Reihenfolge durch die Zahlen 1 2 3 4!

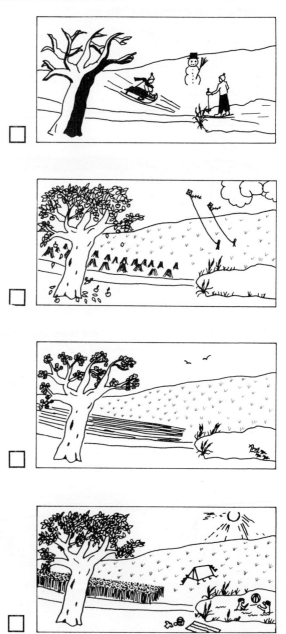

5.2 Sieh dir diese Bilder genau an! Sie zeigen alle *denselben* Fluß, nur an vier verschiedenen Stellen. Kennzeichne die richtige Reihenfolge durch die Zahlen 1 2 3 4!

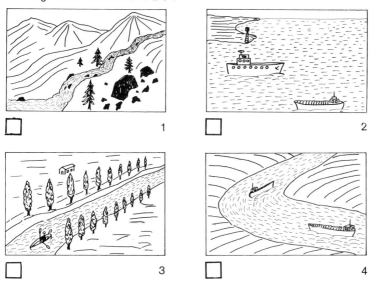

5.3 Diese Bilder sind durcheinander geraten! Kennzeichne die richtige Reihenfolge durch die Zahlen 1 2 3 4 5 6!

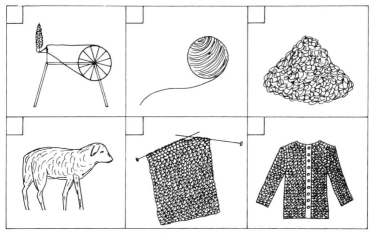

5.4

Auf dem Bild 1 siehst du Neustadt.
Sieh dir das Bild genau an!
Vergleiche es nun mit den anderen Bildern! Wo findest du Neustadt auch noch? Kreuze *alle* Bilder, die Neustadt zeigen, in dem Kästchen an!

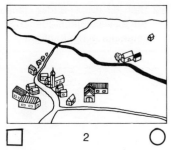

2

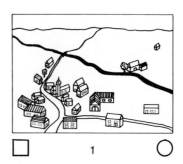

1

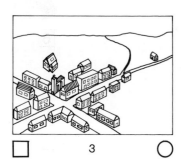

3

Ein Bild von Neustadt wurde schon vor 50 Jahren – vor ganz langer Zeit – gemacht. Schreibe neben dieses Bild eine 1 in den Kreis!

Ein Bild von Neustadt wurde vor 20 Jahren gemacht, das ist nicht ganz so lange her. Dieses Bild bekommt die Nummer 2.

Und ein Bild von Neustadt wurde erst ganz kürzlich gemacht; das bekommt die Nummer 3.

4

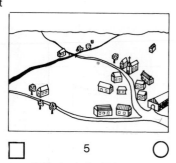

5

5.5 Überlege, was man aus Milch macht! Ein Bild aus dem unteren Feld zeigt es dir. Schreibe eine 1 daneben.
Überlege danach, was man aus Kohle ... macht!

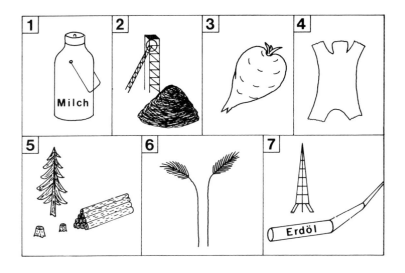

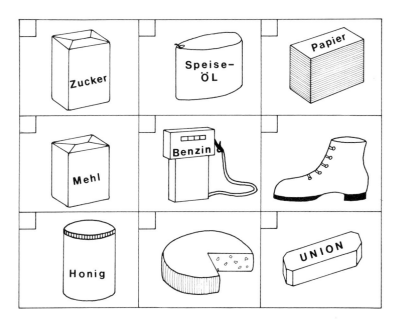

6.1 Sieh dir genau an, was auf den folgenden Bildern dargestellt ist! Einiges davon gehört nach *Afrika*. Mache neben diese Bilder ein × in das *Kästchen!*

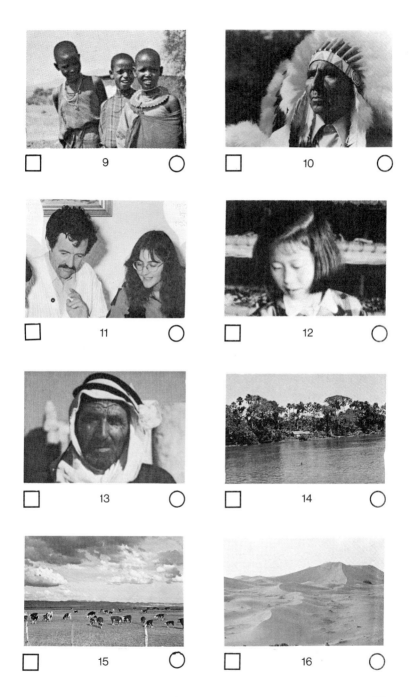

Sieh dir nun noch einmal diese Bilder an!

Kreuze jetzt in den *Kreisen* an, was nach *Nordamerika* gehört!

Beachte: 1. Manches gibt es in Afrika *und* Nordamerika.
2. Manches gibt es *nicht* in Afrika und auch *nicht* in Nordamerika.

6.2 Welche dieser Städte hat einen bedeutenden Seehafen?

1. München ☐
2. Hamburg ☐
3. Frankfurt ☐
4. Köln ☐

6.3 Welcher der folgenden Flüsse fließt durch Afrika?

1. Donau ☐
2. Indus ☐
3. Nil ☐
4. Mississippi ☐

6.4 Welche Stadt liegt in Amerika?

1. Kairo ☐
2. Brüssel ☐
3. Athen ☐
4. San Francisco ☐

6.5 Wo ist es sehr warm?

1. in Italien ☐
2. in Indien ☐
3. auf der Zugspitze (3000 Meter hoch) ☐
4. am Nordpol ☐
5. in der Wüste Sahara ☐
6. am Südpol ☐

6.6 Wie heißt die deutsche Bundeshauptstadt?

1. Berlin ☐
2. Bonn ☐
3. Düsseldorf ☐
4. Wien ☐

1. Kreuze an, was ihr von diesen Dingen zu Hause habt!

    Fernsehen ☐   Atlas ☐
    Auto ☐   Globus ☐
    Autokarten ☐

2. Siehst du dir die Landkarten manchmal an?

    oft ☐   selten ☐   nie ☐

3. Hat dir schon mal jemand diese Karten erklärt?

    ja ☐   nein ☐

4. Hörst du dir Schulfunksendungen an?

    oft ☐   selten ☐   nie ☐

5. Wie oft siehst du fern?

    fast jeden Tag ☐
    2–3mal in der Woche ☐
    fast nie ☐

6. Welche Fernsehsendungen siehst du oft?

    Tiersendungen ☐
    Wildwestfilme ☐
    Tagesschau ☐
    Filme über fremde Länder ☐
    Schulfernsehsendungen ☐

7. Was liest du gerne?

    Abenteuerbücher ☐
    Tiergeschichten ☐
    Reisebeschreibungen ☐

8. Wohin bist du schon gereist?

    _____

    _____

    _____

4. Die einzelnen Testaufgaben – Zielsetzung, methodische Überlegungen und Ergebnisse

4.1. 1. Teiltest: Begriffsverständnis[1]

Im Gegensatz zur Untersuchung des Verständnisses für Strukturen und funktionale Abhängigkeiten u. a. besteht beim Begriffsverständnis das Problem, daß kein Begriff repräsentativ für andere ist. Um einen Überblick über die Kenntnis geographischer Begriffe bei den Schülern zu gewinnen, müßte man deshalb im Grunde alle für den Grundschulunterricht relevanten geographischen Begriffe in die Untersuchung einbeziehen. Da eine so umfangreiche Untersuchung den Rahmen dieser Arbeit gesprengt hätte, bei der das Begriffsverständnis nur einen von sechs Teilbereichen (2.1 - 2.6) darstellt, wurden hier aus einer Liste von Begriffen, die mit Hilfe der Richtlinien[2] für den Sachunterricht unter geographischem Aspekt zusammengestellt worden war, zwölf Begriffe ausgewählt, und zwar nach folgenden Gesichtspunkten: Sie sollten sowohl aus dem Bereich der Physischen Geographie als auch der Geographie des Menschen stammen – angesprochen wurden Oberflächenformen, Gewässer, Vegetation, Siedlung, Verkehr –, und sie mußten gut bildlich darstellbar sein. Es ging bei diesem Test weniger darum, festzustellen, welche Begriffe die Schüler kennen, sondern wie exakt sie diese inhaltlich fassen. Die Tendenzen, die hier sichtbar wurden, sind auf andere Begriffe übertragbar.

Da Schüler im Grundschulalter noch nicht in der Lage sind, Begriffe genau zu definieren,[3] mußte eine geeignete Methode entwickelt werden, um ihr Begriffsverständnis, insbesondere die Enge oder Weite der Begriffe, zu untersuchen. Der Gedanke, die Inhalte von den Schülern zeichnen zu lassen, wurde verworfen, da das zu schwierig erschien und außerdem Schülerzeichnungen kaum objektiv zu beurteilen sind. Deshalb wurden bildliche Darstellungen vorgegeben, und die Schüler sollten entscheiden, welche Bilder einen gegebenen Begriff repräsentieren. Zu jedem Begriff wurden vier Bilder ausgewählt. Die Bildreihen enthalten wechselnd eine bis drei Darstellungen, die den entsprechenden Begriff, nach Möglichkeit unter Betonung verschiedener Merkmale, repräsentieren. Ein bis drei Bilder dienen jeweils als Distraktoren. Die Bildreihen wurden, soweit möglich, gezeichnet. Die Zeichnungen bieten den Vorteil, daß man sich auf das Wesentliche beschränken und die Schüler bewußt auf bestimmte Aspekte hinlenken kann. Bei den Begriffen, die aufgrund ihrer Komplexität zeichnerisch nicht befriedigend dargestellt werden konnten, wurden Fotografien[4] verwendet. Beide Darstellungsformen wurden nicht gemischt.

In den Arbeitsanweisungen war darauf hingewiesen worden, daß bei jeder Aufgabe mehrere Bilder richtig sein konnten. Als richtige Lösung wurde gewertet, wenn die Schüler alle Bilder, die den genannten Begriff repräsentieren, aber keinen der Distraktoren, also die richtige Kombination vollständig angekreuzt hatten. Da dabei nur die Schüler berücksichtigt wurden, die im Rahmen dieser Aufgaben den jeweiligen Begriff am umfassendsten und exaktesten verstanden, wurde zusätzlich für jede Aufgabe eine Tabelle angelegt, aus der hervorgeht, wie häufig jedes Bild in jedem Schuljahr gewählt worden ist. Diese Tabelle zeigt nun durch Zunahme der richtigen und Abnahme der falschen Antworten, wie die inhaltliche Begriffsfassung immer präziser wird und wie im einzelnen die Fehler zustandekommen, z. B. durch Wahl eines falschen oder durch Nichterkennen eines richtigen Bildes.

Aufgabe 1.1: „Wohnhaus"

Als erste Aufgabe des gesamten Tests wurde bewußt eine leichte Aufgabe eingesetzt, die im Vortest von vielen Kindern richtig gelöst worden war. Sie sollte zum Verständnis des Lösungsverfahrens für alle Aufgaben des 1. Teiltests führen und außerdem den Kindern ein erstes Erfolgserlebnis vermitteln, um sie für die Weiterarbeit zu motivieren. „Wohnhaus" ist ein einfacher, vermutlich nahezu allen Kindern bekannter Begriff. Er ist am umfassendsten bei den Kindern, die das 1., 3. und 4. Bild ankreuzten.

Der Prozentsatz der richtigen Lösungen steigt kontinuierlich vom 1. bis 3. Schuljahr und stagniert dann. Da insgesamt nur 6 Schüler das Lagerhaus gewählt haben, kommen die Fehler fast ausschließlich dadurch zustande, daß eines der zutreffenden Bilder *nicht* gewählt wurde, d. h. daß diese Schüler den Begriff „Wohnhaus" zu eng fassen.

Tab. 3 Wahlen in %

Bild[5]	1.	2.	3.	4. Schulj.
1×	89,1	96,3	94,2	89,3
2	5,5	1,9	3,8	0,0
3×	85,5	88,9	94,2	92,9
4×	78,2	85,2	92,3	94,6
richtige Lösungen	69,1	77,8	82,7	82,1

Tab. 4

Richtige Lösungen 1.–4. Schuljahr insgesamt in %[6]	
Schule A	78,1
Schule B	77,7
Jungen	80,0
Mädchen	75,9

Insgesamt wird die Aufgabe an beiden Schulen etwa gleich gut gelöst; in den einzelnen Schuljahren ergeben sich jedoch deutliche Unterschiede, z. B. 1. Schuljahr Schule A 75,9% – Schule B 61,5%. In Schule A entstanden die falschen Ergebnisse überwiegend dadurch, daß das 1. oder 4. Bild, in Schule B dagegen dadurch, daß das 3. oder 4. Bild nicht gewählt wurde. Während im Schulbezirk A alle hier dargestellten Wohnhaustypen zu finden sind, gibt es im Schulbezirk B keine freistehenden Einfamilienhäuser und Bungalows. Die nahe Umwelt der Kinder scheint sich hier auf das Testergebnis auszuwirken, und zwar besonders deutlich im 1. Schuljahr, wo der erfahrbare Nahraum noch weitgehend die Kenntnisse und Vorstellungen des Schülers bestimmt. Die Aufgabe wird tendenziell von den Jungen besser gelöst.

Aufgabe 1.2: „Berg"
Diese Aufgabe sollte Aufschluß darüber geben, ob die Schüler „Berg" als übergeordneten Begriff für eine Erhebung, unabhängig von deren Form, verwenden und ob sie die natürlichen morphologischen Formen gegen die künstliche Erhebung abgrenzen.

Tab. 5 Wahlen in %

Bild	1.	2.	3.	4. Schulj.
1×	96,4	92,6	76,9	78,6
2×	92,7	100,0	88,5	94,6
3×	94,5	98,1	94,2	100,0
4	60,0	31,5	32,7	35,7
richtige Lösungen	36,4	61,1	48,1	44,6

Tab. 6

Richtige Lösungen 1.–4. Schuljahr insgesamt in %	
Schule A	49,1
Schule B	45,6
Jungen	44,8
Mädchen	50,0

Der Prozentsatz der richtigen Lösungen steigt vom 1. zum 2. Schuljahr signifikant an, danach zeigt er eine rückläufige Tendenz, die jedoch noch im Zufallsbereich liegt. Bild 3 wird in allen Schuljahren von nahezu allen Kindern gewählt. Dieser kegelförmige Berg mit steilen Hängen und spitzem Gipfel entspricht offenbar am ehesten der Vorstellung der Schüler von einem Berg. Das bestätigt die Beobachtung, daß Schüler in ihren eigenen Zeichnungen Berge durchweg überhöht darstellen.[7] Daß Bild 2 ebenfalls von fast allen Kindern gewählt wurde, dürfte auf denselben Grund zurückgehen. Eine unverständliche Ausnahme bildet hier das 3. Schuljahr. Möglicherweise haben die Schüler hier weniger auf den mündlichen Zusatz zu der Arbeitsanweisung geachtet, daß nämlich mit *einem* Berg nicht die Anzahl gemeint sei. In bezug auf den Hügel, Bild 1, geht die Anzahl der Wahlen vom

1. bis zum 3. Schuljahr signifikant zurück und stagniert dann. Dieser Rückgang ist, wie eine Befragung im Anschluß an den Test ergab, darauf zurückzuführen, daß die älteren Schüler immer häufiger diese flache Erhebung als Hügel bezeichnen, sich aber nicht dessen bewußt sind, daß Berg der zugehörige Oberbegriff ist. Ihr größeres Wissen bedingt hier den Fehler.
Die Halde wird im 1. Schuljahr von 60% der Kinder der Begriffsklasse „Berg" zugeordnet. Dieser Prozentsatz geht schon im 2. Schuljahr stark zurück, stagniert dann aber bis zum Ende der Grundschulzeit. Diese Kinder grenzen den Begriff „Berg" nicht auf natürliche Erhebungen ein; sie fassen ihn demnach zu weit. Umgangssprachlich wird dieser Begriff von den Schülern auch für „Menge" oder „Stapel" gebraucht. Diese ungenaue Ausdrucksweise scheint die Ergebnisse bis ins 4. Schuljahr hinein zu beeinflussen. Anders ist kaum zu erklären, daß noch am Ende der Grundschulzeit, nachdem der Bergbau Gegenstand des Unterrichts war, 35% der Schüler eine Kohlenhalde als Berg bezeichnen. Die ursprüngliche Annahme, daß die jüngeren Kinder nur spitze, steile Formen als Berg betrachten, wurde dadurch widerlegt, daß Bild 1 im 1. und 2. Schuljahr von fast allen Schülern gewählt wurde.
Insgesamt wird der Begriff „Berg" von zahlreichen Grundschülern noch recht unpräzise gefaßt, nämlich in bezug auf den Hügel zu eng und bezüglich der Halde zu weit.

Aufgabe 1.3: „Stadt"
Zwei Bilder der Reihe repräsentieren den Begriff „Stadt". Die Aufgabe sollte Aufschluß darüber geben, welches Kriterium einer Siedlung, z. B. Anzahl der Gebäude, Geschoßhöhe, geschlossene Bauweise, für die Schüler eine Stadt charakterisiert. Neben den beiden im Eindruck sehr verschiedenen Stadtbildern (1,4) wurde ein Industriebetrieb gewählt, weil Industrie häufig mit Stadt assoziiert wird. Das 3. Bild sollte zeigen, ob die Schüler Dorf und Stadt unterscheiden, wobei die Bilder eher eine Differenzierung nach der Ausdehnung, weniger nach der Funktion ermöglichen.

Tab. 7 Wahlen in %

Bild	1.	2.	3.	4. Schulj.
1×	90,9	88,9	65,4	46,4
2	20,0	14,8	30,8	17,9
3	50,9	55,6	48,1	33,9
4×	98,2	100,0	96,2	98,2
richtige Lösungen	32,7	33,3	19,2	32,1

Tab. 8 Richtige Lösungen 1.–4. Schuljahr insgesamt in %

Schule A	28,1
Schule B	31,1
Jungen	30,5
Mädchen	30,4

Der Prozentsatz der richtigen Lösungen stagniert vom 1. bis zum 4. Schuljahr; der Rückgang im 3. Schuljahr liegt noch im Zufallsbereich. Vom 1. Schuljahr an wird das Bild 4 von nahezu allen Kindern gewählt. Dieses Großstadtzentrum entspricht offenbar der Vorstellung der Kinder von einer Stadt. Hier dürfte sich auswirken, daß diese Untersuchung an Großstadtkindern durchgeführt wurde. Die Anzahl der Wahlen, die auf das Bild 1 entfallen, geht vom 1. bis 4 Schuljahr signifikant zurück. Möglicherweise führen hier zunehmende Kenntnisse, die verabsolutiert werden, bei den älteren Schülern zu dem Fehler, etwa die Vorstellung: Fachwerkhäuser sind Bauernhäuser,[8] und diese gehören zu einem Dorf. Bei dem Dorf auf Bild 3 wird dagegen zunehmend richtig erkannt, daß es sich dabei nicht um eine Stadt handelt; es wird mit fortschreitendem Alter signifikant weniger häufig gewählt. Im Gegensatz dazu ist bei den Wahlen des zweiten Distraktors, Bild 2, keine eindeutige Abnahme zu erkennen. Es ist im Grunde nicht erstaunlich, daß für zahlreiche Leverkusener Schüler aufgrund ihrer täglichen Umwelterfahrung der Begriff „Stadt" die Industrie einschließt.

Insgesamt ist zu erkennen, daß der Begriff „Stadt" bei den Schülern noch nicht klar abgegrenzt ist. Er wird weder eindeutig zu eng, noch zu weit gefaßt. Bei den Schülern des 1. und 2. Schuljahres scheint die geschlossene Bauweise das wesentliche Kriterium für eine Stadt zu sein. Im 4. Schuljahr konzentrieren sich die Wahlen eindeutig auf Bild 4, das von Stadtmerkmalen wie hohe Häuser, breite Straße, dichter Verkehr bestimmt wird.

Aufgabe 1.4: „Bauernhof"
Für diese Aufgabe wurden bewußt Bilder von Bauernhöfen ausgewählt, die keine sekundären Erkennungszeichen, wie z. B. Vieh, Misthaufen u. ä. aufwiesen, um die Schüler zur genauen Betrachtung der Gebäude zu veranlassen. Es sollte kein Bild an das Klischee erinnern, das immer noch in Bilderbüchern und sogar neueren Schulbüchern zu finden ist. Anhand der Aufgabe sollte festgestellt werden, welche Vorstellung diese Schüler als Stadtkinder von einem Bauernhof haben, ob ihr Begriff „Bauernhof" mit den Merkmalen alt und idyllisch verknüpft ist oder ob er einen modernen Aussiedlerhof einschließt.

Tab. 9 Wahlen in %

Bild	1.	2.	3.	4. Schulj.
1	60,0	50,0	36,5	32,1
2×	16,4	14,8	34,6	32,1
3×	60,0	98,1	100,0	96,4
4×	72,7	96,3	84,6	73,2
richtige Lösungen	7,3	9,3	21,2	16,1

Tab. 10 Richtige Lösungen 1.–4. Schuljahr insgesamt in %

Schule A	12,3
Schule B	14,6
Jungen	13,3
Mädchen	13,4

Vom 1. bis zum 3. Schuljahr steigt der Prozentsatz der richtigen Lösungen signifikant an; der Rückgang im 4. Schuljahr liegt im Bereich einer zufälligen Abweichung. Im 1. und 2. Schuljahr konzentrieren sich die Wahlen auf die Bilder 1, 3 und 4. In der Vorstellung dieser Kinder ist ein Bauernhof überwiegend alt, malerisch und idyllisch. Im 2. Schuljahr werden die Bilder 3 und 4 allerdings schon doppelt so häufig gewählt wie Bild 1. Die Wahl des Fachwerkhauses geht zwischen dem 1. und 4. Schuljahr signifikant zurück, während die Wahl des Aussiedlerhofes zwischen dem 1. und 3. Schuljahr statistisch gesichert zunimmt. Aber selbst im 3. und 4. Schuljahr wird der Aussiedlerhof erst von einem Drittel der Schüler als Bauernhof erkannt. Offenbar wird jetzt der Aspekt „Hof" im Gegensatz zu Haus hervorgehoben, woraus der Rückgang der Wahlen bei Bild 1 und interessanterweise auch bei Bild 4 zu erklären wäre. Der Vierseithof wird nun fast ausnahmslos von allen Schülern gewählt. Das schlechtere Ergebnis im 4. Schuljahr ist auf die Abnahme in der Wahl des Einhauses zurückzuführen.

Insgesamt wird deutlich, daß die Schüler zu einem etwas eingeengten Begriff von Bauernhof tendieren, dem die Vorstellung von alt und malerisch anhaftet und der einen modernen Aussiedlerhof auch im 4. Schuljahr noch weitgehend ausschließt. Ein umbauter Hof kommt ihrer Vorstellung offenbar am nächsten. Bei der geringen Zahl richtiger Gesamtlösungen, die immerhin die zutreffende Kombination von drei Bildern erforderte, wird doch anhand der Verteilung der Wahlen ersichtlich, daß der Begriff „Bauernhof" im Laufe des Grundschulalters präziser wird.

Aufgabe 1.5: „Fluß"
Diese Aufgabe sollte zeigen, inwieweit die Schüler in der Lage sind, den Begriff „Fluß" als fließendes Gewässer gegenüber dem Begriff „See" als stehendes Gewässer und darüber hinaus größenordnungsmäßig gegenüber dem Begriff „Bach" abzugrenzen. Die Zeichnungen enthalten in Form verschiedener Gegenstände Maßstäbe, die eine Abschätzung der Breite der Gewässer ermöglichen.

Tab. 11 Wahlen in %

Bild	1.	2.	3.	4. Schulj.
1	90,9	81,5	63,5	42,9
2×	85,5	72,2	73,1	89,3
3×	83,6	77,8	86,5	91,1
4	41,8	31,5	15,4	7,1
richtige Lösungen	5,5	11,1	26,9	51,8

Tab. 12

Richtige Lösungen 1.–4. Schuljahr insgesamt in %	
Schule A	32,5
Schule B	14,6
Jungen	26,7
Mädchen	21,4

Der Prozentsatz der richtigen Lösungen steigt im Laufe der Grundschulzeit stetig an; die Zunahme zwischen dem 2. und 3., sowie dem 3. und 4. Schuljahr ist jeweils signifikant. Die Verteilung der Wahlen läßt erkennen, daß bei dem Begriff „Fluß" vom 1. Schuljahr an der Aspekt des fließenden Wassers im Vordergrund steht. In den ersten beiden Schuljahren wird allerdings das Bild des Baches am häufigsten gewählt, und erst vom 3. Schuljahr an bekommt der Aspekt der Größenordnung ein stärkeres Gewicht. Im 4. Schuljahr werden die zutreffenden Bilder von nahezu allen Schülern gewählt. Die Wahlen der beiden Distraktoren nehmen zwischen dem 1. und 4. Schuljahr signifikant ab. Daraus geht hervor, daß die jüngeren Schüler den Begriff „Fluß" zunächst zu weit fassen und daß sie ihn mit zunehmendem Alter immer präziser auf „großes fließendes Gewässer" einengen und ihn von den Begriffen „Bach" und „See" abgrenzen. Die Aufgabe wird von den Schülern der Schule A signifikant besser gelöst als in der Schule B.

Aufgabe 1.6: „Meer"
Drei Darstellungen zeigen das Meer unter verschiedenen Aspekten. Um Eindeutigkeit zu gewährleisten, reicht auf allen Bildern vom Meer das Wasser bis zum Horizont. Die Aufgabe sollte Aufschluß darüber geben, inwieweit die Schüler das Meer unabhängig davon, ob die Küste zu sehen ist und welche Form sie hat, erkennen und ob sie den Begriff „Meer" gegenüber „Binnensee" abgrenzen.
Die Aufgabe erwies sich als leicht; der Prozentsatz der richtigen Lösungen ist in allen vier Schuljahren ausgesprochen hoch. Vom 2. bis zum 4. Schuljahr steigt der Anteil der richtigen Lösungen signifikant an. Der Rückgang zwischen dem 1. und 2. Schuljahr liegt zwar noch im Zufallsbereich, trotz-

Tab. 13 Wahlen in %

Bild	1.	2.	3.	4. Schulj.
1×	100,0	98,1	100,0	98,2
2×	96,4	88,9	88,5	92,9
3	3,6	1,9	1,9	0,0
4×	87,3	83,3	80,8	92,9
richtige Lösungen	83,6	70,4	73,1	87,5

Tab. 14

Richtige Lösungen 1.–4. Schuljahr insgesamt in %	
Schule A	78,1
Schule B	79,6
Jungen	77,1
Mädchen	80,4

dem ist erstaunlich, daß eine so deutliche Tendenz zu besseren Ergebnissen im 1. Schuljahr verglichen mit dem 2. und 3. Schuljahr besteht. Möglicherweise wird die Aufgabe durch eine etwas differenziertere Beobachtung der älteren Schüler problematisiert. Die Verteilung der Wahlen zeigt, daß das 1. Bild in allen Schuljahren fast ausnahmslos von allen Schülern gewählt wurde; es repräsentiert für die Kinder am eindeutigsten das Meer. Daß der See so gut wie gar nicht gewählt wurde, läßt erkennen, daß die Schüler schon vom 1. Schuljahr an das Meer nicht undifferenziert als „großes Wasser" wahrnehmen, sondern mit wenigen Ausnahmen die Begriffe „Meer" und „See" klar gegeneinander abgrenzen. Der Rückgang der richtigen Lösungen im 2. und 3. Schuljahr ist darauf zurückzuführen, daß die Bilder der Steilküste und des Strandes weniger häufig gewählt wurden als im 1. Schuljahr. Ein Grund dafür konnte nicht ermittelt werden.

Aufgabe 1.7: „Insel"
Mit Hilfe dieser Aufgabe sollte festgestellt werden, ob die Schüler den Begriff „Insel" schon präzise als Land, das ringsherum von Wasser umgeben ist, auffassen. Vage Vorstellungen, wie eine bloße Assoziation mit der Vorstellung vom Meer oder von Wasser allgemein, sollten durch die beiden Distraktoren aufgedeckt werden. Außerdem lassen die Wahlen erkennen, ob Kinder den Begriff „Insel" auf Land im Meer einengen.

Tab. 15 Wahlen in %

Bild	1.	2.	3.	4. Schulj.
1	85,5	64,8	51,9	48,2
2	25,5	3,7	1,9	3,6
3×	80,0	79,6	76,9	78,6
4×	94,5	100,0	98,1	100,0
richtige Lösungen	9,1	29,6	42,3	44,6

Tab. 16

Richtige Lösungen 1.–4. Schuljahr insgesamt in %	
Schule A	37,7
Schule B	24,3
Jungen	37,1
Mädchen	25,9

Der Prozentsatz der richtigen Lösungen steigt stetig vom 1. bis zum 4. Schuljahr; der Anstieg zwischen dem 1. und 2. Schuljahr ist signifikant. Im 1. Schuljahr füllen noch 25% der Kinder den Begriff inhaltlich falsch, wie aus der Wahl des 2. Bildes hervorgeht. Dieser Fehler tritt schon im 2. Schuljahr kaum noch auf. Die falschen Ergebnisse kommen in allen vier Schuljahren in der Hauptsache dadurch zustande, daß die Landzunge auf Bild 1 mit in den Begriff „Insel" eingeschlossen wird. Dieser typische Fehler nimmt mit zunehmendem Alter der Schüler signifikant ab, wird allerdings noch im 4. Schuljahr etwa von der Hälfte der Kinder gemacht. Hier muß die Möglichkeit einkalkuliert werden, daß die Kinder das 1. Bild falsch verstehen, obwohl es objektiv nicht den Schluß zuläßt, daß das Land ganz vom Wasser eingeschlossen ist. Unabhängig davon macht Bild 3 deutlich, daß im 4. Schuljahr noch Definitionsschwierigkeiten bestehen, denn über 20% der Kinder erkennen die Insel im Fluß nicht als Insel an. Daß dieses Bild schon im 1. Schuljahr von 80% der Schüler gewählt wird, widerlegt andererseits die Annahme, Inseln gebe es nach Meinung der jüngeren Schüler nur im Meer.

Der Begriff „Insel" wird zwar mit zunehmendem Alter der Schüler deutlich präziser gefaßt, ist aber noch im 4. Schuljahr unerwartet ungenau. Das könnte damit zusammenhängen, daß die Insel nicht zum Erfahrungsbereich der getesteten Kinder gehört. Der Begriff wird von zahlreichen Kindern bezüglich der Landzunge zu weit, und von einigen in bezug auf die Flußinsel zu eng gefaßt.

Die Ergebnisse dieser Aufgabe sind insgesamt in Schule A signifikant besser als in Schule B.

Aufgabe 1.8: „Küste"

Es war beabsichtigt, mit dem Begriff „Küste" auch einen etwas schwierigeren und den Kindern voraussichtlich weniger bekannten Begriff in die Testreihe aufzunehmen. Um ein möglichst klares Bild bei den Ergebnissen zu erhalten, wurden die Schüler in der Arbeitsanweisung aufgefordert, kein Bild anzukreuzen, wenn sie das Wort nicht kennen. Dadurch sollten Verlegenheitslösungen weitgehend vermieden werden.

Die Bilder zeigen zwei Küsten von verschiedener Form, Flach- und Steilküste, einen See und einen Fluß. Die letzteren wurden als Distraktoren eingesetzt, weil mit Hilfe dieser Bilder deutlich wird, ob die Schüler zwischen Ufer und Küste differenzieren.

Tab. 17 Wahlen in %

Bild	1.	2.	3.	4. Schulj.
1×	49,1	68,5	84,6	80,4
2	23,6	9,3	11,5	1,8
3×	36,4	42,6	67,3	75,0
4	16,4	25,9	15,4	8,9
keine Antwort	38,2	16,7	5,8	3,6
richtige Lösungen	20,0	18,5	53,8	51,8

Tab. 18

Richtige Lösungen 1.–4. Schuljahr insgesamt in %	
Schule A	41,2
Schule B	30,1
Jungen	41,0
Mädchen	31,3

Der Prozentsatz der richtigen Ergebnisse ist im 1. und 2. Schuljahr nahezu gleich, steigt danach sehr stark an und ist im 3. und 4. Schuljahr wiederum konstant. Die Differenzen zwischen dem 1. und 2., sowie dem 3. und 4. Schuljahr liegen im Bereich der Zufallsvarianz. Die Exaktheit der inhaltlichen Begriffsfassung nimmt zwischen dem 2. und 3. Schuljahr sprunghaft zu. Die Zahl der Kinder, die angeben, den Begriff nicht zu kennen, beträgt im 1. Schuljahr fast 40% und nimmt danach signifikant ab. Der tatsächliche Wert liegt mit Sicherheit etwas höher, da einige Kinder ihre Unkenntnis nicht zugeben wollen und dann wahllos Antworten ankreuzen. Die Aufschlüsselung der Wahlen weist ebenfalls in diese Richtung. Die Wahlen der Distraktoren nehmen mit zunehmendem Alter der Schüler kontinuierlich ab; entsprechend steigen die Wahlen der Küstendarstellungen signifikant an.

Schon vom 1. Schuljahr an wird Küste offenbar mit dem Meer assoziiert, denn die meisten Wahlen konzentrieren sich auf die zutreffenden Bilder. Im 3. und 4. Schuljahr wird Küste nur noch von einem geringen Anteil der Schüler mit Ufer verwechselt; trotzdem ist noch einige Unsicherheit erkennbar, denn eine Reihe von Kindern kreuzt nur eines der Küstenbilder an, wobei keines von beiden eindeutig bevorzugt wird.

Im Vergleich mit den anderen getesteten Begriffen und unter Berücksichtigung der Tatsache, daß die Küste nicht zum engeren Erfahrungsbereich der Kinder gehört, ist es erstaunlich, daß die Aufgabe von so vielen Schülern richtig gelöst wurde. Aus den Angaben über die Reiseziele im Fragebogen geht hervor, daß von den älteren Schülern schon viele an der Nord- oder Ostseeküste oder am Mittelmeer gewesen sind. Für sie ist „Küste" nicht nur ein rein verbaler, sondern ein durch Erfahrung mit bestimmten Vorstellungen gefüllter Begriff.

Aufgabe 1.9: „Wüste"
Drei Darstellungen repräsentieren den Begriff „Wüste" in verschiedenen Erscheinungsformen. Das Bild einer Steppenlandschaft dient als Distraktor. Da auf einer Schwarzweißaufnahme Grasland nicht von kahlem Boden zu unterscheiden ist, wurde ein Steppenbild mit einer Rinderherde ausgewählt, die auf den Bewuchs schließen läßt.
Die Aufgabe sollte zeigen, ob die Kinder den Begriff „Wüste" auf eine extrem vegetationsarme Region anwenden oder ob sie ihn auf Sandwüste einschränken. Diese Einengung scheint, durch Klischeebilder verstärkt, allgemein verbreitet zu sein. Diese Aufgabe bezieht sich auf einen Sachverhalt, den die Kinder vermutlich ausschließlich aus sekundärer Anschauung kennen.

Tab. 19 Wahlen in %

Bild	1.	2.	3.	4. Schulj.
1×	61,8	51,9	67,3	76,8
2	50,9	44,4	13,5	19,6
3×	83,6	94,4	100,0	100,0
4×	52,7	31,5	44,2	37,5
richtige Lösungen	16,4	9,3	32,7	23,2

Tab. 20 Richtige Lösungen 1.–4. Schuljahr insgesamt in %

Schule A	18,4
Schule B	22,3
Jungen	21,9
Mädchen	18,6

Der Prozentsatz der richtigen Lösungen steigt bei dieser Aufgabe nicht stetig. Die Zunahme zwischen dem 1. und 3. Schuljahr ist statistisch gesichert, während die Schwankung im 2. und der Rückgang im 4. Schuljahr nicht signifikant sind. Die Aufschlüsselung der Wahlen nach Schuljahren ermöglicht einen genaueren Einblick in das Lösungsverhalten der Schüler. Bild 3, die Sandwüste, wird im 1. und 2. Schuljahr von den weitaus meisten, im 3. und 4. Schuljahr von ausnahmslos allen Schülern gewählt. Es entspricht demnach, wie erwartet, der Vorstellung der Schüler von einer Wüste recht genau. Im 1. Schuljahr hat der Begriff „Wüste" noch keine klaren Konturen, denn auf die drei übrigen Bilder, einschließlich des Distraktors, entfallen etwa gleich viele Wahlen. Die Anzahl der Wahlen bezüglich der Kieswüste nimmt vom 2. Schuljahr an signifikant zu, d. h. daß mit zunehmendem Alter immer mehr Schüler die Kieswüste in den Wüstenbegriff einschließen. Parallel dazu wird die Steppe immer besser von der Wüste unterschieden, wie aus dem Rückgang der Wahlen von Bild 2 ersichtlich ist. Unerklärlich sind die Schwankungen des Schülerverhaltens in bezug auf die Kältewüste. Möglicherweise wird dieses Bild von einigen Schülern inhaltlich nicht verstanden. Einiges darin scheint die Kinder jedoch auf Wüste hinzuweisen, denn im 1. Schuljahr wird das Bild von über der Hälfte und im 4. Schuljahr immerhin von 37,5% der Schüler angekreuzt. Die falschen Ergebnisse kommen im 4. Schuljahr dadurch zustande, daß die Kältewüste relativ selten und die Steppe relativ häufig gewählt werden.

Bei den älteren Schülern entfallen die weitaus meisten Wahlen auf die verschiedenen Wüstendarstellungen; das zeigt, daß nicht die erwartete Einengung – Wüste besteht aus Sanddünen – bei den Kindern vorliegt, sondern daß sie überwiegend einen umfassenderen Wüstenbegriff haben, der die Kieswüste schon ein-, aber die Kältewüste noch häufig ausschließt. Daß die Steppe noch im 4. Schuljahr relativ häufig gewählt wird, liegt möglicherweise daran, daß auf dem Bild die Vegetation kaum zu erkennen ist, und den logischen Schluß, wo Rinder sind, muß auch ausreichend Vegetation sein, ziehen viele Schüler auf dieser Altersstufe noch nicht.

Das insgesamt erstaunlich gute Ergebnis – der Prozentsatz der richtigen Lösungen gibt schließlich nur die vollständig korrekten Ergebnisse, die Kombination der Bilder 1, 3 und 4, an – ist evtl. im Zusammenhang damit zu sehen, daß die befragten Schüler nach eigenen Angaben fast täglich fernsehen. Auf diese Weise könnten sie bildliche Vorstellungen von Wüsten erhalten haben.

Aufgabe 1.10: „Urwald"
Mit Hilfe der Distraktoren sollte hier ermittelt werden, welches Kriterium in der Vorstellung der Schüler vom Urwald dominiert, die Dichte oder Verschiedenartigkeit der Vegetation oder der Eindruck des Exotischen. Die Aufgabe sollte weiter klären, inwieweit die Schüler den Begriff „Urwald" gegen andere Vegetationsformen abgrenzen.

Tab. 21 Wahlen in %

Bild	1.	2.	3.	4. Schulj.
1	54,5	31,5	9,6	16,1
2	60,0	37,0	17,3	19,6
3×	94,5	96,3	96,2	98,2
4	45,5	31,5	30,8	26,8
richtige Lösungen	16,4	37,0	57,7	51,8

Tab. 22 Richtige Lösungen 1.–4. Schuljahr insgesamt in %

Schule A	57,9
Schule B	21,4
Jungen	41,0
Mädchen	40,2

Der Prozentsatz der richtigen Lösungen nimmt zwischen dem 1. und 2., sowie dem 2. und 3. Schuljahr jeweils signifikant zu. Der Rückgang im 4. Schuljahr liegt im Bereich der Zufallsvarianz. Das Bild des tropischen Regenwaldes wird vom 1. Schuljahr an durchgehend von nahezu allen Schülern gewählt. Da jedoch im 1. Schuljahr von den weitaus meisten Kindern außer diesem Bild noch mindestens ein Distraktor angekreuzt wird, wird deutlich, daß der Begriff „Urwald" bei diesen Schülern noch recht unpräzise ist. Die Anzahl der Wahlen, die auf die Distraktoren entfallen, nimmt zwischen dem 1. und 4. Schuljahr signifikant ab. Im 1. Schuljahr scheint das wichtigste Kriterium für den Urwald seine Dichte und Undurchdringlichkeit zu sein, während im 3. und 4. Schuljahr das exotische Element überwiegt; die zweitgrößte Anzahl der Wahlen entfällt hier auf das Savannenbild. Die Aufschlüsselung der Wahlen nach Schuljahren zeigt deutlich, wie sich der Begriff „Urwald" bei den Kindern im Laufe der Grundschulzeit inhaltlich wandelt und gleichzeitig durch zunehmenden Ausschluß nicht zugehöriger Elemente aus der Begriffsklasse präzisiert. Insgesamt besteht die Tendenz, den Begriff zu weit zu fassen.

Aufgabe 1.11: „Fabrik"
Diese Aufgabe sollte Aufschluß darüber geben, inwieweit und ab wann die Schüler in der Lage sind, den Begriff „Fabrik" vom Handwerksbetrieb und dem Hafen als Umschlagplatz abzugrenzen. Zur Außen- und Innenaufnahme einer Fabrik wurde jeweils ein entsprechender Distraktor ausgewählt.

Tab. 23 Wahlen in %

Bild	1.	2.	3.	4. Schulj.
1×	83,6	72,2	88,5	91,1
2	63,6	57,4	46,2	33,9
3×	98,2	96,3	94,2	100,0
4	36,4	20,4	19,2	14,3
richtige Lösungen	16,4	27,8	38,5	50,0

Tab. 24
Richtige Lösungen
1.–4. Schuljahr
insgesamt in %

Schule A	37,7
Schule B	28,2
Jungen	37,1
Mädchen	29,5

Der Prozentsatz der richtigen Lösungen steigt linear an, wobei die Zunahme zwischen dem 1. und 3., sowie dem 2. und 4. Schuljahr jeweils signifikant ist. Der Begriff „Fabrik" wird demnach mit fortschreitendem Alter der Schüler immer präziser gefaßt.
Das Bild 3 mit den rauchenden Schornsteinen entspricht am meisten der Vorstellung der Schüler von einer Fabrik. Es wird vom 1. Schuljahr an von nahezu allen Kindern gewählt. Die Innenaufnahme, Bild 1, wird erst im 4. Schuljahr von > 90% der Schüler richtig erkannt; die Anzahl der Wahlen nimmt nach dem 2. Schuljahr signifikant zu. Bei den beiden Distraktoren nehmen die Wahlen zwischen dem 1. und 4. Schuljahr statistisch gesichert ab. Die Töpferei wird im 1. Schuljahr noch von zwei Dritteln der Schüler als Fabrik bezeichnet, im 4. Schuljahr nur noch von einem Drittel. Vom 1. Schuljahr an entfallen jeweils die wenigsten Wahlen auf den Containerhafen, aber immerhin sind im 4. Schuljahr noch 14,3% der Kinder der Meinung, daß es sich hierbei um eine Fabrik handele, obwohl die Funktion des Hafens den Schülern am Ende des 4. Schuljahres aus dem Sachunterricht bekannt sein müßte.
Im 1. und 2. Schuljahr wird die Aufgabe von Jungen und Mädchen gleich gut gelöst, im 3. und 4. Schuljahr besteht eine deutliche Tendenz zu besseren Ergebnissen bei den Jungen. Beim Vergleich der beiden Schulen schneiden die Kinder der Schule A tendenziell besser ab. Im 3. Schuljahr ist es umgekehrt, was auf den erheblich größeren Anteil von Jungen in der Schule B zurückzuführen ist.
Insgesamt neigen die Grundschüler, insbesondere die jüngeren, dazu, den Begriff „Fabrik" zu weit zu fassen, etwa im Sinne von Produktionsstätte. Die Präzisierung des Begriffs erfolgt durch den Ausschluß nicht zur Begriffsklasse gehörender Elemente.

Aufgabe 1.12: "Hafen"
Die beiden ersten Bilder der Reihe sollten Aufschluß darüber geben, ob die Schüler diese beiden verschiedenen Erscheinungsformen von Hafen erkennen oder ob sie den Begriff „Hafen" auf eine davon einengen. Mit Hilfe der Bilder 3 und 4 sollte festgestellt werden, inwieweit die Kinder diesen Begriff gegen „Anlegestelle" abgrenzen.

Tab. 25 Wahlen in %

Bild	1.	2.	3.	4. Schulj.
1×	100,0	96,3	100,0	85,7
2×	96,4	100,0	94,2	98,2
3	72,7	42,6	21,2	14,3
4	10,9	1,9	1,9	1,8
richtige Lösungen	27,3	55,6	73,1	69,6

Tab. 26

Richtige Lösungen 1.–4. Schuljahr insgesamt in %

Schule A	60,5
Schule B	51,5
Jungen	59,0
Mädchen	53,6

Der Prozentsatz der richtigen Lösungen steigt zwischen dem 1. und 3. Schuljahr sehr stark an und stagniert danach. Die Tabelle der Wahlen, aufgeschlüsselt nach Schuljahren, läßt erkennen, daß die beiden Hafendarstellungen schon im 1. und 2. Schuljahr von fast allen Kindern gewählt wurden. Die falschen Ergebnisse kommen eindeutig dadurch zustande, daß die Schüler außerdem noch mindestens einen der beiden Distraktoren, überwiegend Bild 3, ankreuzten; das zeigt, daß sie den Begriff „Hafen" zu weit fassen. Die Anzahl der Wahlen, die auf die Distraktoren entfallen, nimmt mit fortschreitendem Alter der Schüler signifikant ab; der Begriff „Hafen" wird somit durch zunehmende Einengung immer präziser. Es fällt auf, daß im 3. Schuljahr der Jachthafen von allen Schülern und der Seehafen etwas seltener, im 4. Schuljahr dagegen umgekehrt das 2. Bild häufiger als das 1. Bild gewählt wurde. Mit einiger Sicherheit wirkt sich hier aus, daß die Schüler des 4. Schuljahres inzwischen im Unterricht den Hafen als Güterumschlagplatz kennengelernt haben. Der Überseehafen entspricht jetzt am ehesten ihrer Vorstellung von Hafen, und einige Schüler werden nun bezüglich des Jachthafens unsicher.

1. Teil   Begriffsverständnis: Zusammenfassung der Ergebnisse
Die Begriffe sind teilweise durch Zeichnungen, teilweise durch Fotografien dargestellt. Die Schüler reagierten auf diese beiden Darstellungsformen nicht erkennbar verschieden. Auch bei den Ergebnissen war keine Differenz festzustellen. Das ist bemerkenswert, da die Zeichnungen doch durch ihre Strukturvereinfachung eindeutiger sind.

Tab. 27 Aufgaben 1.1–1.12: richtige Lösungen in %

Schuljahr	1.	2.	3.	4.
Schule A	32,7	37,9	52,2	54,9
Schule B	23,4	35,3	42,3	45,7
Jungen	29,2	38,9	48,9	51,9
Mädchen	27,3	35,6	45,5	49,1
insgesamt	28,4	36,7	47,4	50,4

Die Zusammenfassung der Ergebnisse dieses Teiltests zeigt, daß der Prozentsatz der vollständig richtigen Lösungen von Schuljahr zu Schuljahr kontinuierlich ansteigt. Am stärksten ist der Fortschritt in der Genauigkeit der Begriffsfassung zwischen dem 2. und 3. Schuljahr, in der Schule B zwischen dem 1. und 2. Schuljahr. In allen Schuljahren ist die Tendenz zu erkennen, daß die Jungen bessere Ergebnisse erzielen als die Mädchen. Die Differenz liegt jedoch noch im Bereich einer zufälligen Varianz. Die Kinder der Schule A, die durchweg einer höheren sozialen Schicht angehören und vermutlich anregendere Elternhäuser haben, lösen die Aufgaben insgesamt signifikant besser als die Schüler der Schule B.

Der Prozentsatz der vollständig richtigen Lösungen verdoppelt sich vom 1. bis zum 4. Schuljahr nahezu. Die Begriffe werden von den jüngeren Schülern teils zu eng, häufiger aber zu weit gefaßt. Dieser Eindruck entstand schon bei einer ersten Durchsicht der Testhefte. Die jüngeren Kinder kreuzten weit mehr Bilder an als die älteren; sie wählten deshalb auch viele unzutreffende Bilder, während die älteren Schüler kritischer waren und im allgemeinen genauer hinsahen. Im 4. Schuljahr sind jedoch, im Gegensatz zu dieser Entwicklung, mit Sicherheit einige Fehler dadurch entstanden, daß die Schüler jetzt die Aufgaben als ausgesprochen leicht empfanden und sie deshalb schnell und manchmal oberflächlich erledigten.

Tab. 28 Korrelation (r): Testergebnisse – Zeugnisnoten

Schuljahr	2.	3.	4.
Sprache	0,18	0,20	0,09
Sachunterricht	0,13	0,30	0,25

Die Korrelation der Ergebnisse dieses Teiltests mit den Zeugnisnoten ergab keinen überzufälligen Zusammenhang zwischen dem Verständnis geographischer Begriffe und der Sprachnote. Die Korrelation mit der Sachunterrichtsnote ist nur im 3. Schuljahr signifikant ($r \geq 0,27$).

4.2. 2. Teiltest: Raumverständnis

Aufgabe 2.1

Die Aufgabe, die aus zwei gleichartigen Teilen besteht, sollte zeigen, inwieweit die Schüler in der Lage sind, Distanzen im Nahraum richtig einzuschätzen. Da den jüngeren Schülern die Längenmaße noch nicht vertraut waren und es somit nicht möglich war, von den Kindern absolute Entfernungen bestimmen zu lassen, beschränkte sich die Aufgabe auf die Schätzung relativer Distanzen. Die Schüler sollten für jeweils zwei Punkte angeben, welcher von beiden von der Schule weiter entfernt ist. Dazu wurden markante Punkte – Marktplatz, See, Gebäude – im Schulbezirk ausgewählt, die allen Schülern bekannt waren. Diese Aufgabe war für die beiden Schulen formal gleich, aber, entsprechend dem unterschiedlichen Nahraum, inhaltlich verschieden. Es ist daher nicht sicher zu beurteilen, ob die Aufgaben den gleichen Schwierigkeitsgrad hatten; das ist beim Vergleich der Ergebnisse zu berücksichtigen. Die beiden nach ihrer Entfernung zu vergleichenden Punkte lagen jeweils von der Schule aus etwa in derselben Richtung.

Die Ergebnisse zeigen einen signifikanten Anstieg der richtigen Lösungen im Laufe der Grundschulzeit. Der leichte Rückgang in Schule A zwischen dem 2. und 3. Schuljahr liegt im Bereich einer zufälligen Varianz. Mit fort-

Tab. 29 Richtige Lösungen in %

Aufgabe	1.	2.	3.	4. Schulj.
Schule A 1	75,9	93,1	85,2	96,6
2	58,6	89,6	81,5	96,6
Schule B 1	46,2	68,0	92,0	100,0
2	80,8	72,0	84,0	92,6
insgesamt	65,5	81,5	85,6	96,4

Tab. 30

Richtige Lösungen 1.–4. Schuljahr insgesamt in %	
Schule A	84,6
Schule B	79,6
Jungen	81,9
Mädchen	82,6

schreitendem Alter der Kinder und zunehmenden Erfahrungen, die sie im Nahraum sammeln konnten, wächst ihre Fähigkeit, Distanzen einzuschätzen. Am größten ist der Zuwachs bei diesen Aufgaben zwischen dem 1. und 2. Schuljahr. Die Aufgaben erwiesen sich als leicht. Schon im 1. Schuljahr finden sich im Durchschnitt 65,5% richtige Lösungen, im 4. Schuljahr wird die Aufgabe von nahezu allen Schülern zutreffend beantwortet.
Jungen und Mädchen lösen die Aufgabe etwa gleich gut. Beim Vergleich der beiden Schulen zeigt sich eine Tendenz zu besseren Ergebnissen bei Schule A. Da hier die Ergebnisse des gesamten Tests besser sind, ist anzunehmen, daß die unterschiedlichen Aufgaben für beide Schulen objektiv doch etwa denselben Schwierigkeitsgrad haben. In Schule A wird die erste Aufgabe in den ersten drei Schuljahren besser gelöst, im 4. Schuljahr sind beide Ergebnisse gleich. In Schule B erweist sich die erste Aufgabe im 1. und 2. Schuljahr als schwerer, im 3. und 4. Schuljahr jedoch leichter als die zweite. Möglicherweise ist die zweite Aufgabe für die jüngeren Schüler leichter, weil der Weg zu dem zweiten angegebenen Punkt an dem ersten vorbeiführt. Beobachtungen deuten darauf hin, daß manche Kinder in ihrer Vorstellung den Weg gehen, um zum Ergebnis zu gelangen. Für die älteren Kinder könnte die erste Aufgabe deshalb eindeutiger sein, weil die Differenz der beiden Entfernungen größer ist.
In der Schule B wurde zusätzlich zu diesen beiden noch eine dritte Aufgabe gestellt. Die beiden angegebenen Punkte liegen in entgegengesetzter Richtung, aber gleicher Entfernung von der Schule. Auch hier lautete die Frage: Was ist von der Schule weiter entfernt? Nach den beiden vorangegangenen Aufgaben glaubten die Schüler offenbar, daß auch diese Aufgabe eindeutig lösbar sei. Niemand kreuzte beide Antworten an. Einzelne Schüler äußerten allerdings, daß sie die Aufgabe als schwierig empfänden. Nur im 1. Schuljahr wurde die Frage zweimal nicht beantwortet. Die Aufgabe sollte Aufschluß darüber geben, welche dieser beiden objektiv gleichen Entfernungen von den Kindern als größer bzw. kleiner wahrgenommen wird.

Tab. 31 3. Teilaufgabe: Wahlen in %

Antwort	1.	2.	3.	4. Schulj.
1	65,4	36,0	88,0	85,2
2	26,9	64,0	12,0	14,8

Die Ergebnisse zeigen, daß die weitaus meisten Kinder den ersten angegebenen Punkt für weiter entfernt halten. Schon im 1. Schuljahr ist diese Tendenz deutlich zu erkennen, und im 3. und 4. Schuljahr ist das Ergebnis ganz eindeutig. Der Weg zu dem zweiten Punkt, der den Schülern näher erscheint, führt durch die City, die mit ihren Kaufhäusern, Eisdielen und der

Fußgängerzone mit Brunnen und Spielgeräten für die Kinder sehr attraktiv ist. Sie ist ein beliebter Aufenthaltsort und Spielplatz. Der Weg zu dem ersten Punkt ist dagegen für die Kinder zumindest streckenweise uninteressant und langweilig. Es ist eine Erfahrungstatsache, die von der Psychologie bestätigt wird, daß einem Wege, die man häufig und gerne geht, kürzer erscheinen als solche, die man selten oder ungern zurücklegt. Die Ergebnisse hier sind sicher auf diesen Effekt zurückzuführen. Andere Untersuchungen aus dem Bereich der Wahrnehmungsgeographie gelangen zu demselben Ergebnis.[9]

Zunächst erscheint es eigenartig, daß die Schüler des 2. Schuljahres die beiden Strecken genau umgekehrt einschätzen, daß hier fast doppelt so viele die zweite Distanz für größer halten. Bei der Untersuchung der Gründe, die zu diesem abweichenden Verhalten führen könnten, stellte sich heraus, daß aus diesen Klassen viele Kinder in der Nähe des Rheins wohnen. Der von ihnen kürzer eingeschätzte Weg deckt sich weitgehend mit ihrem Schulweg. Sie sind mehr zum Rhein hin orientiert und dürften sich wegen der für Kinder schon erheblichen Entfernung weniger häufig in der City aufhalten als die anderen Schüler. Ihr Verhalten bestätigt demnach einwandfrei die übrigen Ergebnisse. Die Aufgabe macht deutlich, daß die Einschätzung von Entfernungen sich nicht mit der objektiven Distanz deckt, sondern daß es sich hierbei um ein Wahrnehmungsproblem handelt.

Aufgabe 2.2
Diese Aufgabe untersucht die Fähigkeit der Schüler, körperbezogene Richtungen und Himmelsrichtungen zuzuordnen.[10] Da die Fragen sich auf den Nahraum bezogen, waren sie für die beiden Schulen zwar strukturgleich, aber inhaltlich verschieden.

Die Aufgabe machte es erforderlich, daß vorher alle Kinder so ausgerichtet wurden, daß sie in dieselbe Himmelsrichtung schauten. Damit war für alle Kinder die gleiche Voraussetzung gegeben, und nur so waren alle drei Aufgaben lösbar und konnten schließlich in gleicher Weise ausgewertet werden. In einigen Klassen, wo die Sitzordnung nicht dieser Bedingung entsprach, drehten sich die Kinder mit ihren Stühlen in die angegebene Richtung. Der Versuchsleiter stellte sich so hin, daß er für die Schüler wieder vorne stand. Dann wurde klargestellt, wo sich jetzt die Richtungen „geradeaus" und „hinten" befanden, rechts und links wurden bewußt nicht angegeben. Mit Hilfe eines Modells der Schule mit ihrer nächsten Umgebung wurde den Kindern ihre augenblickliche Lage im Raum klargemacht. Es wurde darauf geachtet, daß alle Kinder verstanden, wo sie sich gerade befanden und in welche Richtung sie schauten. Nach diesen Vorübungen wurden die Fragen gestellt. Während des Tests war zu beobachten, daß die jüngeren Schüler sich manchmal in die vorgestellte Richtung drehten und dann alle Richtungen als „geradeaus" bezeichneten. Oft wurde die Richtung richtig erkannt – die Kinder zeigten dann bewußt oder unbewußt dorthin –, bezeichneten sie aber falsch. Noch im 4. Schuljahr verwechselten Schüler manchmal rechts und links.

Tab. 32 Richtige Lösungen in %

Aufgabe	1.	2.	3.	4. Schulj.
1a	52,7	70,4	67,3	76,8
b	5,5	18,5	36,5	51,8
2a	40,0	51,8	75,0	75,0
b	20,0	9,3	26,9	35,7
3a	41,8	61,1	75,0	85,7
b	5,5	9,3	19,2	44,6

a: Angabe der körperbezogenen Richtung
b: Angabe der Himmelsrichtung

Schon im 1. Schuljahr kann fast die Hälfte der Kinder die körperbezogenen Richtungen zutreffend benennen. Die erste Aufgabe ist für das 1. und 2. Schuljahr leichter als die beiden anderen, da hier „geradeaus" die richtige Lösung ist; bei den beiden anderen entstehen Fehler durch die Verwechslung von rechts und links. Wie erwartet, ist es für die Kinder wesentlich schwieriger, die Himmelsrichtung zu bestimmen als die körperbezogene Richtung anzugeben. Das System der Himmelsrichtungen ist sehr abstrakt und für die Kinder schwer zu erfassen, es wird deshalb in der Schule erst später eingeführt als die Richtungsangaben. Im 4. Schuljahr werden die Himmelsrichtungen in etwa 45% der Fälle richtig zugeordnet. Es ist erstaunlich, daß auch diese Fähigkeit im Laufe der Grundschulzeit recht gleichbleibend zunimmt, da zu erwarten war, daß sich die Einübung der Himmelsrichtungen im Verlauf der Einführung in das Kartenverständnis im Sachunterricht in einem besonderen Anstieg zwischen dem 3. und 4. Schuljahr niederschlägt. Im 1. Schuljahr finden sich in bezug auf die Himmelsrichtungen nur vereinzelte, möglicherweise zufällige, richtige Lösungen. Der relativ hohe Anteil bei der zweiten Aufgabe ist darauf zurückzuführen, daß hier die mittlere Antwort richtig ist. Es konnte vom Versuchsleiter beobachtet werden, daß Schüler, die eine Aufgabe nicht lösen konnten, trotzdem willkürlich eine Antwort ankreuzten und daß sie dabei bei drei Auswahlantworten mit Vorliebe die mittlere wählten. Dieses Verhalten führte bei der genannten Aufgabe dazu, daß zufällig viele richtige Lösungen entstanden.
Wegen der unterschiedlichen Lage der markanten Punkte in bezug auf die Schule war es nicht möglich, die Schüler in beiden Schulen nach derselben Himmelsrichtung hin auszurichten. Die Schüler der Schule A schauten nach Norden, die Schüler der Schule B nach Westen. Auf die Ergebnisse bei den körperbezogenen Richtungsangaben, die jeweils zuerst erfragt wurden, dürfte das keinen Einfluß gehabt haben. Die Schüler der Schule A schneiden hier zwar deutlich besser ab, aber das entspricht dem Gesamtergebnis des Tests. Im 4. Schuljahr sind die Ergebnisse in beiden Schulen nahezu gleich. In bezug auf die Himmelsrichtungen waren die Schüler der Schule A durch die Ausrichtung nach Norden offenbar im Vorteil, das gilt zumindest für das 4. Schuljahr. Bei den Kindern der Schule B nimmt die Fähigkeit, die Himmelsrichtungen zu bestimmen, vom 1. bis zum 3. Schuljahr signifikant zu, danach aber, nach der Einführung in das Kartenverständnis im Unterricht, nimmt der Prozentsatz der richtigen Lösungen wieder geringfügig ab. Dieser Rückgang liegt allerdings noch im Zufallsbereich. Eine Untersuchung der falschen Antworten ergab einen typischen Fehler.
Nach ihrer Arbeit an der Landkarte glaubten viele Schüler, daß grundsätzlich links Westen, rechts Osten und demnach geradeaus Norden sei. Wenn sie die Richtungen gefunden hatten, ordneten sie nach diesem Schema die Himmelsrichtungen zu, obwohl sie das Schema nicht bei allen drei Teilaufgaben beibehalten konnten. Einzelne Schüler glaubten deshalb, einen Fehler in der Aufgabenstellung gefunden zu haben. Hier wird deutlich, daß diese Kinder noch nicht erkannt haben, daß sie selbst den Bezugspunkt für die körperbezogenen Richtungen darstellen, während die Himmelsrichtungen unabhängig von ihrer eigenen Lage im Raum festgelegt sind. Derselbe Fehler ist sehr wahrscheinlich auch in Schule A gemacht worden, nur wurde er hier wegen der Ausrichtung nach Norden nicht sichtbar. Diese Fälle gingen in die Anzahl der richtigen Lösungen mit ein. Die Tatsache, daß manche Schüler für zwei Punkte zwar dieselbe Richtung, aber gleichzeitig verschie-

dene Himmelsrichtungen angaben, macht deutlich, daß diese Schüler die Himmelsrichtungen noch nicht in ihrer Relation zueinander kennen.

Tab. 33 Richtige Lösungen 1.–4. Schuljahr insgesamt in %

Aufgabe	1 a	1 b	2 a	2 b	3 a	3 b
Schule A	77,2	31,6	71,1	33,3	75,4	28,1
Schule B	55,3	24,3	48,5	11,7	55,3	10,7
Jungen	67,6	31,4	60,0	27,6	67,6	23,8
Mädchen	66,1	25,0	60,7	18,8	64,3	16,1

a: Angabe der körperbezogenen Richtung
b: Angabe der Himmelsrichtung

Ein Vergleich der Ergebnisse, die an den beiden Schulen erreicht werden, zeigt, daß die Schüler der Schule A alle Aufgaben mit Ausnahme von 1 b signifikant besser lösen als die Schüler der Schule B. Die Bestimmung der körperbezogenen Richtungen gelingt Jungen und Mädchen gleich gut, bezüglich der Himmelsrichtungen findet sich eine Tendenz zu besseren Ergebnissen bei den Jungen. Die im Vergleich zur vorangegangenen Aufgabe erheblich niedrigere Anzahl von richtigen Lösungen bestätigt die Annahme, daß die Bestimmung von Richtungen den Kindern wesentlich schwerer fällt als die Schätzung von Distanzen.

Aufgabe 2.3
Wie die Aufgabe 2.1 untersucht diese Aufgabe die Fähigkeit der Schüler, Entfernungen einzuschätzen. Hier dient nun jedoch der Zeitaufwand für die Überwindung der Distanz als Maßstab für die Entfernung. Die Angabe von Wegezeiten als Maß für eine Strecke ist im Alltag durchaus üblich und den Kindern nicht fremd.

Die Aufgabe besteht aus zwei Fragen, wovon sich eine auf ein Ziel im erweiterten Nahraum, die zweite auf ein Fernziel bezieht. Bei der ersten Frage unterscheidet sich die Zielangabe bei den beiden Schulen entsprechend ihrer Lage. Da das Zeitempfinden bei Kindern erfahrungsgemäß noch nicht so differenziert ist wie bei Erwachsenen,[11] wurden als Auswahlantworten Zeitangaben gewählt, die sich erheblich unterscheiden. Bei der ersten Aufgabe wurde noch hinzugefügt, daß an eine Fahrzeit ohne Verkehrsstau gedacht sei. Das erschien notwendig, da die zu dem genannten Ziel führende Straße zu Zeiten der Verkehrsspitzen stark überlastet ist, was die Fahrzeit u. U. verdoppelt. Ein Vergleich der Ergebnisse an beiden Schulen zeigt, daß die verschiedenen Aufgaben wirklich äquivalent sind.

Tab. 34 Aufgabe 2.3, 1. Teil: Wahlen in %

Antwort	1.	2.	3.	4. Schulj.
1	18,2	11,1	3,8	32,1
2×	58,2	63,0	84,6	53,6
3	21,8	20,4	7,7	12,5

Tab. 35

Richtige Lösungen
1.–4. Schuljahr
insgesamt in %

Schule A	72,8
Schule B	55,3
Jungen	64,8
Mädchen	64,3

Da keine Mehrfachwahlen auftreten, entsprechen die Wahlen der 2. Antwort den richtigen Lösungen. Der Prozentsatz der richtigen Ergebnisse steigt vom 1. bis zum 3. Schuljahr statistisch gesichert an und geht dann erstaunlicherweise im 4. Schuljahr wieder signifikant zurück. Betrachtet man die Aufschlüsselung der Wahlen nach Schuljahren, so ist jedoch eine einheitliche Tendenz zu erkennen. Die Fehler im 1. bis 3. Schuljahr beruhen hauptsächlich auf einer Überschätzung der Fahrzeit, wobei dieser Fehler kontinuierlich abnimmt. Die meisten Fehler im 4. Schuljahr kommen dagegen durch eine Unterschätzung der Fahrzeit zustande. Subjektiv wird die Entfernung für die Schüler mit fortschreitendem Alter immer kürzer. Die Gründe dafür dürften einmal in der zunehmenden Ausweitung des Nahraums im Laufe der Grundschulzeit liegen, zum anderen in der Tatsache, daß die älteren Schüler die genannte Strecke schon häufiger gefahren sind. Hier zeigt sich wieder der bereits erwähnte Effekt, daß ein oft zurückgelegter Weg einem subjektiv immer kürzer erscheint. Diese Entwicklung verläuft bei den Kindern beider Schulen genau parallel. Die Schüler der Schule A lösen diese Aufgabe signifikant besser als die Schüler der Schule B.

Bei der zweiten Aufgabe liegt der Anteil der richtigen Lösungen insgesamt erwartungsgemäß wesentlich niedriger als bei der ersten Aufgabe. Das liegt sicherlich einmal daran, daß weniger Kinder die Strecke Leverkusen–München aus Erfahrung kennen als die Strecke Leverkusen–Köln, zum anderen, daß die kürzeren Zeiträume bis zu einer Stunde den Kindern vertrauter und besser vorstellbar sind als Zeiträume von vier oder sieben Stunden.

Tab. 36 Aufgabe 2.3, 2. Teil: Wahlen in %

Antwort	1.	2.	3.	4. Schulj.
1	20,0	35,2	23,1	7,1
2	41,8	38,9	40,4	33,9
3×	30,9	24,1	36,5	58,9

Tab. 37

Richtige Lösungen 1.–4. Schuljahr insgesamt in %

Schule A	40,4
Schule B	35,0
Jungen	38,1
Mädchen	37,5

Die Wahlen der 3. Antwort entsprechen den richtigen Ergebnissen. Es ist bemerkenswert, daß schon im 1. Schuljahr über 30% der Schüler die Aufgabe richtig lösen. Der leichte Rückgang im 2. Schuljahr liegt im Bereich einer zufälligen Varianz. Danach nimmt der Anteil der richtigen Lösungen bis zum 4. Schuljahr signifikant zu. Im Sinne einer Annäherung an das richtige Ergebnis nehmen die Wahlen der zweiten Antwort geringfügig, die der ersten Antwort im Laufe der Grundschulzeit dagegen stark ab. Es ist erstaunlich, daß diese Aufgabe im 4. Schuljahr besser gelöst wird als die vorangegangene, auf den Nahraum bezogene Aufgabe. Wahrscheinlich kennen von den älteren Schülern schon mehr die Strecke aus eigener Erfahrung, daneben haben sie die Möglichkeit, durch Erzählung oder auch Karten, z. B. die Wetterkarte im Fernsehen, eine Vorstellung von der Entfernung nach München zu entwickeln. Die Ursache für eine Fehleinschätzung, wie sie bei der vorangegangenen Aufgabe vorlag, ist hier nicht gegeben.

Aufgabe 2.4

Dieser Aufgabe liegt eine flächenhafte Auffassung des Raumes zugrunde. Bei der Durchführung des Tests ergaben sich jedoch Hinweise darauf, daß die flächenhafte Raumerfassung im Grundschulalter noch kaum eine Rolle spielt. Ebenso deuten eigene Beobachtungen im Unterricht darauf hin, daß Kinder dieses Alters überwiegend noch keinen Begriff von einer Fläche haben. Wenn sie ein Land auf der Karte zeigen sollen, zeigen sie oftmals auf einen Punkt und nach weiteren Hilfen und Aufforderungen umfahren sie es dann, manchmal zögernd, ohne recht zu begreifen, daß Länder eine Fläche haben und daß die auf der Karte eingezeichnete Linie die Begrenzung einer Fläche darstellt. Der Flächenbegriff setzt offenbar eine hohe Abstraktionsfähigkeit voraus. Aus entwicklungspsychologischen Gründen sollen deshalb auch im Mathematikunterricht der Grundschule nur umgängliche Erfahrungen mit Flächen vermittelt werden,[12] Flächenberechnungen erfolgen erst später.

Bei der Bearbeitung dieser Aufgabe würden sich Erwachsene wahrscheinlich überwiegend eine Landkarte vorstellen. Die Lagevorstellungen bezüglich der Länder gehen sicherlich in größerem Maße auf den Umgang mit Landkarten zurück als auf eigene Erfahrungen im Raum. Nun dürften Grundschulkinder noch kaum in der Lage sein, eine Europakarte vorstellungsmäßig zu reproduzieren. Für die meisten Kinder, insbesondere die, die noch keines der genannten Länder bereist haben, wurde mit dieser Aufgabe ein rein verbales Wissen erfragt. Bei einigen Kindern wurde deutlich, daß sie sich in ihrer Vorstellung im Raum bewegten und ihn linear erschlossen. Als beim zweiten Vorlesen der Frage „angrenzen" zum besseren Verständnis durch „anstoßen" ersetzt wurde, äußerten einige Schüler: „Wenn man also über die Grenze fährt, kommt man gleich in dieses Land."

Diese Aufgabe sollte Aufschluß darüber geben, welche Länder den Schülern als Nachbarländer Deutschlands bekannt sind und welche sie als nah empfinden. Unter den angegebenen Ländern sind beliebte Reiseziele wie Italien, Spanien und Jugoslawien. Hierbei wurde vermutet, daß die Kinder diese ihnen zumindest vom Namen her bekannten Länder als besonders nah empfinden. Weiter sollte die Aufgabe in Verbindung mit dem Fragebogen zeigen, ob die Kinder, die eines der genannten Länder schon bereist haben, seine Lage besser beurteilen als die übrigen Kinder.

Tab. 38 Wahlen In %

Schuljahr	1.	2.	3.	4.
Italien	18,2	31,5	23,1	28,6
Frankreich	32,7	40,7	46,2	73,2
Griechenland	9,1	16,7	5,8	7,1
Türkei	27,3	9,3	13,5	7,1
Rußland	5,5	13,0	13,5	21,4
Jugoslawien	16,4	20,4	17,3	21,4
Österreich	41,8	63,0	82,7	92,9
Spanien	45,5	22,2	15,4	23,2
richtige Lösungen	0,0	13,0	25,0	19,6

Tab. 39 Richtige Lösungen 1.–4. Schuljahr insgesamt in %

Schule A	16,7
Schule B	11,7
Jungen	12,4
Mädchen	16,1

Der niedrige Anteil richtiger Lösungen bestätigt den hohen Schwierigkeitsgrad der Aufgabe. Dabei ist jedoch zu berücksichtigen, daß diese Zahlen nur die vollständig richtigen Ergebnisse, die ausschließliche Nennung von Frankreich und Österreich, angeben. Bei den fehlerhaften Lösungen finden sich große graduelle Unterschiede. Im 1. Schuljahr entfallen die meisten Wahlen auf Spanien, an zweiter und dritter Position folgen Österreich und Frankreich. Schon vom 2. Schuljahr an werden jeweils die beiden zutreffenden Antworten am häufigsten gewählt. Die Anzahl der richtigen Wahlen steigt im Laufe der Grundschulzeit signifikant an, wobei der stärkste Zuwachs zwischen dem 3. und 4. Schuljahr liegt. Die Wahlen, die auf die Distraktoren entfallen, nehmen bis zum 3. Schuljahr kontinuierlich ab, im 4. Schuljahr steigt ihre Zahl wieder an. Der Rückgang der richtigen Lösungen im 4. Schuljahr, der allerdings noch im Zufallsbereich liegt, ist demnach darauf zurückzuführen, daß Länder, die die Schüler als nah empfinden, fälschlich als Nachbarländer bezeichnet werden. Am häufigsten werden hier, wie erwartet, die Reiseländer Italien und Spanien genannt.

Die Korrelation dieser Ergebnisse mit den Reiseerfahrungen der Schüler ergab, daß die Kinder, die nach eigenen Angaben schon eins der genannten

Länder besucht haben, die Lage dieses Landes nicht besser beurteilen können als Kinder ohne Reiseerfahrung. Im 1. Schuljahr lösen Kinder, die ein Land kennen, die Aufgabe bezüglich dieses Landes sogar schlechter. Sie empfinden Bekanntes offenbar grundsätzlich als nah. Manche dieser Ferienreisen waren Flugreisen, die den Kindern keine Erfahrungen in bezug auf die Lage der Länder vermitteln konnten. Darüber hinaus ist der Zuwachs an Kenntnissen durch Reisen im Grundschulalter offensichtlich sehr gering. Damit decken sich auch eigene Erfahrungen, die bei mehreren Reisen mit einer großen Anzahl von Kindern dieser Altersstufe gesammelt werden konnten. Die Kinder zeigten von sich aus durchweg kein Interesse für geographische Sachverhalte; für sie stand das Ferienerlebnis im Vordergrund.

Aufgabe 2.5
In dieser Aufgabe werden die Schüler aufgefordert, vorstellungsmäßig Reisen zu vier Zielen zu unternehmen, wobei vier verschiedene Verkehrsmittel benutzt werden können. Es wurde darauf hingewiesen, daß jedes Verkehrsmittel insgesamt mehrmals eingesetzt werden kann. Die Wahl der Verkehrsmittel gibt Aufschluß darüber, welche Vorstellung die Kinder von der Entfernung zu dem vorgegebenen Ziel und von der Qualität des zu überwindenden Raumes haben.

Die Angabe von zwei Leerstellen bei England und Amerika bedeutete anscheinend keine große Hilfe für die Lösung, denn es kam immer wieder vor, daß zwei Landfahrzeuge oder sogar zweimal dasselbe Fahrzeug eingetragen wurden. Nach der Aufgabenstellung erfolgte ein Hinweis darauf, daß nur sinnvolle Lösungen anerkannt würden. Dann wurde die Zuordnung der Zahlen zu den Verkehrsmitteln geübt, damit die Kinder sich die zur Verfügung stehenden Verkehrsmittel einprägten. Die erste der vier Aufgaben ist sehr leicht, sie sollte in erster Linie zur Einübung der Lösungstechnik dienen.

Tab. 40 Richtige Lösungen in %

Ziel	1.	2.	3.	4. Schulj.
Köln	87,3	90,7	96,1	100,0
Italien	78,2	70,4	71,2	73,2
England	50,9	57,4	65,4	73,2
Amerika	56,4	77,8	80,8	89,3

Bei der ersten Teilaufgabe wurden Fahrrad, Auto und Eisenbahn als richtig gewertet. Bei dem hohen Ausgangswert von 87,3% richtigen Lösungen im 1. Schuljahr findet sich noch ein signifikanter Anstieg, bis schließlich im 4. Schuljahr alle Schüler zum richtigen Ergebnis gelangen.
Die zweite Aufgabe, bei der Auto oder Eisenbahn die richtigen Lösungen darstellen, wird erstaunlicherweise von den Kindern des 1. Schuljahres am besten bewältigt. Der Rückgang der richtigen Ergebnisse im 2. Schuljahr liegt allerdings im Bereich einer zufälligen Varianz; insgesamt stagniert der Anteil durch alle vier Schuljahre. Eine Aufschlüsselung der Wahlen zeigt, daß die Fehler in allen Schuljahren fast ausschließlich auf die Wahl des Schiffes zurückgehen. Bei einigen Kindern führt anscheinend gerade das Wissen, daß Italien am Meer liegt, zu diesem Fehler.
Mit Hilfe der dritten und vierten Aufgabe sollte festgestellt werden, ob die Schüler wissen, daß die Ziele England und Amerika nicht auf dem Landweg zu erreichen sind und deshalb außer Auto oder Eisenbahn zusätzlich das Schiff angeben. Der Prozentsatz der richtigen Lösungen steigt bei beiden

Aufgaben zwischen dem 1. und 4. Schuljahr signifikant an, wobei sich die letzte Aufgabe als leichter erweist. In bezug auf England wissen weniger Schüler, daß der Weg dorthin über das Wasser führt. Es ist bemerkenswert, daß beide Aufgaben im 1. Schuljahr schon von der Hälfte der Kinder bewältigt werden. Andererseits sind am Ende der Grundschulzeit noch 26,8% der Schüler der Meinung, daß man über Land nach England fahren könne, und 10,7% glauben das sogar in bezug auf Amerika. Grobe Fehleinschätzungen der Entfernungen, die sich bei den Aufgaben 2 bis 4 in der Wahl des Fahrrades äußern, treten nur ganz vereinzelt auf.

Tab. 41 Richtige Lösungen 1.–4. Schuljahr insgesamt in %

Aufgabe	1.	2.	3.	4.
Schule A	97,4	80,7	76,3	83,3
Schule B	89,3	65,0	45,6	68,0
Jungen	93,3	81,0	66,7	80,0
Mädchen	93,8	66,1	57,1	72,3

Alle vier Aufgaben werden von den Schülern der Schule A signifikant besser gelöst als von den Schülern der Schule B. Beim Vergleich von Jungen und Mädchen ergibt sich bei der ersten Aufgabe keine Differenz, bei der dritten und vierten Aufgabe sind die Ergebnisse der Jungen tendenziell und bei der zweiten Aufgabe signifikant besser als die der Mädchen.

Die Beantwortung der zweiten Frage wurde mit den Angaben der Schüler darüber, ob sie schon einmal in Italien waren, korreliert. Dabei zeigte sich, daß die Kinder, die schon dort waren, die Aufgabe besser lösen. Im 1. Schuljahr ist die Differenz noch nicht signifikant, aber vom 2. Schuljahr an wirkt sich die Reiseerfahrung der Schüler deutlich auf das Ergebnis aus. Der Korrelationskoeffizient Φ liegt zwischen 0,33 und 0,40. Im 4. Schuljahr ergibt sich ein gravierender Unterschied zwischen den beiden Schulen. Da in der Schule A fast alle Schüler die Aufgabe richtig lösen, ist der Korrelationskoeffizient hier niedrig (0,20). Für diese Schüler hat die Reiseerfahrung kaum eine Bedeutung. In der Schule B besteht dagegen eine sehr große Differenz im Lösungsverhalten zwischen den beiden Gruppen. Hier korreliert das Ergebnis hoch mit der Reiseerfahrung ($\Phi = 0,88$). Von allen Kindern an beiden Schulen, die schon in Italien waren, hat kein einziges die Frage falsch beantwortet.

2. Teil Raumverständnis: Zusammenfassung der Ergebnisse

Eine zusammenfassende Betrachtung der Ergebnisse des 2. Teiltests zeigt, daß das Raumverständnis der Schüler in der Grundschulzeit kontinuierlich wächst. Die stärkste Zunahme ist in bezug auf das Gesamtergebnis zwischen dem 2. und 3. Schuljahr zu verzeichnen. Bei den einzelnen für das Raumverständnis relevanten Fähigkeiten weisen diese Testaufgaben verschiedene Zeitpunkte für den stärksten Fortschritt auf.

Die Fähigkeit der Kinder, sich im Nah- und Fernraum zu orientieren, nimmt deutlich zu. Die Ergebnisse bestätigen die Vermutung, daß die Bestimmung von Richtungen dabei für die Schüler schwieriger ist als die Einschätzung von Distanzen, das Erfassen von Himmelsrichtungen wiederum schwieriger und deshalb entwicklungspsychologisch erst später möglich als von körperbezogenen Richtungen. Es ist ersichtlich, daß die Himmelsrichtungen für einige Schüler am Ende des 4. Schuljahres nach der Einführung in das

Kartenverständnis noch kein System bilden. Die Distanzschätzung erweist sich, wie in anderen Untersuchungen, als abhängig von der subjektiven Wahrnehmung. Dieses Phänomen führt, insbesondere im Nahraum, zu Fehleinschätzungen; in bezug auf die Fernziele wurden dagegen erstaunlich gute Ergebnisse erreicht.

Tab. 42 Aufgaben 2.1–2.5: richtige Lösungen in %

Schuljahr	1.	2.	3.	4.
Schule A	55,6	56,3	65,7	76,8
Schule B	30,8	46,9	58,1	60,0
Jungen	46,7	51,5	63,6	70,9
Mädchen	40,5	52,2	60,0	66,7
insgesamt	43,9	52,0	62,0	68,7

Die Schüler der Schule A lösen diese Aufgaben signifikant besser als die Kinder der Schule B, wobei die Differenz im 1. Schuljahr besonders groß ist. Beim Vergleich der Ergebnisse von Jungen und Mädchen zeigt sich insgesamt eine Tendenz zu besseren Werten bei den Jungen, aber die Differenz ist gering und statistisch nicht gesichert.
Mit Hilfe des Fragebogens wurden die Reiseerfahrungen der Kinder ermittelt.

Tab. 43 Reiseerfahrungen der Schüler: Angaben in %

keine Angabe	5,5
Nahraum (NRW)	7,8
Deutschland	15,2
Ausland	71,4

Tab. 44 Korrelation (r): Raumverständnis – Reiseerfahrung

2.	3.	4. Schulj.
0,08	0,24	0,12

Die Korrelation des Raumverständnisses mit der Reiseerfahrung der Schüler ergab nur einen schwachen Zusammenhang. Es ist bemerkenswert, daß die Grundschüler mit zunehmendem Alter in bezug auf das Raumverständnis nicht in größerem Ausmaß von ihren Reiseerfahrungen profitieren. Die Lagekenntnisse bezüglich der Nachbarländer werden davon z. B. nicht beeinflußt, die erlebnisbezogene Kenntnis des Verkehrsmittels, mit dem ein Land zu erreichen ist, korreliert dagegen hoch mit der entsprechenden Erfahrung.

4.3. 3. Teiltest: Strukturerfassung

Aufgabe 3.1
Anhand der Umrißkarte eines fiktiven Kontinents sollte mit dieser Aufgabe getestet werden, inwieweit die Schüler unregelmäßig geformte Flächen größenmäßig vergleichen können. Der dritte Teil der Aufgabe erfordert ein Erkennen der topologischen Relation „nicht benachbart". Bei dem Größenvergleich müssen beide Flächendimensionen zueinander in Beziehung gesetzt werden, denn das Land mit der größten Länge ist nicht gleichzeitig das flächenmäßig größte.

Die erste Fassung dieser Aufgabe erwies sich mit einer Fehlerquote von nur 10% im Vortest als zu leicht. Da solche Aufgaben nur ungenügend differenzieren, mußte die Aufgabe revidiert werden. Bei

Beibehaltung des Textes wurde die Zeichnung dahingehend verändert, daß die Länder unregelmäßigere Formen erhielten und die Größendifferenzen verringert wurden. Ein erneuter Vortest bestätigte den höheren Schwierigkeitsgrad der revidierten Aufgabe. Der zweite Teil erwies sich dennoch im Haupttest als zu leicht, da die Vortestgruppe offenbar nicht repräsentativ für die Gesamtstichprobe war.[13]

Tab. 45 Richtige Lösungen in %

Schuljahr	1.	2.	3.	4.
1. Teil	69,1	83,3	80,8	92,9
2. Teil	92,7	90,7	96,1	100,0
insgesamt	67,3	77,8	80,8	92,9

Für die Beurteilung der Ländergrößen steigt der Prozentsatz der richtigen Lösungen vom 1. bis zum 4. Schuljahr kontinuierlich an. Die Zunahme zwischen dem 1. und 3., sowie dem 2. und 4. Schuljahr ist jeweils statistisch gesichert. Eine Aufschlüsselung der Wahlen ergab, daß die Fehler bei der ersten Teilaufgabe fast ausschließlich durch die Wahl des Landes 6 anstelle von Land 2 zustande kommen. Diese Schüler berücksichtigen offenbar bei der Einschätzung der Größe nur eine Dimension, nämlich die Länge. Sie sind noch nicht in der Lage, gleichzeitig Länge und Breite zu beachten und beide Dimensionen in Beziehung zu setzen. Dasselbe Phänomen zeigte sich bei Untersuchungen von J. Piaget. Als er Kinder die Volumina von zylindrischen Plastilinblöcken vergleichen ließ, urteilten sie zunächst nur nach der Höhe und ließen die Grundfläche außer acht. Im Laufe der Grundschulzeit nimmt die Fähigkeit, beim Vergleich zwei Dimensionen gleichzeitig zu berücksichtigen, erheblich zu.[14]

Bei der zweiten Teilaufgabe besteht der häufigste Fehler in der Wahl von Land 1 anstelle von Land 5. Hier liegt entweder lediglich eine Verwechslung der beiden kleinsten Länder vor, oder die Schüler wählen irrtümlich das Land mit der kleinsten Ziffer.

Tab. 46 Richtige Lösungen in %

Schuljahr	1.	2.	3.	4.
3. Teil	90,9	96,3	98,0	100,0

Auch die dritte Teilaufgabe ist sehr leicht. Schon im 1. Schuljahr erkennen 90% der Schüler, daß Land 4 nicht ans Meer grenzt. Im 4. Schuljahr wird die Aufgabe von allen Kindern gelöst. Die topologische Relation „nicht benachbart" wird demnach schon bald nach Schuleintritt von nahezu allen Schülern richtig erkannt.

Trotz des Mangels in der Aufgabenkonstruktion erbrachte diese Aufgabe wichtige Ergebnisse. So ist der hohe Prozentsatz der richtigen Lösungen schon im 1. Schuljahr sowohl in bezug auf die Nachbarschaftsrelation als auch die Größeneinschätzung bemerkenswert. Es ist anzunehmen, daß die hier angesprochenen Fähigkeiten im modernen Mathematikunterricht durch die Vermittlung von Mengenlehre und Topologie[15] gefördert werden. Weiter ist erstaunlich, daß die Karte selbst von den jüngsten Schülern ohne jede Einführung akzeptiert und verstanden wird.

Tab. 47 Richtige Lösungen 1.–4. Schuljahr insgesamt in %

Aufgabe	1	2	3
Schule A	85,1	97,4	98,2
Schule B	77,7	94,2	94,2
Jungen	79,0	94,3	99,0
Mädchen	84,0	95,5	93,8

Aufgabe 3.2
Die Schüler sollten bei dieser Aufgabe einen vorgegebenen Siedlungsgrundriß unter vier Auswahlmöglichkeiten herausfinden. Die Lösung der Aufgabe setzt Formauffassungs- und Gliederungsfähigkeit voraus. Außerdem ist die Fähigkeit zur Klassenbildung zum Erkennen und Unterscheiden von Strukturen, insbesondere von Strukturtypen, erforderlich. Die Schüler wurden nicht darüber informiert, daß es sich bei den Zeichnungen um Dorfgrundrisse handelt, da dieses Wissen für die Lösung der Aufgabe nicht notwendig ist; die älteren Schüler erfaßten die Darstellungen aber offenbar inhaltlich.

Tab. 48 Wahlen in %

Antwort	1.	2.	3.	4. Schulj.
1	9,1	5,6	0,0	1,8
2	1,8	7,4	0,0	1,8
3	7,3	7,4	0,0	0,0
4×	85,5	77,7	90,4	94,6
richtige Lösungen	81,8	75,9	90,4	94,6

Tab. 49 Richtige Lösungen 1.–4. Schuljahr insgesamt in %

Schule A	88,6
Schule B	82,5
Jungen	90,5
Mädchen	81,5

Wegen einiger Mehrfachwahlen in den ersten beiden Schuljahren entsprechen hier die Wahlen der vierten Antwort nicht der Zahl der richtigen Lösungen. Der Anteil der richtigen Ergebnisse nimmt bei einem hohen Ausgangswert im 1. Schuljahr bis zum 4. Schuljahr noch signifikant zu. Der geringfügige Rückgang im 2. Schuljahr liegt im Zufallsbereich. Während in den ersten beiden Schuljahren Fehler durch Verwechslungen der Form auftreten, werden die Distraktoren im 3. und 4. Schuljahr nahezu gar nicht mehr gewählt. Das Ergebnis läßt erkennen, daß einige der jüngeren Schüler die Zeichnungen noch nicht differenziert betrachten und die Details vergleichen, während einige der älteren Kinder offenbar nach einer identischen Darstellung suchen und, da sie keine solche finden, gar keine Antwort angeben. Die Aufgabe zeigt, daß die Fähigkeit zur teilinhaltlichen Betrachtung und zum Formvergleich im Laufe des Grundschulalters zunimmt.[16] Auf eine wachsende Fähigkeit zur Abstraktion und Typenbildung geben die Ergebnisse dagegen keinen klaren Hinweis.

Aufgabe 3.3
Bei dieser Aufgabe sollten die Schüler einen auf der Karte vorgelegten Siedlungsausschnitt in einer Auswahl von vier Luftbildern wiedererkennen. Die Aufgabe sollte zeigen, ob die Kinder die Strukturidentität erkennen, obgleich das Luftbild gegenüber der generalisierten Karte einige zusätzliche Informationen enthält.

Der Vortest brachte das erstaunliche Ergebnis, daß die jüngeren Schüler die Aufgabe erheblich besser bewältigten als die älteren, woraufhin die Aufgabe revidiert wurde. Das Luftbild wurde vergrößert, und da es dasselbe Format behalten sollte, änderte sich damit auch der abgebildete Landschaftsausschnitt. Ein erneuter Test der Aufgabe führte wieder zum gleichen Ergebnis, und selbst als das Luftbild in einem weiteren Test um 180° gedreht wurde, änderte das nichts an der Tatsache, daß die jüngeren Kinder den älteren überlegen waren. Beobachtungen während des Tests deuteten darauf hin, daß die jüngeren Schüler die Bilder weniger intensiv und detailliert betrachteten. Sie warfen meistens nur einen Blick darauf, während die älteren Schüler offensichtlich Details beachteten und systematisch einzelne Merkmale verglichen. Dieses Verhalten schien den jüngeren Schülern die Lösung zu erleichtern. Eine Befragung der Kinder darüber, was sie auf den Bildern sähen, brachte schließlich eine Erklärung für das unerwartete Ergebnis. Auf der Karte bilden eine Bahnlinie und eine Straße zwei markante Linien. Die jüngeren Schüler sahen darin eine Fischform, die sie, da die beiden Trassen auch auf dem Luftbild deutlich zu erkennen sind, dort auf Anhieb wiederfanden. Damit wurde verständlich, daß die Änderung des Maßstabes und sogar die Drehung des Bildes keinen nennenswerten Einfluß auf das Ergebnis hatten, solange die Fischform erhalten blieb. Diese Aussagen der Schüler bestätigten die Ergebnisse anderer Untersuchungen, daß nämlich jüngere Kinder bei der Betrachtung von Bildern auf ein hervorstechendes Merkmal zentrieren.[17] Gestaltpsychologisch ist ihr Verhalten so zu erklären, daß sie die von Straße und Eisenbahn gebildeten Linien als Figur sehen, während die älteren Schüler sie häufiger als Grund betrachten.[18]
Beim Haupttest wurde schließlich das ursprüngliche Luftbild eingesetzt, das im Maßstab der Karte entspricht. Von der Karte wurde ein Ausschnitt hergestellt, wodurch die Fischform zerstört wurde.

Tab. 50 Wahlen in %

Bild	1.	2.	3.	4. Schulj.
1	14,5	5,6	9,6	3,6
2	7,3	1,9	0,0	5,4
3×	69,1	72,2	80,8	80,4
4	16,4	9,3	5,8	10,7
richtige Lösungen	63,6	72,2	80,8	80,4

Tab. 51

Richtige Lösungen 1.–4. Schuljahr insgesamt in %

Schule A	76,3
Schule B	71,8
Jungen	74,3
Mädchen	74,1

Der Prozentsatz der richtigen Lösungen steigt vom 1. bis zum 3. Schuljahr signifikant an und stagniert danach. Aufgrund von Mehrfachantworten beträgt die Summe der Wahlen im 1. Schuljahr über 100%. Die gleichzeitige Wahl des richtigen Bildes und eines Distraktors wurde jedoch als falsch bewertet. Die Anzahl der Wahlen, die auf die Distraktoren entfallen, nimmt insgesamt statistisch gesichert ab, bei den einzelnen Distraktoren ist jedoch keine eindeutige Tendenz zu erkennen. Es ist nur erstaunlich, daß das letzte Bild, das von einem Kartenkundigen wegen der dichten Bebauung wohl am ehesten ausgeschieden würde, von den Schülern am häufigsten gewählt wird. Die meistgewählten Distraktoren enthalten markante Linien, die in ihrem Verlauf teilweise denen auf der Karte entsprechen. Die falschen Ergebnisse kommen demnach dadurch zustande, daß diese Schüler von einem wenig differenzierten Gesamteindruck her entscheiden und keine Details vergleichen. Dennoch ist es bemerkenswert, daß bereits im 1. Schuljahr über 60% der Schüler der Karte das richtige Luftbild zuordnen können, obwohl ihnen beide Darstellungsarten von der Schule her noch nicht bekannt sein dürften. Die Straße und die Eisenbahnlinie, die sich kreuzen, waren für die meisten Kinder das Erkennungsmerkmal. Die Schüler der Schule A erreichen tendenziell bessere Ergebnisse als die Schüler der Schule B. Im 1. Schuljahr ist die Differenz signifikant.

Aufgabe 3.4
Die Arbeitsgrundlage dieser Aufgabe bildeten vier Grundrisse von fiktiven Städten. Die Aufgabe sollte Aufschluß darüber geben, ob die Schüler in der Lage sind, vorgegebene Strukturen auf ein bestimmtes Merkmal hin zu untersuchen. Sie sollten Eigenschaften der Struktur erkennen, was eine differenzierte Betrachtung und Gliederungsfähigkeit voraussetzt.

Erschwerend kam hinzu, daß die Schüler gleichzeitig die Umsetzung in die Farbsymbolik bewältigen mußten. Damit die Kinder sich die Bedeutung der Farben einprägten und die Karten richtig verstanden, wurde zunächst eine Vorübung mit Hilfe des Overhead-Projektors vorgenommen. Anhand einer Karte mit Legende, die den Darstellungen in der Aufgabe entsprach, wurden den Kindern die Zeichnung und die Farbsymbole erklärt, und die Zuordnung wurde eingeübt, bis alle Schüler sie verstanden hatten und anwenden konnten. Die Kinder waren für diese Übung motiviert, und selbst die jüngsten Schüler lernten die Zuordnung schnell. Auf diese Weise wurden bei den Kindern gleiche Voraussetzungen für die Lösung der Aufgabe geschaffen. Das ist notwendig, da Fehler aufgrund mangelnden Aufgabenverständnisses sich nicht von solchen unterscheiden lassen, die auf ein Nichterkennen der Strukturen zurückzuführen sind, und somit zu Fehlinterpretationen der Ergebnisse führen würden. Als Hilfe wurde noch ausdrücklich auf die Legende auf dem Aufgabenblatt hingewiesen. Dann wurde, um die Kinder nicht zu verwirren, jede Teilaufgabe einzeln bearbeitet.

Tab. 52 Richtige Lösungen in %

Teil	1.	2.	3.	4.Schulj.
1	65,4	85,2	88,5	96,4
2	49,1	77,8	80,8	96,4
3	40,0	63,0	67,3	91,1
insgesamt	29,1	61,1	55,8	85,7

Der Prozentsatz der richtigen Lösungen aller drei Teilaufgaben zusammen steigt vom 1. zum 2. Schuljahr und zwischen dem 3. und 4. Schuljahr sprunghaft an. Der Rückgang vom 2. zum 3. Schuljahr liegt im Bereich der Zufallsvarianz. Danach nimmt die Fähigkeit, das Wahrnehmungsfeld zu gliedern und optische Strukturen zu erkennen bei den Kindern im Laufe der Grundschulzeit erheblich zu.[19] Die Aufschlüsselung der Ergebnisse der einzelnen Teilaufgaben zeigt einen kontinuierlichen Anstieg bei allen Aufgaben. Aus Tab. 52 ist weiter ersichtlich, daß die Aufgaben nach steigendem Schwierigkeitsgrad angeordnet sind. Der höhere Schwierigkeitsgrad der letzten Aufgabe ergibt sich dadurch, daß zwei Antworten gefunden werden müssen und die Aufgabe nur dann richtig gelöst ist, wenn beide stimmen.

Tab. 53 Richtige Lösungen 1.–4. Schuljahr insgesamt in %

Aufgabe	1.	2	3	gesamt
Schule A	90,4	82,5	73,5	66,7
Schule B	76,7	68,9	56,2	48,5
Jungen	86,7	76,2	67,2	58,1
Mädchen	81,3	75,9	63,3	58,0

Bei allen Teilaufgaben gelangen die Schüler der Schule A zu signifikant besseren Ergebnissen als die Schüler der Schule B. Im 1. Schuljahr ist die Differenz extrem groß.
Eine Untersuchung der häufigsten Fehler ergab, daß es sich dabei nicht um naheliegende Verwechslungen handelt, sondern daß die betreffenden Schü-

ler offenbar unfähig sind, den Gesamtkomplex einer Karte zu gliedern und die Zeichnungen miteinander zu vergleichen. Bemerkenswert ist der hohe Anteil richtiger Lösungen bereits im 1. und 2. Schuljahr, da die Schüler bis dahin noch kaum Gelegenheit hatten, Karten der vorgelegten Art kennenzulernen. Nach der kurzen Einführung und wenigen Übungen war es diesen Schülern möglich, die Karten zu lesen. Die Farbsymbolik akzeptierten sie ganz selbstverständlich.

Aufgabe 3.5
Die Arbeitsgrundlage dieser Aufgabe sind zwei identische Ortsgrundrisse. Um eine gewisse Übersichtlichkeit der Karten zu gewährleisten und Verwechslungen der Merkmale nach Möglichkeit zu vermeiden, waren die Geschoßzahl der Gebäude im Original-Test durch verschiedene Farben und das Alter durch unterschiedliche Schraffuren dargestellt; außerdem tritt jedes Merkmal nur dreifach abgestuft auf. Diese Aufgabe sollte zeigen, ob die Schüler in der Lage sind, gedanklich zwei verschiedene Strukturen übereinanderzudecken und die räumliche Koinzidenz zweier Merkmale zu erkennen. Die Schüler brauchten diesen Zusammenhang nicht selbst zu formulieren.

Bevor sie die Aufgabe bearbeiten konnten, mußten die Kinder fähig sein, die beiden Karten zu lesen und zu verstehen. Es wurde deshalb eine Vorübung an zwei entsprechenden Karten mit Hilfe des Overhead-Projektors durchgeführt. Dabei wurde besonderer Wert darauf gelegt, daß die Schüler erfaßten, daß es sich bei beiden Karten um Abbildungen desselben Ortes handelt. Die Bedeutung der verschiedenen Farben und Schraffuren wurde den Kindern erklärt und die Zuordnung spielerisch eingeübt. Dabei ergab sich im 1. Schuljahr folgendes Problem: Bei der vorangegangenen Aufgabe erlernten die Kinder die Bedeutung der Farben schnell, sie waren aber bei dieser Aufgabe zunächst nicht in der Lage, den Farben eine neue Bedeutung beizumessen, sondern hielten hartnäckig an der Farbsymbolik der Aufgabe 3.4 fest. Durch wiederholte Erklärungen und Übungen wurde versucht, die Schüler auf die neue Deutung der Farben festzulegen, was aber wahrscheinlich nicht bei allen Kindern gelungen ist. Es ist anzunehmen, daß dieses Mißverständnis im 1. Schuljahr zu einigen Fehlern geführt hat.

Tab. 54 Wahlen in %

Antwort	1.	2.	3.	4. Schulj.
1	10,9	18,5	11,5	14,3
2×	16,4	31,5	42,3	62,5
3	1,8	11,1	13,5	14,3
4	70,9	33,3	26,9	8,9

Tab. 55

Richtige Lösungen 1.–4. Schuljahr insgesamt in %

Schule A	43,9
Schule B	32,0
Jungen	38,1
Mädchen	38,4

Der Anteil der richtigen Ergebnisse nimmt von Schuljahr zu Schuljahr erheblich zu, wobei der Anstieg zwischen dem 1. und 3., sowie dem 3. und 4. Schuljahr signifikant ist. Entsprechend sind die Wahlen des letzten Distraktors stark rückläufig. Die Wahlen der beiden anderen Distraktoren nehmen dagegen zu, was darauf hindeutet, daß es den älteren Schülern schwerer fällt, zuzugeben, daß sie die Aufgabe nicht lösen können.

Beim Vergleich der beiden Schulen zeigt sich eine deutliche Tendenz zu besseren Ergebnissen in der Schule A. Im 1. Schuljahr ist die Leistungsdifferenz extrem groß (31,0/3,8). Während in der Schule A auch die jüngsten Schüler überwiegend mit Interesse bei der Sache waren und sich intensiv um eine Lösung bemühten, resignierten in Schule B zahlreiche Schüler von vornherein. Aus den Äußerungen der Kinder war zu entnehmen, daß den meisten klar war, daß man den Zusammenhang zwischen Geschoßzahl und Alter der Gebäude aus den beiden Karten erkennen konnte, aber die Lösung gelang ihnen nicht. In Anbetracht der Komplexität dieser Aufgabe, die nur in mehreren Schritten zu lösen ist, ist jedoch der relativ hohe Anteil richtiger Lösungen vom 2. Schuljahr an beachtlich.

Aufgabe 3.6
Diese Aufgabe untersucht, inwieweit die Schüler gängige Kartensymbole, die sich nach Farbe und Form unterscheiden, kennen und richtig deuten können. Um die einzelnen Zeichen zu erkennen, muß der Proband sie aus dem Gesamtbild der Karte isolieren können; dazu sind Abstraktions- und Gliederungsfähigkeit erforderlich.

Diese Aufgabe unterscheidet sich von den vorangegangenen insofern, als daß bei jenen die Lösungen ohne besondere Vorkenntnisse gedanklich zu erschließen sind, die Aufgabe hier setzt Kenntnisse voraus. Prinzipiell kann man auch hier bei genauer Beachtung der Arbeitsanweisung durch schlußfolgerndes Denken zumindest bei einigen Teilaufgaben zum Ergebnis gelangen oder wenigstens einige Distraktoren ausschließen. So sind die Schüler darauf aufmerksam gemacht worden, daß die richtigen Zeichen alle auf der Landkarte zu finden seien. Außerdem kann z. B. ein Fluß nur als Linie, nicht als Fläche, und entsprechend ein See nur als Fläche auf der Karte dargestellt sein. Da aber die Fähigkeit zum schlußfolgernden Denken bei Kindern im Grundschulalter noch nicht voll ausgeprägt ist,[20] kann man davon ausgehen, daß mit dieser Aufgabe Kenntnisse geprüft werden.
Die Landkarte sollte als Lösungshilfe dienen, da manche Zeichen im Zusammenhang leichter zu deuten sind, als wenn sie isoliert stehen. Bei Straße, Fluß und Eisenbahn kommt der linienhafte Charakter auf der Karte besser zum Ausdruck als bei den kurzen Abschnitten auf dem Aufgabenblatt, die denen einer Legende entsprechen. Ein Problem ergab sich bei den Symbolen für Straße und Eisenbahn, da hierbei die Darstellung in den verschiedenen Kartenwerken nicht einheitlich ist. Es wurden deshalb als Distraktoren bewußt nur Zeichen eingesetzt, die mit dieser Bedeutung nicht in amtlichen Karten verwendet werden.
Während des Tests konnte beobachtet werden, daß trotz des Hinweises darauf, daß alle richtigen Zeichen auf der Karte zu finden seien, die Landkarte von den Kindern nur wenig benutzt wurde. Das trifft insbesondere für die jüngeren Schüler zu.

Tab. 56 Richtige Lösungen in %

Schuljahr	1.	2.	3.	4.
Stadt	45,5	40,7	71,2	85,7
See	70,9	61,1	75,0	94,6
Straße	25,5	57,4	80,8	80,4
Fluß	50,9	64,8	80,8	92,9
Eisenbahn	25,4	57,4	73,1	89,3
Tiefland	16,4	24,1	26,9	62,5
Durchschnitt	39,1	50,9	68,0	84,2

Die Ergebnisse zeigen eine deutliche Zunahme der richtigen Lösungen von Schuljahr zu Schuljahr. Der durchschnittliche Prozentsatz richtiger Ergebnisse für alle sechs Teilaufgaben steigt besonders stark zwischen dem 2. und 3., sowie zwischen dem 3. und 4. Schuljahr. Der Zeitpunkt der größten Zunahme ist dabei von Aufgabe zu Aufgabe verschieden. Für die Symbole von Straße und Eisenbahn liegt er z. B. bereits zwischen dem 1. und 2. Schuljahr, beim Tiefland erst nach dem 3. Schuljahr. Dieses letzte Ergebnis entspricht damit den Erwartungen, da bei der Vermittlung der Kartensymbolik die Darstellung der Höhenschichten für die Schüler am schwierigsten zu verstehen ist und sie deshalb im Rahmen der Einführung in das Kartenverständnis erst zuletzt behandelt wird. Ein Vergleich der Lösungswerte für die sechs Teilaufgaben gibt Aufschluß über die unterschiedlichen Schwierigkeitsgrade der Aufgaben. Erwartungsgemäß ist die letzte Aufgabe (Tiefland) die schwierigste. Als am leichtesten erwiesen sich die Fragen nach den Symbolen für See und Fluß. Das dürfte damit zusammenhängen, daß Bilderbuchdarstellungen und Kinderzeichnungen von Flüssen und Seen den Kartensymbolen sehr ähnlich sehen. Erstaunlicherweise werden diese beiden Zeichen aber recht häufig verwechselt. Der häufigste Fehler besteht in der Wahl der letzten Antwort bei Aufgabe 5 (Eisenbahn). Vermutlich erinnert die Zeichnung die Kinder an Eisenbahnschienen und Schwellen.

Mit Ausnahme der letzten Aufgabe wird bei allen anderen schon vom 2. Schuljahr an die richtige Antwort am häufigsten gewählt. Es ist ein bemerkenswertes Ergebnis, daß schon im 3. Schuljahr fast 70% richtige Lösungen vorliegen – ohne die letzte Aufgabe sind es sogar 76% –, obwohl in keiner der am Test beteiligten Klassen vorher eine systematische Einführung in das Kartenverständnis stattgefunden hatte. Von den vier Klassen des 4. Schuljahres hatten drei den Kartenkurs absolviert. Ein Vergleich der Ergebnisse dieser Schüler mit denen der vierten Klasse ergab, daß die Schüler, die im Unterricht die Kartensymbole kennengelernt haben, die Aufgabe *nicht* signifikant besser lösen als die anderen Schüler. Im 4. Schuljahr kennen fast alle Kinder die gebräuchlichsten Kartenzeichen, unabhängig davon, ob sie an einem Kartenkurs teilgenommen haben oder nicht.

Die Korrelation der Aufgabenergebnisse mit den Angaben der Schüler darüber, ob es bei ihnen zu Hause Straßenkarten, einen Atlas oder einen Globus gibt, ergab einen signifikanten Zusammenhang ($C = 0,35$ bei $C\,max \approx 0,9$). Dagegen besteht nur ein sehr schwacher Zusammenhang zwischen dem Ergebnis der Aufgabe und der Häufigkeit, mit der die Schüler sich Landkarten ansehen ($C = 0,26$). Die Abweichung liegt noch im Zufallsbereich. Die Vermutung war naheliegend, daß sich der bloße Besitz von Landkarten und Globus weniger auf die Kartenkenntnisse auswirkt als die aktive Beschäftigung mit Karten. Bei der hier ermittelten äußerst geringen Beziehung zwischen Aufgabenergebnis und Beschäftigung mit Landkarten ist zu berücksichtigen, daß die Kinder die Häufigkeit, mit der sie die Karten betrachten, wahrscheinlich sehr unterschiedlich einschätzen, so daß die Abstufung oft – selten – nie hier keinen objektiven Maßstab darstellt. Schüler, die nach ihrer Antwort gleich eingestuft werden, können in Wirklichkeit sehr verschiedene Voraussetzungen mitbringen. Erstaunlicherweise fand sich auch kein meßbarer Zusammenhang zwischen dem Aufgabenergebnis und der Angabe der Kinder, daß ihnen schon einmal jemand Landkarten erklärt habe.

Tab. 57 Richtige Lösungen 1.–4. Schuljahr insgesamt in %

Aufgabe	1	2	3	4	5	6	gesamt
Schule A	70,2	75,4	64,9	76,3	65,8	30,7	63,9
Schule B	50,5	75,7	56,3	68,0	56,3	35,0	57,0
Jungen	61,9	80,0	63,8	78,1	62,9	38,1	64,1
Mädchen	59,8	71,4	58,0	67,0	59,8	27,7	57,2

Insgesamt erreichen die Schüler der Schule A signifikant bessere Ergebnisse als die Schüler der Schule B. Die Jungen lösen die Aufgabe tendenziell besser als die Mädchen.

3. Teil Strukturerfassung: Zusammenfassung der Ergebnisse

Der 3. Teiltest umfaßt zwei verschiedene Aufgabenarten. Bei den Aufgaben 3.1–3.5 können die Lösungen durch Nachdenken erschlossen werden; sie untersuchen das Strukturverständnis. Die Aufgabe 3.6 prüft die Kenntnis der Kartensymbole, also ein Wissen der Schüler. Wegen der unterschiedlichen Voraussetzungen, die für die Lösung der Aufgaben erforderlich sind, sollen die beiden Gruppen hier getrennt betrachtet werden. Die Ergebnisse der Aufgaben 3.1–3.5 lassen erkennen, daß die Fähigkeit, ein Wahrnehmungsfeld zu gliedern, im Laufe der Grundschulzeit zunimmt. Beim Größenvergleich von Flächen sind einige, insbesondere jüngere Schüler, noch nicht in der Lage, beide Dimensionen gleichzeitig zu berücksichtigen. Sie beurteilen ausschließlich die Länge und halten das Land mit der größten Länge für das größte. Das Erkennen der Nachbarschaftsrelation erwies sich in Aufgabe 3.1 als leicht, ebenso auch das Erfassen eines Strukturtyps, d. h. derselben Grundform bei Verschiedenheit der Details (3.2). Schwieriger war für die Kinder der Vergleich eines bestimmten Merkmals bei verschiedenen Strukturen (3.4). Die geringste Anzahl richtiger Lösungen wurde bei der Aufgabe 3.5 erreicht, in der es um das Erkennen der räumlichen Koinzidenz zweier Merkmale ging. Hier bestand die Schwierigkeit wiederum darin, daß zwei Merkmale gleichzeitig beachtet werden mußten.

Tab. 58 Aufgaben 3.1–3.5: richtige Lösungen in %

Schuljahr	1.	2.	3.	4.
Schule A	66,2	66,9	67,4	84,2
Schule B	33,8	58,4	72,8	81,5
Jungen	54,7	66,7	68,7	82,2
Mädchen	46,4	61,1	71,8	84,2
insgesamt	50,9	63,0	70,0	83,2

Betrachtet man die Ergebnisse dieser Aufgaben insgesamt, so ist eine kontinuierliche Zunahme der Fähigkeit, Strukturen zu erfassen, festzustellen. Der stärkste Anstieg der richtigen Lösungen erfolgt zwischen dem 1. und 2. Schuljahr, sowie zwischen dem 3. und 4. Schuljahr, wobei die Entwicklung an den beiden Schulen sehr unterschiedlich verläuft. Die Schüler der Schule A lösen diese Aufgaben insgesamt signifikant besser als die Schüler der Schule B. Jungen und Mädchen erzielen gleich gute Ergebnisse.

Tab. 59 Korrelation (r): Strukturerfassung – Zeugnisnoten

Schuljahr	2.	3.	4.
Sachunterricht	0,13	0,30	0,12
Mathematik	0,32	0,23	0,42

Die Werte $r \geq 0,27$ geben einen signifikanten Zusammenhang an. Die Untersuchung des Zusammenhangs zwischen den Ergebnissen der Aufgaben 3.1-3.5 und den Zeugnisnoten ergab, daß die Fähigkeit, Strukturen zu erkennen, stärker mit der Mathematiknote korreliert als mit der Sachunterrichtsnote. Dieses Ergebnis entspricht den Erwartungen, da die Strukturerfassung im modernen Mathematikunterricht eine stärkere Rolle spielt als im Sachunterricht insgesamt.

Die Aufgabe 3.6 untersuchte die Kenntnis der gebräuchlichsten Kartensymbole. Das Gesamtergebnis der sechs Teilaufgaben steigt stetig an und weist die stärkste Zunahme zwischen dem 2. und 3., sowie dem 3. und 4. Schuljahr auf. Insgesamt ist der Anstieg jedoch durch alle Schuljahre erstaunlich gleichbleibend. Die systematische Einführung in das Kartenverständnis im Unterricht wirkt sich keineswegs in der erwarteten Weise aus. Bei den Aufgaben 3.1 - 3.5 konnte schon beobachtet werden, daß einfache Karten auch von den jüngeren Schülern nach kurzer Erklärung weitgehend problemlos verstanden und gelesen werden können.

Tab. 60 Aufgabe 3.6: richtige Lösungen in %

Schuljahr	1.	2.	3.	4.
Schule A	48,3	52,9	67,9	86,8
Schule B	28,8	48,7	68,0	81,5
Jungen	43,3	55,6	68,9	87,7
Mädchen	34,0	48,6	66,7	81,1
insgesamt	39,1	50,9	68,0	84,2

Die Korrelation der Kartenzeichenkenntnis mit den Angaben der Schüler darüber, ob sie Landkarten, einen Atlas oder Globus zu Hause haben, ergab einen signifikanten positiven Zusammenhang (C = 0,35). Dagegen lösen die Schüler, die angaben, daß sie sich öfter Landkarten ansähen oder daß ihnen schon einmal eine Landkarte erklärt worden sei, die Aufgaben nicht signifikant besser. Erstaunlicherweise schneiden im 4. Schuljahr die Schüler, die noch nicht an einem Kurs zur Einführung in das Kartenverständnis teilgenommen haben, nicht schlechter ab als die anderen Schüler.

Die Schüler der Schule A erzielen signifikant bessere Ergebnisse als die Schüler der Schule B. Es besteht eine Tendenz zu besseren Lösungen bei den Jungen.

4.4. 4. Teiltest: Verständnis funktionaler Abhängigkeiten

Aufgabe 4.1

Diese Aufgabe umfaßt vier kartenähnliche Darstellungen, die ausschließlich Siedlungen und Verkehrswege enthalten, um die Schüler auf das angesprochene Problem zu konzentrieren. Sie sollte Aufschluß darüber geben, ob die Kinder die Beziehung zwischen der Siedlungsgröße und der Kapazität der Verkehrswege erkennen.

Der Lösung liegt folgender Gedankengang zugrunde: große Stadt → viele Einwohner → großes Verkehrsaufkommen → leistungsfähige Verkehrswege. Schüleräußerungen und eigene Unterrichtserfahrungen begründen die Vermutung, daß die Kinder überwiegend von großer Stadt direkt auf viel Verkehr schließen. Der Gedanke, daß große Stadt gleichbedeutend ist mit einer großen Einwohnerzahl, ist explizit für die Lösung der Aufgabe nicht notwendig. Deshalb war es auch nicht erforderlich, die Schüler darüber zu informieren, daß sich die Darstellung einer Stadt auf der Karte an der Einwohnerzahl orientiert und nicht etwa an der flächenmäßigen Ausdehnung.

Tab. 61

Wahlen in %

Antwort	1.	2.	3.	4. Schulj.
1	12,7	13,0	7,7	7,1
2×	61,8	72,2	71,2	82,1
3	10,9	7,4	9,6	5,4
4	7,3	5,6	15,4	5,4

Tab. 62

Richtige Lösungen 1.–4. Schuljahr insgesamt in %

Schule A	65,8
Schule B	78,6
Jungen	69,5
Mädchen	74,1

Der Prozentsatz der richtigen Lösungen steigt zwischen dem 1. und 2. Schuljahr deutlich an, stagniert dann und steigt wiederum zwischen dem 3. und 4. Schuljahr. Insgesamt ist die Zunahme während der Grundschulzeit signifikant. Der Ausgangswert von über 60% richtigen Lösungen im 1. Schuljahr ist erstaunlich hoch. Die Ergebnisse zeigen, daß die Einsicht in die funktionale Beziehung zwischen der Siedlungsgröße und den verbindenden Verkehrswegen zunimmt. Diese Aufgabe wird im Gegensatz zu den meisten anderen in Schule B signifikant besser gelöst als in Schule A.

Aufgabe 4.2
Mit Hilfe dieser Aufgabe sollte geklärt werden, ob die Schüler wissen, daß eine Abhängigkeit der Vegetation vom Klima besteht. Diese an sich vielschichtige und komplizierte Beziehung, die keineswegs streng einseitig gerichtet ist, wird hier auf den Zusammenhang zwischen dem Auftreten einer bestimmten Pflanze und der Temperatur reduziert. Ein solches Wechselwirkungsgefüge ist für Kinder im Grundschulalter noch nicht durchschaubar, da sie, wie die vorangegangene Aufgabe zeigt, noch kaum in der Lage sind, auch nur zwei Faktoren gleichzeitig zu berücksichtigen.

Tab. 63

Wahlen in %

Antwort	1.	2.	3.	4. Schulj.
1	25,5	11,1	23,1	8,9
2×	29,1	72,2	67,3	85,7
3	12,7	5,6	9,6	3,6
4	29,1	9,3	0,0	1,8

Tab. 64

Richtige Lösungen 1.–4. Schuljahr insgesamt in %

Schule A	66,7
Schule B	60,2
Jungen	59,0
Mädchen	67,9

Die ausschließliche Wahl der zweiten Antwort wurde als richtig gewertet. Mehrfachwahlen traten nicht auf. Die Ergebnisse zeigen einen enormen Anstieg des Prozentsatzes der richtigen Lösungen zwischen dem 1. und 2. Schuljahr. Der leichte Rückgang danach liegt im Bereich einer zufälligen Abweichung; die Zunahme zwischen dem 3. und 4. Schuljahr ist wiederum signifikant. Aus der Aufschlüsselung der Wahlen nach Schuljahren geht neben der Zunahme der richtigen Antworten der gleichzeitige erhebliche Rückgang bei der Wahl der Distraktoren mit fortschreitendem Alter der Schüler hervor. Vom 3. Schuljahr an glauben die Kinder offenbar, die richtige Lösung zu kennen. Insgesamt nimmt das Wissen um die Beziehung zwischen Klima und Vegetation im Laufe der Grundschulzeit deutlich zu.
Während die Aufgabe im 2. Schuljahr in Schule A besser gelöst wird als in Schule B, sind die Ergebnisse an den beiden Schulen in den übrigen Schul-

jahren etwa gleich. Die Mädchen gelangen in den beiden ersten Schuljahren zu besseren Ergebnissen, danach sind die Leistungen von Jungen und Mädchen gleich gut.

Aufgabe 4.3

Die Aufgabe sollte Aufschluß darüber geben, ob die Schüler erkennen, daß zwischen dem Verlauf von Verkehrswegen und dem Relief eine Relation besteht.

In der ursprünglichen Fassung der Aufgabe sollten die Schüler in die Zeichnung selbst Straßen einzeichnen, die die beiden durch einen Gebirgszug getrennten Dörfer miteinander verbinden. Da Zweifel darüber bestanden, ob alle Kinder, insbesondere die jüngeren, die perspektivische Zeichnung richtig verstehen, wurde von dem dargestellten Landschaftsausschnitt ein Modell angefertigt, mit dessen Hilfe vor der Bearbeitung der Aufgabe Orientierungsübungen vorgenommen wurden. Sie dienten dazu, daß sich die Schüler auf der Zeichnung zurechtfanden und sich die Landschaft plastisch vorstellen konnten. Die Schüler zeigten auf ihrer Zeichnung Punkte, die der Versuchsleiter am Modell angab, dabei u. a. den Gipfel des Berges, der zwischen den beiden Dörfern liegt. Dadurch sollten sich die Kinder einprägen, daß es sich um eine hohe Erhebung handelt. Nach dieser Übung, die keinerlei Schwierigkeiten bereitete, wurde noch darauf hingewiesen, daß es *zwei* gute Möglichkeiten gebe, die Dörfer zu verbinden. Während der Bearbeitung der Aufgabe war das Modell für die Kinder nicht mehr sichtbar, da sie es andernfalls aus unterschiedlichen Perspektiven gesehen hätten und so die Voraussetzungen für die Lösung der Aufgabe für die einzelnen Schüler verschieden gewesen wären.

Nach dem Vortest zeigte sich bei der Auswertung der Schülerzeichnungen, daß viele Ergebnisse nicht eindeutig als richtig oder falsch zu klassifizieren waren. Da die Auswertungsobjektivität somit nicht gewährleistet war, mußte eine Änderung der Aufgabe vorgenommen werden. In die vorhandene Zeichnung wurden zusätzlich vier Straßenverbindungen zwischen den beiden Dörfern eingezeichnet, und zwar die, die den häufigsten Lösungen der Kinder entsprachen. Die Schüler brauchten nun nur noch zwischen vorgegebenen Antworten zu wählen, was zu eindeutigen Ergebnissen führen mußte. Die Bearbeitung der Aufgabe wurde beim Haupttest ebenso anhand des Modells vorbereitet wie beim Vortest.

Tab. 65 Wahlen in %

Antwort	1.	2.	3.	4. Schuljahr
1	38,2	29,6	23,1	14,3
2×	58,2	70,4	75,0	87,5
3	49,1	51,9	44,2	39,3
4×	38,2	35,2	25,0	35,7

Tab. 66 Richtige Lösungen in %

Schuljahr	1.	2.	3.	4.
eine Lösung	9,1	9,3	13,5	19,6
beide Lösungen	9,1	9,3	17,3	28,6
insgesamt	18,2	18,6	30,8	48,2

Tab. 67

Richtige Lösungen 1.–4. Schuljahr insgesamt in %

Schule A	25,4
Schule B	33,0
Jungen	25,7
Mädchen	32,1

Als richtige Ergebnisse wurden die Wahlen der Antwort 2, 4 oder 2 und 4 gewertet. Der Prozentsatz der richtigen Lösungen ist in den ersten beiden Schuljahren nahezu gleich und steigt danach signifikant an (Tab. 66). Im

1. und 2. Schuljahr ist die Anzahl der Kinder, die eine oder beide richtigen Lösungen angegeben haben, gleich, vom 3. Schuljahr an überwiegt zunehmend die Zahl derer, die beide Lösungen angeben. Weiter interessierte die Kombination der Lösungen 1 und 4, der Wege, die das Gebirge umgehen. Die Wahlen dieser Kombinationen gehen nach dem 2. Schuljahr erheblich zurück. Die Ansicht, daß das Gebirge ein unüberwindliches Hindernis sei, nimmt demnach bei höherem Alter der Kinder ab.
Aus der Aufschlüsselung der Wahlen (Tab. 65) geht hervor, daß vom 1. Schuljahr an die Lösung 2, die Paßstraße, am häufigsten gewählt wird und daß ihre Wahl von Schuljahr zu Schuljahr kontinuierlich zunimmt. Die Wahl der Lösung 1, des weiten Weges um das Gebirge herum, nimmt dagegen stetig ab. Auffallend ist die häufige Wahl der Lösung 3, die zahlenmäßig bei zunehmendem Alter der Schüler kaum zurückgeht, obwohl sie sachlich unsinnig ist, da die Straße beinahe über den Gipfel des Berges führt.

Die häufige Kombination der Lösungen 2 und 3 läßt darauf schließen, daß die Kinder nach der kürzesten Verbindung zwischen den beiden Dörfern suchten. Einige äußerten auch, daß man für den langen Weg zu viel Zeit brauche, und bei den älteren Schülern tauchte der Gedanke auf, der Bau einer langen Straße koste zuviel Geld. Bei diesen Überlegungen berücksichtigten sie allerdings das Relief nicht. Der genannte Fehler tritt im 4. Schuljahr immerhin noch bei 40% der Schüler auf!

Dieses erstaunliche Resultat warf die Frage auf, ob die Schüler evtl. bei der Bearbeitung der Aufgabe das Modell vergessen und dann die Zeichnung nicht mehr richtig deuten. Eine Einzelbefragung der Schüler am Modell sollte zeigen, ob die Kinder die Abhängigkeit der Verkehrswege vom Relief nicht erkannten, oder ob in der Zeichnung das Hindernis für eine richtige Lösung der Aufgabe lag. Befragt wurden die Schüler der Schule B, die mindestens eine falsche Lösung angegeben hatten. Ihnen wurde die Aufgabe mündlich gestellt, und sie sollten am Modell zeigen, wo nach ihrer Meinung die Straße am günstigsten verlaufen würde. Es wurden insgesamt 63 Schüler aller vier Schuljahre befragt. Die Antworten der Kinder verteilten sich ausschließlich auf die Lösungen 2 und 4. Angesichts des Modells beachteten alle Kinder das Relief, und es wurde keine einzige falsche Antwort gegeben! Im 1. Schuljahr überwog die Wahl der Lösung 4, der Umgehung des Gebirges. Das ist wahrscheinlich darauf zurückzuführen, daß die Kinder die Höhe des Passes noch nicht richtig beurteilen können und deshalb meinen, ein Übergang sei hier nicht möglich. Vom 2. Schuljahr an überwog deutlich die Wahl der Lösung 2, der Paßstraße. Das Ergebnis zeigt klar, daß die Schüler schon vom 1. Schuljahr an wissen, daß der Verlauf von Verkehrswegen in einer Beziehung zum Relief steht. Wenn sie das Relief vor Augen haben, lösen alle Kinder die Aufgabe richtig. Nun blieb noch zu klären, ob tatsächlich die Zeichnung mißverständlich war und deshalb die Ursache für die Fehler darstellte. Dazu wurde Kindern aus allen Schuljahren, die die Zeichnung und vor allem das Modell noch nicht kannten, die Zeichnung einzeln vorgelegt. Sie wurden aufgefordert, zu beschreiben, was sie auf der Zeichnung sähen. Vom 2. Schuljahr an wurden die Berge ausnahmslos von allen Schülern richtig erkannt. Nur im 1. Schuljahr deutete eine Minderheit der Schüler die Zeichnung nicht richtig. Auf die Frage hin, ob es sich wohl um hohe oder niedrige Berge handele, meinten über 80% der Schüler, es seien hohe Berge. Danach ist auszuschließen, daß ein Nichtverstehen der Zeichnung zu der hohen Fehlerzahl beim Test geführt hat.

Eine weitere Analyse der Testergebnisse zeigte, daß die Schüler, die nicht die beiden richtigen Lösungen angegeben hatten, größtenteils entweder den kürzesten Weg zwischen den beiden Dörfern suchten oder aber eine Umgehung des Gebirges anstrebten. Kombinationen von Lösungen, die nicht eindeutig das eine oder das andere Ziel verfolgten, waren dagegen selten und nahmen mit fortschreitendem Alter der Kinder ab. Die Minimierung der Entfernung stand für die Kinder zunehmend im Vordergrund.

Tab. 68 Wahlen in %

Schuljahr	1.	2.	3.	4.
Umgehung	20,0	22,2	11,5	8,9
kürzester Weg	40,0	44,4	44,2	46,4
Kombination	16,4	16,7	13,5	7,1

Die Lösung der Aufgabe erforderte eine gleichzeitige Berücksichtigung der Entfernung und des Reliefs. Nur wenigen Schülern war es möglich, beide Faktoren gleichzeitig zu beachten; bei den meisten fand eine Zentrierung auf einen Faktor – meist die Entfernung – statt, während der andere unberücksichtigt blieb. Bei dem Test mit der Zeichnung war der Faktor Entfernung eindeutig dominierend, bei der Arbeit am Modell dominierte zunächst das Relief, wobei es den Kindern hier aber gelang, gleichzeitig die Entfernung zu beachten. Die Aufgabe macht deutlich, daß Kindern im Grundschulalter das Abwägen zwischen zwei Größen noch sehr schwerfällt. Zum selben Ergebnis kam, wie bereits erwähnt, auch *J. Piaget* in seinen Untersuchungen. Dieses Problem wird in der Aufgabe 4.8 noch einmal aufgegriffen. Die Ergebnisse dieser Aufgabe weisen deutliche Parallelen zu denen der Aufgabe 4.8 auf.

Aufgabe 4.4
Die Zielsetzung dieser Aufgabe besteht darin, festzustellen, ob die Schüler die Beziehung zwischen der Bevölkerungsdichte und der Bebauungsdichte kennen. Der Lösung liegt der Gedankengang zugrunde, daß die Unterbringung einer bestimmten Anzahl von Menschen in Einfamilienhäusern mehr Raum erfordert als in Hochhäusern.

Vor der Bearbeitung der Aufgabe betrachteten die Schüler die beiden Zeichnungen auf dem Aufgabenblatt und äußerten sich zu der Frage, in welchem der abgebildeten Häuser sie lieber wohnen möchten. In einem gelenkten Gespräch wurde der Konsensus darüber hergestellt, daß das Wohnen in einem Bungalow wesentlich attraktiver ist als in einem Wohnblock. Die wenigen Kinder, die anfangs nicht dieser Meinung waren, konnten leicht überzeugt werden. Diese gemeinsame Ausgangsbasis war notwendig, damit die Kinder unter gleichen Voraussetzungen an die Aufgabe herangingen und um die Interpretation der Ergebnisse zu erleichtern. Danach wurden die Schüler mit der eigentlichen Aufgabe konfrontiert. Um nach der vorangegangenen Aufgabe allzu viele Mehrfachnennungen zu vermeiden, wurde der Hinweis gegeben, daß *ein* Grund der eindeutig beste sei.

Tab. 69 Wahlen in %

Antwort	1.	2.	3.	4. Schulj.
1×	30,9	37,0	61,5	69,4
2	34,5	13,0	13,5	8,9
3	7,3	25,9	13,5	7,1
4	12,7	22,2	21,2	21,4
richtige Lösungen	30,9	37,0	51,9	64,3

Tab. 70

Richtige Lösungen 1.–4. Schuljahr insgesamt in %	
Schule A	52,6
Schule B	38,8
Jungen	47,6
Mädchen	44,6

Der Prozentsatz der richtigen Lösungen – ausschließliche Nennung der ersten Antwort – steigt kontinuierlich an. Die Zunahme zwischen dem 1. und 3., sowie dem 2. und 4. Schuljahr ist jeweils statistisch gesichert. Die richtige Begründung hat das Gemeinwohl im Blick, während die übrigen Gründe des einzelnen sind. Die Wahl dieser persönlichen Gründe nimmt mit fortschreitendem Alter der Kinder ab. Die erste Antwort wird bereits im 2. Schuljahr am häufigsten gewählt, und vom 3. Schuljahr an entfallen auf sie mehr Wahlen als auf alle Distraktoren zusammen. Diese Ergebnisse deuten auf einen Rückgang des Egozentrismus bei den Kindern hin.[21] Daß die drei Distraktoren den Schülern alle etwa gleichermaßen plausibel waren, zeigt die insgesamt gleichmäßige Verteilung der Wahlen. Die Aufgabe läßt erkennen, daß mit zunehmendem Alter immer mehr Kinder die Beziehung zwischen Bevölkerungsdichte und Bauweise erkennen. Die Schüler der Schule A lösen die Aufgabe signifikant besser als die Schüler der Schule B.

Aufgabe 4.5
Diese Aufgabe sollte das Wissen der Schüler um die Beziehung zwischen Industriestandort und Bevölkerungsdichte testen. Eine einfache Karte, in die nur Gebäude und eine Stadtgrenze eingezeichnet sind, deutet die unterschiedlich dichte Besiedlung von Stadt und „Land" an. Außerdem sind in der Karte zwei Flächen markiert, die potentielle Standorte für eine Fabrik darstellen. Bei der Aufgabenstellung wurde bewußt davon ausgegangen, daß die Fabrik schon an diesem Standort existiert; es ging nicht darum, wo man sie am besten ansiedeln würde, denn für diese Frage gelten andere Entscheidungskriterien. Hierbei müßte z. B. der Umweltschutz bedacht werden.

Daß es bei der ersten Teilaufgabe nur zwei Möglichkeiten einer Antwort gibt, liegt in der Sache selbst. Die Konstruktion weiterer Auswahlmöglichkeiten wäre sinnlos gewesen, da sie sachlogisch immer mit einer der beiden vorhandenen Angaben identisch wären. Bei Alternativantworten beträgt die Ratewahrscheinlichkeit 50%, es ist hierbei jedoch zu bedenken, daß es sich bei dieser Frage nur um einen Teil der Aufgabe handelt. Da die Antwort im zweiten Teil begründet werden muß, werden auf diese Weise die Zufallstreffer erkennbar.

Tab. 71 Wahlen der Standorte in %

Standort	1.	2.	3.	4. Schulj.
1×	58,2	75,9	71,2	82,1
2	36,4	24,1	28,8	16,1

Der Fabrikstandort am Stadtrand wird schon im 1. Schuljahr von mehr als der Hälfte der Schüler gewählt. Die Entscheidungen für diesen Platz nehmen im 2. Schuljahr signifikant zu, stagnieren dann und steigen zwischen dem 3. und 4. Schuljahr noch einmal geringfügig an.

Tab. 72 Wahlen der zutreffenden Begründungen in %

Schuljahr	1.	2.	3.	4.
ein Grund	20,0	24,1	25,0	30,4
zwei Gründe	9,1	40,7	36,5	50,0
insgesamt	29,1	64,8	61,5	80,4

Durch eine Befragung von Schülern aller Schuljahre, die an dem Test *nicht* beteiligt waren, konnte ermittelt werden, daß die Kinder nicht erst durch die begrenzten Wahlmöglichkeiten auf die genannten Gründe festgelegt werden, sondern daß sie für den Fabrikstandort am Stadtrand fast ausnahmslos spontan die beiden in der Aufgabe angeführten Begründungen vorbringen. Man kann demnach davon ausgehen, daß die Schüler, die den entsprechenden Standort gewählt und gleichzeitig eine oder zwei zutreffende Begründungen angegeben haben, die Beziehung zwischen Industriestandort und Bevölkerungsdichte erfaßt haben. Diese Lösungen wurden als richtig gewertet. Der Prozentsatz der richtigen Lösungen steigt zwischen dem 1. und 2. Schuljahr, sowie dem 3. und 4. Schuljahr signifikant an, zwischendurch stagniert er. Im 1. Schuljahr überwiegt die Anzahl der Kinder, die nur einen der Gründe anführen. Sie geben sich anscheinend damit zufrieden, wenn sie ein Argument für die Standortwahl gefunden haben, und suchen dann nicht weiter. Vom 2. Schuljahr an überwiegt zahlenmäßig deutlich die Angabe von beiden Gründen. Weiter ist interessant, daß im 1. Schuljahr nur die Hälfte der Schüler, die den richtigen Standort wählen, dies auch zutreffend begründen können. Diese Diskrepanz verringert sich mit zunehmendem Alter der Schüler, bis sie im 4. Schuljahr fast ausnahmslos die richtige Begründung für die Standortwahl finden. Die älteren Schüler begründen auch den stadtfernen Standort zutreffend. Von den beiden richtigen Gründen wird im 1. und 3. Schuljahr der erstgenannte bevorzugt, im 4. Schuljahr wird dagegen der zweite häufiger genannt. Diese Verteilung der Schülerantworten könnte darauf zurückzuführen sein, daß der Standort in der ersten Begründung sprachlich einfacher formuliert ist. Auf Befragung hin erklärten die Kinder, daß alle Gründe „irgendwie richtig" seien.

Tab. 73 Richtige Lösungen 1.–4. Schuljahr insgesamt in %

	Standort	Begründungen
Schule A	71,9	54,4
Schule B	71,8	64,1
Jungen	74,3	54,3
Mädchen	69,6	63,4

Beim Vergleich der beiden Schulen ergibt sich eine Tendenz zu besseren Ergebnissen in Schule B. Die Frage nach dem Standort wird von den Jungen häufiger richtig beantwortet, da jedoch mehr Mädchen in der Lage sind, ihre Standortwahl richtig zu begründen, gelangen sie insgesamt zu besseren Ergebnissen.

Aufgabe 4.6
Mit Hilfe dieser Aufgabe sollte festgestellt werden, ob die Schüler eine Beziehung zwischen Industriestandort und Verkehrslage herstellen können. Das Problem der Standortwahl ist in der Aufgabe bewußt auf die Optimierung der Verkehrslage reduziert worden.

Tab. 74 Wahlen in %

Antwort	1.	2.	3.	4. Schulj.
1	9,1	7,4	19,2	8,9
2×	47,3	64,8	48,1	33,9
3	20,0	11,1	5,8	7,1
4×	20,0	16,7	26,9	50,0

Tab. 75 Richtige Lösungen 1.–4. Schuljahr insgesamt in %

Schule A	28,9
Schule B	28,2
Jungen	34,3
Mädchen	23,2

Der Prozentsatz der richtigen Lösungen stagniert zwischen dem 1. und 2. Schuljahr; der geringe Rückgang liegt im Bereich der Zufallsvarianz. Zwischen dem 2. und 3. Schuljahr ist ein geringer, danach ein signifikanter Anstieg der richtigen Lösungen zu verzeichnen. Der starke Zuwachs gerade zu diesem Zeitpunkt und die Tatsache, daß Industrieansiedlung und Verkehrswege nach den Richtlinien für den Sachunterricht Themen darstellen, die im 4. Schuljahr im Unterricht behandelt werden sollen,[22] lassen darauf schließen, daß hier schulischer Einfluß wirksam werden könnte.

Die Aufschlüsselung der Wahlen nach Schuljahren läßt erkennen, daß die zweite Antwort bis zum 3. Schuljahr häufiger gewählt wird als die richtige Lösung. Die Gründe für die Bevorzugung dieser Antwort sind nicht eindeutig festzustellen. Es ist möglich, daß die jüngeren Schüler die Karte nicht maßstabgerecht sehen und deshalb die Entfernung dieses Fabrikgeländes von der Straße falsch beurteilen. Die eigenen Zeichnungen der Schüler beim Vortest stützen diese Vermutung. Möglicherweise führt auch bei Nichtverstehen der Aufgabe ein Streben nach einer ausgewogenen Anordnung im Sinne einer Tendenz zur guten Gestalt[23] zu diesen Lösung. Während sich bei der Wahl des ersten Distraktors keine Tendenz abzeichnet, ist die des dritten Distraktors rückläufig. Die Schüler erkennen zunehmend, daß diese Fabrik keinen Straßenanschluß hätte.

Aufgabe 4.7
In dieser Aufgabe geht es nicht – wie bei den vorangegangenen – um die Abhängigkeit verschiedener geographischer Faktoren voneinander, sondern hier müssen Distanzen in Beziehung gesetzt werden.
Die Schüler mußten hier demnach vier Strecken gleichzeitig berücksichtigen und auf deren Gleichheit achten. Da die vier Ziele in etwa auf einer Kreislinie angeordnet sind, deren Mittelpunkt augenfällig ist, ist die Aufgabe relativ leicht.

Tab. 76

Wahlen in %

Antwort	1.	2.	3.	4. Schulj.
1	20,0	11,1	1,9	1,8
2	3,6	7,4	3,8	0,0
3×	54,5	70,4	88,5	98,2
4	21,8	11,1	3,8	0,0

Tab. 77

Richtige Lösungen
1.–4. Schuljahr
insgesamt in %

Schule A	82,5
Schule B	72,8
Jungen	81,9
Mädchen	74,1

Der Prozentsatz der richtigen Lösungen steigt von Schuljahr zu Schuljahr kontinuierlich an. Das Problem wird im 1. Schuljahr von etwa der Hälfte der Schüler, im 4. Schuljahr schließlich von nahezu allen gelöst. Die Verteilung der Wahlen läßt erkennen, daß die falschen Ergebnisse überwiegend durch die Wahl der ersten und vierten Antwort zustande kommen, während der dritte Distraktor kaum gewählt wird. Hieraus ist zu ersehen, daß die falschen Entscheidungen nicht auf die mangelnde Fähigkeit der Kinder, Entfernungen richtig einzuschätzen, zurückzuführen sind – in diesem Falle hätte die zweite Antwort häufiger gewählt werden müssen –, sondern daß die Schüler offenbar ein Wohnhaus in der Nähe eines für sie wichtigen Punktes bevorzugen. Sie identifizieren sich mit der Person in der Aufgabe und wollen neben der Schule wohnen wegen des kurzen Schulweges oder beim Schwimmbad, weil das für sie ein beliebter Aufenthaltsort ist. Diese Kinder konzentrieren sich auf *ein* Ziel und verlieren die anderen dabei aus dem Blick. Insgesamt weisen die Ergebnisse jedoch darauf hin, daß die Fähigkeit der Schüler, die vier Distanzen gleichzeitig zu berücksichtigen, mit zunehmendem Alter wächst. Die Aufgabe wird insgesamt in Schule A tendenziell besser gelöst als in Schule B. Im 1. Schuljahr ist die Differenz zugunsten der Schüler der Schule A extrem groß (79,3/26,9). Vom 2. Schuljahr an sind die Ergebnisse an beiden Schulen etwa gleich.

Aufgabe 4.8
Dieser Aufgabe liegt dieselbe Zeichnung zugrunde wie der vorangegangenen Aufgabe. Sie sollte Aufschluß darüber geben, ob die Schüler in der Lage sind, gleichzeitig die vier Distanzen und die Häufigkeit, mit der sie jeweils überwunden werden müssen, in ihre Überlegungen einzubeziehen.

Damit alle Kinder von den gleichen Voraussetzungen ausgingen, wurde vor der Bearbeitung der Aufgabe in einem Gespräch geklärt, daß Peter sechsmal in der Woche in die Schule, einmal wöchentlich in die Kirche, noch seltener zur Post und nur bei sehr gutem Wetter ins Schwimmbad geht. Diese bewußt ungleichmäßige Verteilung der Häufigkeiten sollte die Aufgabe erleichtern. Es müssen nun nicht mehr vier Ziele berücksichtigt werden, sondern Kirche, Post und Schwimmbad bilden eine Gruppe, die der Schule gegenübergestellt werden muß.

Tab. 78

Wahlen in %

Antwort	1.	2.	3.	4. Schulj.
1	25,5	51,9	44,2	39,3
2×	25,5	25,9	28,8	39,3
3	30,9	16,7	21,2	17,9
4	14,5	5,6	0,0	0,0

Tab. 79

Richtige Lösungen
1.–4. Schuljahr
insgesamt in %

Schule A	31,6
Schule B	28,2
Jungen	31,4
Mädchen	28,6

Der Prozentsatz der richtigen Lösungen stagniert in den ersten drei Schuljahren, zwischen dem 3. und 4. Schuljahr steigt er schließlich an; die Differenz ist allerdings nicht signifikant. Diese Ergebnisse weisen eine erstaunliche Parallelität zu denen der Aufgabe 4.2 auf. Beide Aufgaben prüfen letztlich dieselbe Fähigkeit, nämlich die gleichzeitige Berücksichtigung mehrerer Variablen.

Die Aufschlüsselung der Wahlen zeigt, daß die vierte Antwort insgesamt nur halb so oft gewählt wurde wie bei der vorangegangenen Aufgabe. Möglicherweise zeichnet sich darin vom 1. Schuljahr an eine Tendenz zur Schule hin ab, oder aber es wird jetzt durch das vorangegangene Gespräch einigen jüngeren Schülern erst richtig deutlich, daß alle vier Ziele besucht werden sollen. Dafür spricht auch die häufige Wahl der dritten Antwort im 1. Schuljahr. Hier entfallen etwa gleich viele Wahlen auf die Antworten 1, 2 und 3. Bei einigen Schülern dominiert offenbar der Gedanke, daß die Schule das am stärksten frequentierte Ziel ist, andere denken an alle vier Ziele und wählen den Mittelpunkt, und einige gelangen schon zu dem richtigen Kompromiß zwischen beidem. Im 2. Schuljahr zeigt sich eine deutliche Tendenz zur Schule hin, die danach zugunsten der richtigen Lösung allmählich nachläßt. Erst im 4. Schuljahr wird die richtige Lösung genauso oft gewählt wie das Haus neben der Schule. In dem Lösungsverhalten kommt eine Entwicklung zum Ausdruck von einer annähernd zufälligen Verteilung im 1. Schuljahr über eine eindeutige Zentrierung auf die Schule, die durch den häufigen Besuch hervorgehoben ist, zur Berücksichtigung aller beteiligten Faktoren, die den Kindern vom 3. Schuljahr an zunehmend möglich wird.

4. Teil Verständnis funktionaler Abhängigkeiten: Zusammenfassung der Ergebnisse

Der 4. Teiltest untersucht die Fähigkeit der Schüler, Beziehungen zu erkennen. Bei den Aufgaben 4.1–4.6 geht es um die Abhängigkeit zwischen zwei geographischen Faktoren; bei den Aufgaben 4.7 und 4.8 müssen mehrere Entfernungen in Beziehung gesetzt werden. Ein Vergleich mit den Ergebnissen der beiden vorangegangenen Teiltests deutet darauf hin, daß das Erkennen eines Abhängigkeitsverhältnisses den Schülern schwerer fällt als die Orientierung im Raum und das Erfassen von Strukturen. Im einzelnen sind die Ergebnisse der Aufgaben des 4. Teiltests jedoch recht unterschiedlich. Die Beziehung zwischen Bevölkerungsdichte und Verkehrswegen, Vegetation und Klima, sowie Bevölkerungsdichte und Industriestandort werden schon früh von der überwiegenden Zahl der Schüler erfaßt. Ausgesprochen hoch ist dagegen der Schwierigkeitsgrad der Aufgaben, bei denen zwei oder mehrere Variablen gleichzeitig berücksichtigt werden müssen. Die Kinder im Grundschulalter neigen dann dazu, auf eine Variable zu zentrieren und die andere außer acht zu lassen. Die Fähigkeit, mehr als eine Einflußgröße in die Überlegung einzubeziehen, nimmt erst nach dem 3. Schuljahr deutlich zu.

Tab. 80 Aufgaben 4.1–4.8: richtige Lösungen in %

Schuljahr	1.	2.	3	4.
Schule A	36,2	43,1	51,4	73,3
Schule B	30,8	52,0	55,5	63,4
Jungen	33,8	45,1	53,7	69,0
Mädchen	33,5	48,3	52,9	68,1
insgesamt	33,6	47,2	53,4	68,3

Betrachtet man die Ergebnisse dieses Teiltests insgesamt, so geht daraus hervor, daß das Beziehungsdenken der Schüler von Schuljahr zu Schuljahr stetig Fortschritte macht. Der größte Zuwachs findet sich zwischen dem 1. und 2. und zwischen dem 3. und 4. Schuljahr. Jungen und Mädchen lösen diese Aufgaben gleich gut. Auch zwischen den Schülern der beiden Schulen weisen die Ergebnisse keine signifikante Differenz auf.

Tab. 81 Korrelation (r): Verständnis funktionaler Abhängigkeiten mit Zeugnisnoten und Gesamtergebnis des Tests

Schuljahr	2.	3.	4.
Sprache	0,00	0,02	0,32
Mathematik	0,15	0,26	0,51
Sachunterricht	0,17	0,37	0,48
Testergebnis	0,59	0,73	0,71

Die Korrelation der Ergebnisse dieses Teiltests mit den Zeugnisnoten ergab einen positiven Zusammenhang zwischen Beziehungsdenken und Sprach-

bzw. Mathematiknote, der im 4. Schuljahr statistisch gesichert ist. Die Korrelation mit der Note im Fach Sachunterricht ist vom 3. Schuljahr an signifikant. Die Tatsache, daß dieser Teiltest hoch mit dem Gesamtergebnis des Tests korreliert, weist darauf hin, daß der Fähigkeit, Abhängigkeitsverhältnisse zu erkennen, im Rahmen des länderkundlichen Verständnisses eine große Bedeutung zukommt.

4.5. 5. Teiltest: Verständnis von Abläufen und Entwicklungen

Aufgabe 5.1

Diese Aufgabe untersucht das Verständnis der Schüler für raumzeitliche Prozesse. Sie enthält vier Bilder, die jeweils denselben Raumausschnitt zu den verschiedenen Jahreszeiten zeigen. Die Zeichnungen sind kindgemäß gestaltet. Der Wechsel der Jahreszeiten ist eindeutig erkennbar, einmal an den Veränderungen in der Natur, zum anderen an den typischen Aktivitäten der abgebildeten Personen. Nach der Aufgabenstellung wurde der Hinweis gegeben, daß man die Reihe mit jedem beliebigen Bild beginnen könne. Die Aufgabe sollte Aufschluß darüber geben, ob die Schüler die vier Jahreszeiten in ihrer zeitlichen Abfolge erfassen.

Tab. 82

Richtige Lösungen in %

1.	2.	3.	4. Schulj.
43,6	55,6	57,7	82,1

Tab. 83

Richtige Lösungen
1.–4. Schuljahr
insgesamt in %

Schule A	66,7
Schule B	52,4
Jungen	60,0
Mädchen	59,8

Die Ergebnisse zeigen einen Anstieg des Prozentsatzes der richtigen Lösungen zwischen dem 1. und 2. Schuljahr, danach tritt eine Stagnation ein, und zwischen dem 3. und 4. Schuljahr ist schließlich eine signifikante Zunahme zu verzeichnen.

Nach den Richtlinien für die Grundschule in Nordrhein-Westfalen sind die Jahreszeiten Gegenstand des Sachunterrichts im 2. Schuljahr. Da der Test gegen Ende des Schuljahres durchgeführt wurde, hatten sich die Schüler des 2. Schuljahres inzwischen mit diesem Thema auseinandergesetzt. Die Testergebnisse lassen auch einen Fortschritt gegenüber dem 1. Schuljahr erkennen, aber der Zuwachs ist relativ gering. Die Verteilung der Ergebnisse wird bei den folgenden Überlegungen verständlich. Der Entwicklung des Baumes mit Blüte, Blättern und Früchten, wie sie auf den Bildern dargestellt ist, liegt eine Sachlogik zugrunde. Für den Erwachsenen ist die logische Folge ein Indiz für den zeitlichen Ablauf, er kann beide nur theoretisch trennen. Durch die zeitliche Zuordnung einer Veränderung, d. h. einer Bewegung, ist erkennbar, daß Zeit vergangen ist.[24] Für die jüngeren Schüler bedeutet die innere Logik in der Entwicklung des Baumes noch kaum eine Hilfe für das Verständnis des zeitlichen Ablaufs. Sie müssen die Reihenfolge der Jahreszeiten lernen und vergessen sie leicht wieder. Daraus läßt sich der geringe Zuwachs im 2. und die Stagnation im 3. Schuljahr erklären. Danach entsteht dann mit zunehmendem Alter allmählich ein wirkliches Verständnis für die Entwicklung, was durch die Aufgabe 5.4 weiter belegt wird. So nimmt nach dem 3. Schuljahr der Anteil der richtigen Lösungen ganz erheblich zu. Im 1. Schuljahr geben noch 10% der Schüler keine Antwort an; vom 2. Schuljahr an scheinen alle Kinder die Aufgabenstellung verstanden zu haben. Die Schüler, die die Aufgabe richtig lösen, beginnen die Reihe fast ausnahmslos mit dem Frühlingsbild. Mehrere Schüler kehren den Ablauf genau um. Die Kinder der Schule A erreichen signifikant bessere Ergebnisse als die Schüler der Schule B.

Aufgabe 5.2
Diese Aufgabe sollte zeigen, ob die Schüler die räumliche Veränderung des Flusses zwischen Quelle und Mündung nachvollziehen können. Bei der Aufgabenstellung wurde besonders betont, daß es sich auf allen Bildern um denselben Fluß handelt, da zu vermuten war, daß die Kinder die Kontinuität des Flußlaufes andernfalls nicht begreifen, wodurch die Aufgabe sinnlos geworden wäre. Alle Zeichnungen enthalten in Form von Schiffen oder Bäumen einen Maßstab, mit dessen Hilfe die Breite des Gewässers abgeschätzt werden kann. Außerdem wurde darauf geachtet, daß die absolute Breite des Flusses in der Darstellung stetig zunimmt; es ergibt sich allerdings eine Verzerrung aufgrund der Perspektive.

Tab. 84

Richtige Lösungen in %

1.	2.	3.	4. Schulj.
58,2	77,8	78,8	75,0

Tab. 85

Richtige Lösungen
1.–4. Schuljahr
insgesamt in %

Schule A	71,9
Schule B	72,8
Jungen	77,1
Mädchen	67,9

Der Prozentsatz der richtigen Lösungen steigt vom 1. zum 2. Schuljahr signifikant an und stagniert danach bis zum Ende der Grundschulzeit. Im 1. Schuljahr haben 18,2% der Schüler die Bilder einfach von oben nach unten durchnumeriert. Es handelt sich dabei offensichtlich um eine Verlegenheitslösung von Kindern, die die Aufgabe nicht verstanden haben. Vom 2. Schuljahr an haben mit nur einer Ausnahme alle Schüler den Sinn erfaßt und bemühen sich um eine Lösung. Der häufigste Fehler besteht in der Vertauschung der Bilder 3 und 4, die in allen Schuljahren auftritt. Dieser Fehler, der mit zunehmendem Alter der Schüler nicht rückläufig ist, macht deutlich, daß noch im 4. Schuljahr einige Kinder nicht auf den Bildmaßstab achten und somit durch die perspektivische Darstellung irregeführt werden. Bei diesen Kindern ist die Fähigkeit zum schlußfolgernden Denken offenbar noch nicht voll ausgebildet.[25] Die übrigen Fehler lassen sich nicht systematisieren; sie verteilen sich gleichmäßig auf die vielen möglichen Kombinationen. Eine vollständige Umkehrung der Reihe findet sich kein einziges Mal. Auch die Folge Meer, Bach, Fluß, Strom, die nach der Behandlung des Kreislaufs des Wassers im Unterricht erwartet werden konnte, tritt insgesamt nur fünfmal und im 4. Schuljahr gar nicht auf.
Die Jungen lösen die Aufgabe tendenziell besser als die Mädchen, wobei eine besonders große Differenz im 1. Schuljahr besteht. Bei der Durchführung des Tests konnte beobachtet werden, daß die älteren Schüler die Auf-

gabe als sehr leicht empfanden. Es ist möglich, daß diese Einstellung Flüchtigkeitsfehler begünstigt hat, was die Stagnation im 3. und 4. Schuljahr teilweise erklären könnte.

Aufgabe 5.3

In dieser Aufgabe geht es um einen Produktionsablauf: die Entstehung eines Gegenstandes vom Ausgangsmaterial bis zum Endprodukt. Da die industrielle Fertigung von Gütern kaum einen Einblick in die einzelnen Stadien des Produktionsablaufs zuläßt und meist recht kompliziert ist, wird in dieser Aufgabe auf ein zwar veraltetes, aber im Prinzip noch gültiges Verfahren zurückgegriffen, das auch für die Kinder einsehbar ist. Bei dem hier dargestellten Vorgang handelt es sich um einen sachlogischen Ablauf, der den Kindern im einzelnen nicht bekannt zu sein braucht. Er kann, wenn Anfangs- und Endpunkt erkannt werden, von Stufe zu Stufe logisch erschlossen werden. Die Voraussetzung für das Nachvollziehen eines Ablaufes ist jedoch, wie J. *Piaget* nachgewiesen hat, die Reversibilität des Denkens, nämlich die Fähigkeit, den Vorgang in Gedanken umzukehren.[26] Die Aufgabe sollte Aufschluß darüber geben, ob die Schüler in der Lage sind, die dargestellten Stadien folgerichtig zu ordnen und den gesamten Vorgang zu erfassen.

Tab. 86

Lösungen in %

Schuljahr	1.	2.	3.	4.
richtige Lösungen	30,9	40,7	67,3	78,6
3 u. 4 vertauscht	18,2	31,5	17,3	12,5
insgesamt	49,1	72,2	84,6	91,1

Tab. 87

Richtige Lösungen 1.–4. Schuljahr insgesamt in %

Schule A	57,0
Schule B	51,5
Jungen	53,3
Mädchen	55,4

Der Prozentsatz der richtigen Lösungen steigt während der Grundschulzeit stetig an; zwischen dem 2. und 3. Schuljahr ist die Zunahme signifikant. Häufig werden Anfang und Ende der Reihe richtig erkannt, nur werden Spinnrad und Wollknäuel in ihrer Position vertauscht. Diese Schüler glauben offenbar, am Spinnrad werde der Faden verarbeitet, sie erkennen nicht, daß er dort entsteht. In diesem Falle besteht allerdings eine logische Lücke zwischen Vließ und Knäuel. Trotzdem kann man davon ausgehen, daß auch diese Kinder den Vorgang insgesamt richtig erfaßt haben. Ihre Lösungen unterscheiden sich deutlich von den übrigen falschen Antworten, bei denen keine sinnvolle Reihenbildung zu erkennen ist. Faßt man die Prozentzahlen der Kinder, die den Ablauf offensichtlich verstanden haben, zusammen, so zeigt sich ein starker Anstieg zwischen dem 1. und 2. Schuljahr, der danach allmählich abflacht. Am Ende des 4. Schuljahres erfassen nahezu alle Schüler den Vorgang richtig. Die Fähigkeit, Situationen anhand von Bildern als verschiedene Stadien eines Vorgangs zu erkennen und zu ordnen, wird im Sprachunterricht vom 1. Schuljahr an und später im Rahmen der Aufsatzerziehung geschult. Eine Analyse der falschen Antworten ergab, daß der Schritt vom Strickzeug zur Jacke für die Schüler am leichtesten zu erkennen ist, danach folgt der vom Schaf zur Wolle. Der typische Fehler ist vom 2. Schuljahr an deutlich rückläufig.

Aufgabe 5.4
Gegenstand dieser Aufgabe ist der raumzeitliche Wandel einer Siedlung. Da sich dieser Prozeß über einen Zeitraum von einigen Jahrzehnten erstreckt, setzt die Lösung der Aufgabe schon eine relativ weite Zeitperspektive voraus. Die Entwicklung einer Siedlung verläuft im allgemeinen so langsam, daß sie den Kindern kaum als Ablauf bewußt wird. Daneben fehlt ihnen mit ihren maximal 11 Jahren noch die Erfahrung solcher Entwicklungen. Sie erleben ihre Umwelt, soweit sie langfristigen Veränderungen unterworfen ist, zunächst als statisch. Ebenso empfinden auch Erwachsene extrem langsam ablaufende Veränderungen, z. B. in bezug auf Landschaftsformen, nicht als Prozeß. Die Aufgabe sollte Auskunft darüber geben, ob die Schüler die Darstellungen einer Siedlung in drei verschiedenen Entwicklungsphasen als Bilder derselben Siedlung erkennen und ob sie fähig sind, die Stadien zeitlich zu ordnen, d. h. die Entwicklung zu erfassen.

Die Aufgabe besteht aus zwei Teilen. Zunächst sollten die Schüler das vorgegebene Bild betrachten und dann die Bilder, die denselben Ort zeigen, in dem Quadrat ankreuzen. Dazu erfolgte der Hinweis: Sieh dir die Straßen, den Fluß, die Kirche an! Anschließend wurde der zweite Teil der Aufgabe durch eine Arbeitsanweisung eingeleitet, die nur verbal gegeben wurde, da zu erwarten war, daß das Vorhandensein von zwei Anweisungen auf dem Aufgabenblatt die Schüler ablenken oder verwirren könnte.
Der Vortest bestätigte den hohen Schwierigkeitsgrad dieser Aufgabe. Daraufhin wurden Überlegungen angestellt, sie evtl. durch Hilfen zu erleichtern, wie z. B. die Andeutung, daß die richtigen Bilder ähnlich seien oder daß die Siedlung größer werde. Diese Gedanken wurden aber schließlich verworfen, da so nicht mehr sichergestellt wäre, daß die Schüler, die die Aufgabe richtig lösen, die Identität der drei „ähnlichen" Siedlungen erkennen. Der Hinweis auf das Wachstum nähme die Lösung vorweg; denn die Schüler sollten gerade die einzelnen Stadien dem Zeitablauf zuordnen und damit zeigen, daß sie die Entwicklung verstehen.

Tab. 88 Wahlen der Bilder in %

Bild	1.	2.	3.	4. Schulj.
1×	94,5	98,1	94,2	89,3
2×	72,7	87,0	82,7	92,9
3	21,8	14,8	5,8	3,6
4×	30,9	46,3	51,9	75,0
5	23,6	25,9	7,7	14,3
richtige Kombination	9,1	24,1	40,4	62,5

Der Prozentsatz der Schüler, die die drei Bilder (1, 2, 4) als Darstellungen derselben Siedlung erkennen, steigt von Schuljahr zu Schuljahr kontinuierlich an, wobei der Zuwachs zwischen den einzelnen Jahrgängen jedesmal größer wird. Aus Schüleräußerungen war zu entnehmen, daß manche Kinder nach identischen Bildern suchten. („Dasselbe ist nicht dabei". „Das ist aber nicht Neustadt.") Einige wenige Schüler verstanden durch die zweite Arbeitsanweisung nachträglich die erste erst richtig.
Aus der Anzahl der Wahlen, die auf die einzelnen Bilder entfallen, geht hervor, daß das erste Bild in allen Schuljahren einige Male nicht gewählt worden ist. Da es sich dabei offensichtlich nur um ein Vergessen, kein Nichterkennen handelt, wird das nicht als Fehler gewertet. Das zweite Bild wird, obwohl es das vorangegangene Entwicklungsstadium zeigt und gleichsam ein Zurückdenken erfordert, in allen Jahrgängen wesentlich häu-

figer erkannt als das vierte Bild. Das ist wohl damit zu begründen, daß die Bilder 1 und 2 mehr gleiche Elemente enthalten als die Bilder 1 und 4, sich also ähnlicher sind, außerdem unterscheiden sie sich nur dadurch, daß Gebäude hinzugekommen sind. Bei der Entwicklung von Bild 1 nach 4 ist dagegen auch ein Teil der ehemaligen Bebauung verschwunden, was das Erkennen erschwert haben kann.

Tab. 89
Reihenfolge der Stadien:
richtige Lösungen in %

1.	2.	3.	4. Schulj.
0,0	13,0	19,2	42,9

Tab. 90
Richtige Lösungen 1.–4. Schulj.
insgesamt in %

	Wahl der Bilder	Entwicklung
Schule A	34,2	19,3
Schule B	34,0	18,4
Jungen	28,6	15,2
Mädchen	39,3	22,3

Der Prozentsatz der richtigen Lösungen für den zweiten Teil der Aufgabe gibt an, wie viele Schüler die drei Darstellungen als Stadien einer Entwicklung verstanden haben. Nach dem 1. Schuljahr, in dem noch kein Kind die Entwicklung erkennt, gelangen im 2. Schuljahr schon einzelne Schüler zum richtigen Ergebnis. Der Anstieg zwischen dem 2. und 3. Schuljahr ist nicht signifikant, erst danach ist eine erhebliche Zunahme der richtigen Lösungen zu verzeichnen. Sie deutet auf die allmähliche Entwicklung einer erweiterten Zeitperspektive hin. H. Roth setzt für die Entdeckung von Zeitlinie und Zeiträumen ebendiese Altersstufe an.[27] Bei der augenfälligen Ähnlichkeit der drei Bilder ist es erstaunlich, daß am Ende des 4. Schuljahres noch nicht einmal die Hälfte der Schüler zum richtigen Ergebnis gelangen. Das macht deutlich, daß es wirklich am Verständnis für die Entwicklung mangelt. Wie aus den Richtlinien[28] zu ersehen ist, wird dieses Verständnis in der Grundschule nicht bewußt gefördert.
Die beiden Teile der Aufgabe werden von den Schülern beider Schulen jeweils etwa gleich gut gelöst. Die Mädchen scheinen die Entwicklung etwas früher zu erfassen als die Jungen, ihre Ergebnisse sind tendenziell besser.

Aufgabe 5.5
In dieser Aufgabe sollen Grundstoffe und Endprodukte einander zugeordnet werden. Es handelt sich dabei um Ausgangs- und Endstadium eines Verarbeitungsprozesses, deshalb wurde diese Aufgabe an das Ende des Teiltests gesetzt, der das Verständnis der Schüler für Entwicklungen und Abläufe untersucht. Da der Grundstoff während des Produktionsablaufs stark verändert wird, ist im Endprodukt das Ausgangsmaterial oft nicht mehr zu erkennen. Es handelt sich daher um eine Beziehung, die im allgemeinen nicht logisch erschlossen werden kann, sondern Kenntnisse voraussetzt. Einige durch die Aufgabe vorgegebene mögliche Beziehungen sind allerdings recht unwahrscheinlich und durch Nachdenken weitgehend auszuschließen. Diese Aufgabe soll Aufschluß darüber geben, ob die Schüler wissen, welche Produkte aus einigen wichtigen Rohstoffen hergestellt werden. Aufgrund dieses Wissens kann im Rahmen der Länderkunde die wirtschaftliche Bedeutung von Rohstoffen beurteilt werden.

Die Reihe der Endprodukte enthält zwei Elemente mehr, damit bei der letzten Zuordnungsaufgabe noch eine Auswahlmöglichkeit besteht, die die Schüler zum Nachdenken zwingt. Die Begriffe sind zeichnerisch dargestellt worden, um Leseschwierigkeiten bei den jüngeren Schülern auszuschließen. Wo nicht ganz auf das geschriebene Wort verzichtet werden konnte, erleichterte die Zeichnung zumindest das Erkennen. Um sicherzustellen, daß die Schüler die Zeichnungen richtig verstanden und somit gleiche Voraussetzungen gegeben waren, wurde ihre Bedeutung vor der Erteilung der Arbeitsanweisung im Gespräch mit den Schülern erörtert. Nur Rübe und Tierhaut mußten in einigen Testgruppen vom Versuchsleiter benannt werden; alle anderen Zeichen wurden meist auf Anhieb erkannt. Die sieben Aufgaben wurden einzeln gestellt und dazwischen jeweils Zeit für die Bearbeitung gelassen. Dieses Verfahren wurde gewählt, damit sich die Differenzen im Arbeitstempo zwischen den einzelnen Schülern nicht am Ende summierten.

Tab. 91 Richtige Lösungen in %

Zuordnung	1.	2.	3.	4. Schulj.
Milch–Käse	60,0	77,8	94,2	100,0
Kohle–Brikett	47,2	79,6	94,2	98,3
Rübe–Zucker	10,9	16,7	53,8	66,1
Tierhaut–Schuh	40,0	66,7	90,4	92,9
Holz–Papier	16,4	40,7	88,5	89,3
Getreide–Mehl	12,7	46,3	76,9	82,1
Erdöl–Benzin	36,4	53,7	69,2	78,6
Durchschnitt	31,9	54,5	81,0	86,8

Die Ergebnisse zeigen, daß bei fast allen Aufgaben der Prozentsatz der richtigen Lösungen zwischen dem 1. und 2., sowie dem 2. und 3. Schuljahr stark ansteigt und danach nahezu stagniert. Eine Ausnahme bildet die Zuordnung Rübe–Zucker; hier liegt der Zuwachs zwischen dem 1. und 2. Schuljahr im Zufallsbereich, und zwischen dem 3. und 4. Schuljahr ist noch eine Zunahme zu verzeichnen. Letzteres gilt auch für die Zuordnung Erdöl–Benzin. Wie aus der letzten Spalte in Tab. 92 hervorgeht, ist der Schwierigkeitsgrad der einzelnen Aufgaben sehr unterschiedlich. Die erste Aufgabe erwies sich erwartungsgemäß als die leichteste. Sie sollte dazu dienen, den Schülern das Lösungsverfahren einsichtig zu machen und ihnen zu Anfang ein Erfolgserlebnis zu vermitteln. Relativ leicht sind auch die Zuordnungen Kohle–Brikett und Tierhaut–Schuh. Sie werden im Durchschnitt aller Schuljahre von etwa 75% der Schüler gelöst. Die dritte Aufgabe (Rübe–Zucker) ist mit 36,9% richtigen Lösungen eindeutig die schwerste, gefolgt von der sechsten Aufgabe (Getreide–Mehl) mit 54,4%. Es ist bezeichnend, daß so viele dieser Stadtkinder nicht wissen, daß unsere täglichen Nahrungsmittel Zucker und Mehl aus Feldfrüchten hergestellt werden.

Im Haupttest stellte sich heraus, daß eine Teilaufgabe nicht eindeutig ist. Es ist sowohl die Zuordnung Erdöl–Benzin als auch Kohle–Benzin möglich. Beide wurden als richtig gewertet. Allerdings hatten die Schüler, die das Benzin der Kohle zugeordnet haben – es waren insgesamt nur 6% – danach keine Möglichkeit mehr, ein passendes Pendant zum Erdöl zu finden.

Die Aufgaben 1, 2, 4 und 7 werden in Schule A signifikant besser gelöst als in Schule B. Bei den übrigen besteht, mit Ausnahme der dritten Aufgabe, eine deutliche Tendenz zu besseren Ergebnissen bei den Schülern der Schule A. Die Leistungsdifferenz ist im 1. Schuljahr besonders groß (47,3/13,7), danach gleichen sich die Ergebnisse allmählich an. Die Jungen lösen die Aufgaben tendenziell besser als die Mädchen. Am Ende des 4. Schuljahres

Tab. 92 Richtige Lösungen 1.–4. Schuljahr insgesamt in %

Aufgabe	Schule A	Schule B	Jungen	Mädchen	Durchschn.
1	89,5	75,7	86,7	79,5	82,9
2	87,7	70,9	84,8	75,0	78,3
3	38,6	35,0	34,3	39,3	36,9
4	83,3	60,2	77,1	67,9	72,4
5	63,2	53,4	62,9	54,5	58,5
6	60,5	47,6	54,3	54,5	54,4
7	67,5	50,5	64,8	54,5	59,4
Durchschnitt	70,0	56,2	66,4	60,7	

ist den Kindern weitgehend bekannt, welche Produkte aus den angegebenen Rohstoffen hergestellt werden. Die häufigsten Fehler waren, bezogen auf alle Schuljahre, die Zuordnungen Rübe–Honig und Erdöl–Speiseöl.

5. Teil Verständnis von Abläufen und Entwicklungen:
Zusammenfassung der Ergebnisse

Der 5. Teiltest enthält zwei Gruppen von Aufgaben, deren Ergebnisse wegen der unterschiedlichen Voraussetzungen, die zu ihrer Lösung erforderlich sind, getrennt betrachtet werden sollen. Die Aufgaben 5.1–5.4 untersuchen das Verständnis der Schüler für Entwicklungen in Raum und Zeit und für einen Produktionsablauf. Die Ergebnisse der Aufgabe 5.1 zeigen, daß es den Schülern relativ schwerfällt, Bilder von den vier Jahreszeiten nach ihrer zeitlichen Abfolge zu ordnen. Noch am Ende des 4. Schuljahres gelingt das fast 20 % der Schüler nicht. Die Entwicklung eines Flußlaufes von der Quelle bis zur Mündung wird insgesamt von mehr Kindern richtig erfaßt. Diese Aufgabe ist möglicherweise leichter, weil darin eine räumliche, keine zeitliche Abfolge erfaßt werden muß.[29] Der Produktionsablauf vom Schaf zur Strickjacke wird im 1. Schuljahr etwa von der Hälfte der Schüler und im 4. Schuljahr von fast allen Kindern im ganzen richtig nachvollzogen. Bei der Reihenfolge der einzelnen Stadien wird allerdings von einigen Kindern – der Anteil ist vom 2. Schuljahr an rückläufig – ein typischer Fehler gemacht. Sie erkennen die Funktion des Spinnrades nicht, wodurch in dem Ablauf ein logischer Sprung entsteht. Innerhalb dieser Gruppe ist die Aufgabe 5.4 eindeutig die schwerste. Hier sollten aus fünf Bildern die drei herausgefunden werden, die die Entwicklung einer Siedlung vom Dorf zur Kleinstadt zeigen. Das Verständnis dieses raumzeitlichen Wandels, der sich über einen Zeitraum von Jahrzehnten erstreckt, setzt eine erweiterte Zeitperspektive voraus, wie sie sich offenbar erst nach dem 3. Schuljahr entwickelt. Insgesamt werden die genannten Aufgaben von Jungen und Mädchen gleich gut gelöst. Es besteht eine Tendenz zu besseren Ergebnissen bei den Schülern der Schule A; die Differenz ist jedoch nicht statistisch gesichert.

Die Aufgabe 5.5 untersucht, ob die Schüler wissen, welche Produkte aus einigen wichtigen Rohstoffen hergestellt werden. Grundstoffe und Endprodukte eines Produktionsablaufs sollten einander zugeordnet werden. Die sieben Teilaufgaben erwiesen sich als sehr unterschiedlich in ihrem Schwierigkeitsgrad. Es ist bezeichnend, daß den Stadtkindern die Herstellung von Zucker und Mehl aus Feldfrüchten weniger bekannt ist als die Produktion von Briketts, Benzin und Papier aus den entsprechenden Rohstoffen. Insgesamt wurden bei diesen Aufgaben jedoch erstaunlich gute

Ergebnisse erzielt. Schon im 2. Schuljahr liegt der Anteil der richtigen Lösungen über 50%. Die Schüler der Schule A lösen die Aufgabe 5.5 signifikant besser als die Schüler der Schule B. Es besteht eine Tendenz zu besseren Ergebnissen bei den Jungen.

Tab. 93 Aufgaben 5.1 – 5.5: richtige Lösungen in %

Schuljahr	1.	2.	3.	4.
Schule A	44,8	58,3	70,0	83,7
Schule B	18,5	44,0	73,8	77,1
Jungen	36,7	55,1	70,6	81,2
Mädchen	27,3	50,0	73,6	79,9
5.1 – 5.4	33,2	46,8	55,6	69,7
5.5	31,9	54,5	81,0	86,8
Insgesamt	32,4	51,7	71,8	80,5

Bei beiden Aufgabengruppen ist eine kontinuierliche Zunahme der richtigen Lösungen im Laufe der Grundschulzeit zu erkennen. Das Verständnis der Kinder für raumzeitliche Prozesse zeigt den stärksten Zuwachs zwischen dem 1. und 2., bzw. dem 3. und 4. Schuljahr. Im ganzen verläuft der Anstieg jedoch recht gleichmäßig. Diese Fähigkeit, zeitliche Abfolgen zu erfassen, wird mit Sicherheit durch zunehmende Kenntnisse und Erfahrungen gefördert. Die Kenntnis der Zuordnung von Produkten zu den entsprechenden Rohstoffen weist die stärkste Zunahme zwischen dem 2. und 3. Schuljahr auf.

4.6. 6. Teiltest: Räumliche Zuordnung länderkundlicher Inhalte

Aufgabe 6.1
Diese Aufgabe hatte zum Ziel, festzustellen, ob die Schüler länderkundliche Fakten, wie z. B. Menschenrassen, Landschaftstypen und Siedlungen richtig den Kontinenten Afrika und Nordamerika zuordnen können. Die räumliche Zuordnung gibt gleichzeitig Aufschluß darüber, welche Vorstellung sie von diesen Regionen haben. Es war zu erwarten, daß diese Vorstellungen der Kinder im Grundschulalter klischeehaft sind; darauf wiesen schon die Untersuchungen von *E. Wagner*,[30] *F. Stückrath*[31] und *H. Apfelstedt*[32] hin. Die Aufgabe 6.1 sollte nun überprüfen, ob dieses Klischeebild existiert, ob es sich evtl. aus noch diffusen Vorstellungen im 1. Schuljahr erst allmählich manifestiert oder ob es im Gegenteil mit zunehmendem Alter der Schüler abgebaut wird.

Das Bildzuordnungsverfahren wurde gewählt, da einerseits den jüngeren Schülern die schriftliche Zuordnung oder aufsatzmäßige Beschreibung noch nicht möglich ist und da andererseits auch die Anfertigung von Schülerzeichnungen zum Thema „Wie ich mir Afrika/Amerika vorstelle" methodische Nachteile hat. Es besteht dabei nämlich die Gefahr, daß die Kinder nur das zeichnen, was sie glauben darstellen zu können – wobei aufgrund der Entwicklung des Realitätssinnes mit fortschreitendem Alter zunehmend Hemmungen auftreten – bzw. was ihnen besonders interessant erscheint. Damit wird eine Vorauswahl dessen, was zur Darstellung gelangt, getroffen; und die Zeichnungen entsprechen deshalb wahrscheinlich nicht den tatsächlichen Vorstellungen der Kinder. Außerdem stellen Zeichnungen im allgemeinen nur eine Szene dar; sie sind damit inhaltlich sehr beschränkt. Als weiterer Nachteil kommt hinzu, daß – wie schon erwähnt – bei der Beurteilung von Schülerzeichnungen kaum Auswertungsobjektivität zu erreichen ist, da sie im einzelnen oft verschiedene Interpretationen zulassen. Die Zuordnung der 16 Einzelbilder führt zu einem inhaltsreicheren und differenzierteren Bild von Afrika und Nordamerika, als es mit Hilfe von Schülerzeichnungen möglich gewesen wäre. Deshalb sind die Bilder auch bewußt aus ganz verschiedenen Bereichen genommen worden: Naturraum, Tierwelt, Mensch, Siedlung, Handel und Verkehr. Die vier Tiere, die leicht darzustellen waren, wurden als Zeichnung, die komplexeren Sachverhalte mit Hilfe von Fotografien dargestellt. Die Zuordnung der Bilder nach Afrika und Nordamerika wurde, um Verwechslungen zu vermeiden, in zwei getrennten Arbeitsgängen durchgeführt. Um sicherzustellen, daß sie die Zeichnungen richtig verstanden, wurden die Tiere vor dem Arbeitsbeginn von den Kindern benannt, was schon im 1. Schuljahr keine Schwierigkeiten bereitete. Dann wurde noch darauf hingewiesen, daß diese Tiere bei uns und in manchen anderen Ländern im Zoo zu sehen seien, daß es aber in der Aufgabe darum gehe, wo sie ursprünglich hingehören, d. h. wo sie in der Natur vorkommen. Die einzelnen Teilaufgaben wurden von den Schülern synchron bearbeitet. Das war notwendig, da einige Bilder vom Versuchsleiter erläutert werden mußten, zum anderen diente dieses Verfahren dazu, den schnell arbeitenden Schülern am Ende der Aufgabe eine längere Wartezeit zu ersparen. Bei den Bildern 5 bis 7 sollte der dargestellte Typus, nicht das Individuum erkannt und zugeordnet werden, deshalb wurde der Inhalt dieser Bilder vom Versuchsleiter erläutert: 5. große Stadt; 6. großer Hafen; 7. viel Autoverkehr. Die übrigen Bilder konnten mit Ausnahme von Bild 13 (Araber) meist von den Kindern benannt werden. Die Aufgabe verlangte demnach insgesamt 32 Zuordnungsentscheidungen. Da aufgrund der Ergebnisse von F. Stückrath anzunehmen war, daß den Schülern die Zuordnung nach Afrika leichter fallen würde, wurde damit begonnen.

Aus der Tab. 94 geht hervor, welche Zuordnungen als richtig bewertet wurden.

Tab. 94

Bild	1	2	3	4	5	6	7	8	9	10	11	12	13	14	15	16
Afrika	x		x			x	x	x		x		x		x	x	x	x
Amerika			x	x	x	x	x	x	x	x					x	x

Tab. 95
Richtige Lösungen in %,
Durchschnitt aller Teilaufgaben

1.	2.	3.	4. Schulj.
30,5	32,1	32,6	39,0

Tab. 96 Richtige Lösungen
1.–4. Schuljahr insgesamt in %,
Durchschnitt aller Teilaufgaben

Schule A	35,5
Schule B	31,5
Jungen	35,0
Mädchen	32,9

Der Durchschnittswert des Prozentsatzes der richtigen Lösungen für alle 16 Bilder (Tab. 95) stagniert in den ersten drei Schuljahren und zeigt danach eine steigende Tendenz. Für die einzelnen Teilaufgaben sind die Ergebnisse sehr unterschiedlich. Eine signifikante Zunahme der richtigen Lösungen zwischen dem 1. und 4. Schuljahr ist in bezug auf die folgenden Bilder festzustellen: Känguruh (Bild 2), Bär (4), Hafen (6), Verkehr (7), Indianer (10) und Steppe (15). Bei Aufgabe 12 (Chinese) besteht schon zwischen dem 1. und 2. Schuljahr eine signifikante Zunahme und danach weiterhin eine steigende Tendenz. Bei Aufgabe 14 (Urwald) ist der Anstieg zwischen dem 1. und 3. Schuljahr signifikant. Dagegen findet sich ein statistisch gesicherter Rückgang der richtigen Ergebnisse bei den Aufgaben 13 (Araber) und 16 (Wüste). Die Fehler entstehen bei Aufgabe 13 durch einen Rückgang der

Zuordnungen nach Afrika. Während die jüngeren Schüler dazu neigen, alle fremdartig erscheinenden Rassen nach Afrika einzuordnen, könnte es sein, daß im 4. Schuljahr schon einige Schüler wissen, daß Arabien ein asiatisches Land ist und sie daraus den Schluß ziehen, daß es in Afrika keine Araber gibt; oder aber sie meinen, in Afrika lebten nur Neger und evtl. Weiße. Bei Aufgabe 16 kommen die Fehler durch einen Rückgang der Zuordnungen sowohl nach Afrika als auch nach Amerika zustande. Als am leichtesten erwiesen sich die Zuordnungen von Chinese, Elefant, Urwald und Wolkenkratzer mit 50–80% richtigen Lösungen, am schwierigsten waren Stadt, Verkehr, Hafen und Wüste mit 12–17% richtigen Lösungen.
Die Schüler der Schule A erreichen tendenziell bessere Ergebnisse als die Schüler der Schule B; bei den Aufgaben 6 und 12 ist die Differenz signifikant. Es besteht eine geringfügige Tendenz zu besseren Lösungen bei den Jungen. Insgesamt lassen die Ergebnisse erkennen, daß im Laufe der Grundschulzeit kein wesentlicher Fortschritt bei der Zuordnung geographischer Fakten nach Afrika und Nordamerika erzielt wird. Welche Vorstellungen die Kinder von den beiden Kontinenten haben, kommt in der Häufigkeit der Wahlen zum Ausdruck, die auf die einzelnen Bilder entfallen.

Tab. 97   Zuordnungen nach Afrika in %

1.		2.		3.		4. Schuljahr	
Elefant	98,2	Neger	96,3	Neger	98,1	Neger	98,2
Neger	94,5	Elefant	92,6	Urwald	90,4	Elefant	98,2
Urwald	85,5	Urwald	88,9	Elefant	90,4	Urwald	85,7
Wüste	70,9	Kamel	66,7	Wüste	53,8	Wüste	42,9
Kamel	63,6	Wüste	64,8	Kamel	53,8	Känguruh	41,1
Känguruh	63,6	Indianer	53,7	Känguruh	46,2	Steppe	37,5
Araber	63,6	Verkehr	48,1	Steppe	38,5	Kamel	35,7
Indianer	61,8	Känguruh	44,4	Bär	34,6	Hafen	35,7
Weißer	49,1	Steppe	42,6	Indianer	32,7	Weißer	28,6
Bär	41,8	Weißer	37,0	Hafen	30,8	Verkehr	28,6
Steppe	38,2	Araber	31,5	Verkehr	21,2	Bär	23,2
Chinese	23,6	Hafen	29,6	Weißer	17,3	Wolkenkr.	21,4
Stadt	20,0	Wolkenkr.	27,8	Stadt	15,4	Stadt	19,6
Hafen	18,2	Bär	25,9	Wolkenkr.	13,5	Indianer	14,3
Wolkenkr.	16,4	Stadt	14,8	Araber	13,5	Araber	8,9
Verkehr	10,9	Chinese	7,4	Chinese	3,8	Chinese	3,6

Neger, Elefant, Urwald, Wüste und Kamel werden in allen Schuljahren am häufigsten Afrika zugeordnet; die Positionen dieser Bilder wechseln nur geringfügig. Die Attribute eines Industriestaates – Stadt, Hafen, Verkehr – erscheinen im 1. Schuljahr an den letzten Positionen, und mit Ausnahme des Hafens nimmt ihre Wahl bis zum 4. Schuljahr nicht signifikant zu. Die Vorstellungen von Afrika werden insgesamt nicht zutreffender, da sowohl richtige Wahlen – Wüste, Kamel, Araber, Weißer – als auch falsche – Indianer, Chinese, Känguruh, Bär – gleichermaßen signifikant abnehmen. Die Verteilung der Wahlen zeigt, daß die Schüler ein klischeehaftes Bild von Afrika haben, das im Laufe der Grundschulzeit relativ konstant bleibt. „Afrika" beinhaltet für sie in erster Linie Urwald, Neger und exotische Tiere. Die Ergebnisse der Untersuchungen von *E. Wagner* 1958 und 1972/73 werden hier bestätigt. „Afrika ist das Land ohne Technik, ohne Städte, mit kräftiger Sonne, primitiv lebenden Menschen und den ungemein vielen wilden Tieren."[33]

Während in bezug auf Afrika sechs der acht meistgewählten Bilder in allen vier Jahrgängen konstant bleiben, sind es bei Amerika nur drei: Indianer, Wolkenkratzer und Verkehr.

Tab. 98 Zuordnungen nach Nordamerika in %

1.		2.		3.		4. Schuljahr	
Känguruh	63,6	Känguruh	59,3	Wolkenkr.	63,5	Verkehr	73,2
Indianer	58,2	Wolkenkr.	51,9	Weißer	59,6	Steppe	73,2
Wolkenkr.	56,4	Neger	48,1	Elefant	53,8	Weißer	66,1
Kamel	50,9	Indianer	48,1	Verkehr	50,0	Wolkenkr.	62,5
Urwald	47,3	Kamel	44,4	Bär	50,0	Indianer	62,5
Weißer	47,3	Steppe	42,6	Indianer	46,2	Stadt	53,6
Stadt	45,5	Verkehr	42,6	Steppe	46,2	Bär	53,6
Verkehr	45,5	Elefant	40,7	Hafen	46,2	Hafen	48,2
Bär	43,6	Urwald	38,9	Känguruh	44,2	Känguruh	41,1
Elefant	41,8	Stadt	37,0	Neger	42,3	Elefant	30,4
Neger	41,8	Araber	35,2	Stadt	36,5	Neger	26,8
Wüste	36,4	Bär	35,2	Urwald	32,7	Urwald	26,8
Araber	30,9	Wüste	33,3	Kamel	30,8	Kamel	16,1
Hafen	27,3	Weißer	33,3	Araber	13,5	Wüste	16,1
Steppe	21,8	Hafen	27,8	Chinese	11,5	Araber	5,4
Chinese	21,8	Chinese	13,0	Wüste	9,6	Chinese	5,4

Die Vorstellungen der Schüler von Amerika sind weniger eindeutig und konstant als die von Afrika. Das kommt u. a. darin zum Ausdruck, daß die am häufigsten zugeordneten Bilder hier nur von 59–73% der Schüler gewählt wurden, während fast alle Schüler die entsprechenden Bilder Afrika zuordneten. Die Vorstellung von Amerika wird im Laufe der Grundschulzeit präziser. Die Wahlen von Verkehr, Hafen und dem Weißen nehmen zwischen dem 1. und 4. Schuljahr signifikant zu, die von Kamel, Urwald, Känguruh, Wüste und Araber nehmen statistisch gesichert ab. Am Ende des 4. Schuljahres beinhaltet das Bild der Schüler von Amerika nicht nur Wolkenkratzer, Städte und viel Verkehr, sondern auch exotische Elemente wie Steppe, Indianer und Bär. Eine Untersuchung von F. Stückrath kam ebenfalls zu dem Ergebnis, daß Amerika für die Schüler des 4. Schuljahres das Land der Superlative und der Wildwestromantik darstellt.[34]

In bezug auf beide Kontinente werden die Vorstellungen der Schüler markanter und einheitlicher. Zwischen dem 1. und 4. Schuljahr nehmen die Wahlen der am häufigsten genannten Bilder zu und die der am seltensten genannten gleichzeitig ab. Die Vorstellungen der Jungen und Mädchen sind, soweit sie hier erfaßt werden konnten, in bezug auf Afrika nahezu identisch. Bei Amerika sind sie weniger einheitlich, was sich in den unterschiedlichen Positionen der gewählten Bilder ausdrückt. Im einzelnen sind die Differenzen in der Häufigkeit der Wahlen allerdings nicht signifikant.

Die Korrelation der Ergebnisse dieser Zuordnungsaufgaben mit den Angaben der Schüler darüber, ob sie Filme über fremde Länder im Fernsehen ansehen bzw. Reisebeschreibungen lesen, ergab keinen Zusammenhang.

Ebensowenig besteht eine Beziehung zwischen den Zuordnungen der Tiere und dem Ansehen von Tiersendungen, sowie dem Lesen von Tiergeschichten.

Aufgaben 6.2 bis 6.6

Die Aufgaben 6.2 bis 6.6 prüfen geographisches Faktenwissen. Die Schüler müssen die Antworten wissen, sie können sie nicht durch schlußfolgerndes Denken ermitteln. Die Aufgaben untersuchen die Fähigkeit der Kinder, Sachverhalte verbal räumlich zuzuordnen, nicht, ob sie eine anschauliche Vorstellung von dem Sachverhalt oder seiner räumlichen Fixierung haben. Die Aufgaben bestehen aus einer Frage, zu der Auswahlantworten vorgegeben sind. Bei den Aufgaben 6.2 bis 6.4 und 6.6 wurden die Schüler darauf hingewiesen, daß jeweils nur eine der Antworten richtig sei. Mehrfachwahlen, die gelegentlich im 1. Schuljahr auftraten, wurden nicht gewertet.

Bei der Aufgabe 6.2 mit der Frage „Welche dieser Städte hat einen bedeutenden Seehafen?" steigt der Prozentsatz der richtigen Lösungen von Schuljahr zu Schuljahr kontinuierlich an.

Tab. 99 Wahlen in %

Schuljahr	1.	2.	3.	4.
1. München	18,2	3,7	11,5	5,4
2. Hamburg	23,6	64,8	69,2	87,5
3. Frankfurt	14,5	5,6	3,8	3,6
4. Köln	34,5	24,1	15,4	3,6

Der Zuwachs zwischen dem 1. und 2. und zwischen dem 3. und 4. Schuljahr ist signifikant. Erstaunlich ist die starke Zunahme der richtigen Lösungen schon zwischen dem 1. und 2. Schuljahr. Im 1. Schuljahr erhält Köln noch die meisten Wahlen. Es ist anzunehmen, daß diese Schüler entweder die Frage noch nicht richtig erfassen und deshalb die Stadt mit dem höchsten Bekanntheitsgrad wählen, oder aber noch nicht zwischen Binnen- und Seehafen differenzieren. Vom 2. Schuljahr an entfallen die meisten Wahlen auf die richtige Lösung, während die Wahlen von Köln stetig zurückgehen. Im 4. Schuljahr wird die Frage von den weitaus meisten Kindern richtig beantwortet.

Die Aufgabe 6.3 lautet: „Welcher der folgenden Flüsse fließt durch Afrika?"

Tab. 100 Wahlen in %

Schuljahr	1.	2.	3.	4.
1. Donau	10,9	3,7	1,9	3,6
2. Indus	16,4	13,0	21,2	16,1
3. Nil	16,4	13,0	23,1	42,9
4. Mississippi	41,8	68,5	53,8	37,5

Bis zum 3. Schuljahr einschließlich wählen die Schüler überwiegend die falsche Lösung 4. Das ist wahrscheinlich darauf zurückzuführen, daß den Kindern die Donau als europäischer Fluß weitgehend bekannt ist, sie erhält in allen Schuljahren die wenigsten Wahlen, und daß ihnen der Mississippi namentlich von den außereuropäischen Flüssen am vertrautesten ist, evtl.

durch Karl-May-Bücher oder Wildwestfilme. Möglicherweise beeinflußt auch der fremdländische Klang des Namens die Entscheidung der Schüler. Erst im 4. Schuljahr wird die richtige Lösung am häufigsten gewählt. Der Prozentsatz der richtigen Ergebnisse zeigt zwischen dem 1. und 3. Schuljahr eine steigende Tendenz; die Zunahme vom 3. zum 4. Schuljahr ist signifikant.

Die Aufgabe 6.4 mit der Frage: „Welche Stadt liegt in Amerika?" prüfte ebenfalls topographisches Wissen.

Tab. 101 Wahlen in %

Schuljahr	1.	2.	3.	4.
1. Kairo	7,3	18,5	11,5	5,4
2. Brüssel	5,5	1,9	0,0	0,0
3. Athen	18,2	13,0	0,0	3,6
4. San Francisco	56,4	66,7	88,5	91,1

Hier überwiegen schon vom 1. Schuljahr an die richtigen Antworten bei weitem. San Francisco dürfte z. Z. durch eine Fernsehreihe bei den Schülern einen so hohen Bekanntheitsgrad erlangt haben. Immerhin gaben 82% der Kinder an, daß sie fast täglich und 12,9%, daß sie zwei- bis dreimal in der Woche fernsehen. Der Prozentsatz der richtigen Lösungen steigt von Schuljahr zu Schuljahr kontinuierlich an. Die Zunahme zwischen dem 2. und 3. Schuljahr ist signifikant. Auf die beiden europäischen Städte entfallen schon vom 2. Schuljahr an die wenigsten Wahlen.

Bei der Aufgabe 6.5 hieß die Frage: „Wo ist es sehr warm?" Hierbei standen sechs Antworten zur Auswahl, von denen drei richtig waren. Die Schüler wurden darauf hingewiesen, daß bei dieser Aufgabe mehrere richtige Lösungen möglich seien. Damit sollte verhindert werden, daß sie sich mit einer Lösung zufrieden gaben und, nachdem sie diese gefunden hatten, nicht weiter suchten. Als richtiges Ergebnis wurde die Kombination der Antworten 1, 2 und 5 gewertet.

Tab. 102 Wahlen in %

Schuljahr	1.	2.	3.	4.
1. Italien	43,6	90,7	61,5	80,4
2. Indien	38,2	79,6	69,2	87,5
3. Zugspitze	23,6	11,1	17,3	3,6
4. Nordpol	14,5	3,7	0,0	1,8
5. Sahara	52,7	85,2	90,4	98,2
6. Südpol	21,8	18,5	17,3	7,1
richtige Lösungen	0,0	59,3	40,4	60,7

Im 1. Schuljahr hat noch kein Kind die Aufgabe insgesamt richtig gelöst, obwohl von Anfang an auf die drei zutreffenden Antworten die meisten Wahlen entfallen. Der Prozentsatz der richtigen Lösungen ist im 2. Schuljahr bereits relativ hoch, geht danach zurück und steigt zwischen dem 3. und 4. Schuljahr wieder deutlich an. Die Differenzen zwischen den einzelnen Schuljahren, einschließlich des Rückgangs vom 2. zum 3. Schuljahr, sind

signifikant. Dieser eindeutige Rückgang der richtigen Lösungen wird ganz überwiegend von den Schülern der Schule B verursacht. Gründe für dieses Verhalten konnten nicht gefunden werden. Aus der Tabelle geht lediglich hervor, daß die Wahlen von Italien stark und die von Indien in geringerem Maße rückläufig sind. Das Wissen darum, daß es in der Sahara sehr warm ist, nimmt dagegen kontinuierlich zu. Bemerkenswert ist die häufige Nennung des Südpols. Sie geht wahrscheinlich darauf zurück, daß in unseren Breiten der Begriff „Süden" mit der Vorstellung von Wärme verbunden ist, bedingt durch Reiseprospekt-Klischees vom „sonnigen Süden". Die Wahlen dieser Antwort nehmen im Laufe der Grundschulzeit signifikant ab. Dasselbe gilt für die Antwort 3 (Zugspitze). Hierbei wird deutlich, daß bei dem Wissen darum, daß in großer Höhe eine niedrige Temperatur herrscht, zwischen dem 3. und 4. Schuljahr ein wesentlicher Fortschritt zu verzeichnen ist. Eigene Erfahrungen der Schüler im Gebirge könnten hier eine Rolle spielen. Die gesamte Aufgabe wurde in Schule A besser gelöst als in Schule B. Die Differenz ist statistisch gesichert.

Die Aufgabe 6.6 lautete: „Wie heißt die deutsche Bundeshauptstadt?"

Tab. 103 Wahlen in %

Schuljahr	1.	2.	3.	4.
1. Berlin	0,0	11,1	13,5	3,6
2. Bonn	56,4	63,0	76,9	94,6
3. Düsseldorf	12,7	16,7	3,8	1,8
4. Wien	20,0	9,3	5,8	0,0

Der Anteil der richtigen Lösungen nimmt kontinuierlich zu. Der Anstieg zwischen dem 1. und 3., sowie dem 3. und 4. Schuljahr ist jeweils signifikant. An der bis zum 3. Schuljahr zunehmenden Wahl von Berlin wird ersichtlich, daß hier das größere Wissen der Schüler, nämlich daß Berlin einmal deutsche Reichshauptstadt war, zu Fehlern führt. Bonn als Bundeshauptstadt ist im 1. Schuljahr schon mehr als der Hälfte der Kinder und am Ende des 4. Schuljahres schließlich nahezu allen Schülern bekannt.

Tab. 104 Aufgaben 6.2–6.6: richtige Lösungen 1.–4. Schuljahr insgesamt in %

Aufgabe	6.2	6.3	6.4	6.5	6.6
Schule A	62,3	28,1	75,4	49,1	78,1
Schule B	60,2	19,4	75,7	30,1	67,0
Jungen	62,9	20,0	79,0	40,0	77,1
Mädchen	61,6	27,7	72,3	40,2	68,8

Mit Ausnahme von 6.5 wird keine Aufgabe in Schule A signifikant besser gelöst, aber insgesamt besteht doch eine Tendenz zu besseren Ergebnissen als in Schule B. Die Ergebnisse der Jungen und Mädchen differieren zwar im einzelnen, aber die Unterschiede liegen jeweils im Bereich einer zufälligen Varianz.

6. Teil   Räumliche Zuordnung länderkundlicher Inhalte:
          Zusammenfassung der Ergebnisse

Die Ergebnisse des 6. Teiltests geben Aufschluß über die Fähigkeit der

Grundschüler, länderkundliche Fakten räumlich zuzuordnen. Die Aufgabe 6.1 läßt erkennen, daß die Schüler eine klischeehafte Vorstellung von Afrika haben, die durch Neger, Urwald und exotische Tiere bestimmt wird und während der Grundschulzeit ziemlich konstant bleibt. Das Bild von Amerika ist im ganzen weniger eindeutig, wird aber mit zunehmendem Alter der Kinder präziser. Am Ende des 4. Schuljahres bedeutet Amerika für die Schüler Land der Superlative und der Wildwestromantik. In bezug auf Afrika sind die Vorstellungen der Jungen und Mädchen nahezu identisch, bei Amerika sind sie weniger einheitlich, wobei sich die Wahlen der Bilder im einzelnen allerdings nicht signifikant unterscheiden.

Die Annäherung der Vorstellungen über die beiden Kontinente an die Wirklichkeit ist im Laufe der Grundschulzeit relativ gering. Nur bei 7 der 16 Bilder ist eine statistisch gesicherte Zunahme der richtigen Zuordnungen im 4. gegenüber dem 1. Schuljahr festzustellen. Beim Gesamtergebnis aller 16 Teilaufgaben findet sich der stärkste Anstieg zwischen dem 3. und 4. Schuljahr. Es ist eine Tendenz zu besseren Ergebnissen bei den Schülern der Schule A zu erkennen; Jungen und Mädchen lösen die Aufgabe gleich gut.

Tab. 105 Aufgabe 6.1: richtige Lösungen in %

Schuljahr	1.	2.	3.	4.
Schule A	34,3	29,7	34,3	43,1
Schule B	26,2	34,8	30,8	34,5
Jungen	29,8	30,9	33,6	42,8
Mädchen	28,8	32,6	31,2	35,3
insgesamt	30,5	32,1	32,6	39,0

Zwischen der Fähigkeit, die Tiere richtig zuzuordnen, und den Angaben der Schüler, daß sie im Fernsehen Tiersendungen ansehen bzw. Tiergeschichten lesen, war entgegen den Erwartungen kein Zusammenhang erkennbar. Ebensowenig korreliert das Ergebnis der Aufgabe 6.1 mit dem Ansehen von Filmen über fremde Länder und dem Lesen von Reisebeschreibungen.

Die Aufgaben 6.2–6.6 prüfen geographisches Faktenwissen. Bei diesen Aufgaben, die eine zufällige Auswahl aus einem umfangreichen Kanon möglicher Fragen darstellen, ist zu berücksichtigen, daß hier die Ergebnisse in besonderer Weise von der Aufgabenstellung abhängig sind. Eine weitere Untersuchung dieses Schülerwissens anhand anderer Aufgaben ist deshalb erforderlich.

Tab. 106 Aufgaben 6.2–6.6: richtige Lösungen in %

Schuljahr	1.	2.	3	4.
Schule A	40,0	52,4	62,2	80,0
Schule B	20,0	54,4	56,8	70,3
Jungen	32,7	61,1	60,0	73,4
Mädchen	28,0	49,4	59,1	77,3
insgesamt	30,7	53,4	59,6	75,4

Die Ergebnisse der Aufgaben 6.2–6.6 zeigen eine kontinuierliche Zunahme der richtigen Lösungen zwischen dem 1. und 4. Schuljahr. Der stärkste Zuwachs liegt zwischen dem 1. und 2. Schuljahr. Die Schüler der Schule A lösen die Aufgaben insgesamt signifikant besser als die Schüler der Schule B. Die Ergebnisse von Jungen und Mädchen weisen keine überzufällige Differenz auf.

4.7. Zusammenfassung der Testergebnisse

Die in den sechs Teiltests untersuchten Fähigkeiten der Schüler weisen eine stetige Zunahme im Verlauf der Grundschulzeit auf. Beim Verständnis geographischer Begriffe, dem Raumverständnis und der Fähigkeit, raumzeitliche Prozesse zu erfassen, liegt der stärkste Zuwachs zwischen dem 2. und 3. Schuljahr, bei den Fähigkeiten, Strukturen und funktionale Zusammenhänge zu erkennen sowie länderkundliche Fakten räumlich zuzuordnen, liegt er zwischen dem 3. und 4. Schuljahr. Dabei ist jedoch zu berücksichtigen, daß der Zeitpunkt, an dem eine Fähigkeit lt. Testergebnis am stärksten zunimmt, vom Schwierigkeitsgrad der Aufgaben abhängig ist. Die Ergebnisse, die mit Hilfe dieses Tests erzielt wurden, müssen immer im Zusammenhang mit den Testaufgaben gesehen werden; sie lassen kaum allgemeingültige Aussagen zu. Wie Nachuntersuchungen zu den Experimenten von J. *Piaget* gezeigt haben, sind die Ergebnisse von Aufgaben, die einen Entwicklungsstand ermitteln sollen, sehr eng an Form und Inhalt der jeweiligen Aufgabe gebunden.[35] Daraus ergibt sich die Notwendigkeit, das Wissen und die Fähigkeiten, die hier überprüft wurden, weiter mit anderem Aufgabenmaterial und mit jeweils mehreren Aufgaben verschiedenen Schwierigkeitsgrades zu untersuchen. Das war jedoch im Rahmen dieser Arbeit, die einen ersten Überblick über die Voraussetzungen für länderkundliches Verständnis im Grundschulalter schaffen sollte, nicht möglich.

Mit Hilfe des Fragebogens sollte ermittelt werden, welche außerschulischen Faktoren sich fördernd auf die untersuchten Fähigkeiten auswirken und aus welchen Quellen die Schüler ihr außerschulisch erworbenes Wissen beziehen. Die Korrelation des Gesamtergebnisses des Tests mit den Angaben der Schüler darüber, ob die Familie über Fernsehgerät, Auto, Straßenkarten, Atlas oder Globus verfügt, ergab einen signifikanten positiven Zusammenhang. Der Besitz der genannten Gegenstände läßt in einem gewissen Maße erkennen, wie anregend das Elternhaus in bezug auf das länderkundliche Verständnis der Schüler ist. Die Korrelation des Testergebnisses mit der Häufigkeit, mit der die Kinder fernsehen bzw. Schulfunk hören, ließ keinen überzufälligen Zusammenhang erkennen. Die Tatsache, daß ein Kind vor der Einschulung einen Kindergarten besucht hatte, wirkte sich ebenfalls nicht auf das Testergebnis aus. Hierzu muß jedoch einschränkend gesagt werden, daß die Gruppe der Kinder, die keinen Kindergarten besucht hatten, mit 27 sehr klein war. Auch die Reiseerfahrungen der Schüler beeinflussen das Testergebnis nicht nachweisbar.

Bei der Untersuchung der Ursachen, die zu den unterschiedlichen Testleistungen der Kinder führen, gab die Korrelation des Gesamttestergebnisses mit den einzelnen Zeugnisnoten und mit der Summe der drei wichtigsten Noten, die die Schulleistung repräsentieren, weiteren Aufschluß.

Werte $\geq 0,27$ weisen auf einen signifikanten, Werte $\geq 0,44$ auf einen hochsignifikanten Zusammenhang hin. Es besteht ein deutlicher Zusammenhang zwischen dem Testergebnis und der Schulleistung, der, je länger die Kinder in der Schule sind, desto ausgeprägter wird. Das deutet darauf hin, daß die Faktoren, die eine gute Schulleistung begründen, sich auch günstig auf das

Tab. 107 Korrelation (r): Gesamttestergebnis – Zeugnisnoten

Schuljahr	2.	3.	4.
Sprache	0,30	0,27	0,39
Mathematik	0,35	0,33	0,58
Sachunterricht	0,33	0,49	0,54
Schulleistung	0,37	0,47	0,61

Testergebnis auswirken. Da sind vor allem Intelligenz, Lernmotivation, Interessen, die Gesamtheit der Anregung durch die Umwelt zu nennen. Insgesamt wirken zahlreiche Faktoren auf die Schulleistung ein, von denen jeder einzelne nur einen geringen Anteil erklärt.[36] Dasselbe scheint für die Testleistung zuzutreffen. Die Schüler der Schule A, die nach dem Beruf des Vaters zu einem größeren Teil der Mittelschicht und in Einzelfällen der Oberschicht angehören, erreichen in fünf der sechs Teiltests signifikant bessere Ergebnisse als die Schüler der Schule B, die ganz überwiegend der Unterschicht angehören. Die gesamte Anregung durch das häusliche Milieu wirkt sich offenbar positiv auf die Testergebnisse aus, wobei allerdings kein einzelner der hier untersuchten Faktoren allein ins Gewicht fällt.

Besonders groß ist die Leistungsdifferenz zwischen den Schülern der beiden Schulen im 1. Schuljahr. Hier wirken sich die unterschiedlichen außerschulischen Anregungsverhältnisse am stärksten aus. Im Laufe der Grundschulzeit gleichen sich, offenbar durch den Einfluß der Schule, die Leistungen der Schüler einander an. Die Differenz ist im 4. Schuljahr nur noch halb so groß wie im 1. Schuljahr. Die Jungen erreichen tendenziell bessere Ergebnisse als die Mädchen. Zu einem entsprechenden Befund kamen auch *K. Odenbach* und *E. Wagner*.[37] Da Jungen sicherlich nicht anlagebedingt über einen höheren IQ verfügen, läßt dieses Ergebnis den Schluß zu, daß sie in bezug auf die hier angesprochenen Fähigkeiten intensiver gefördert werden. Nach Beobachtungen während des Tests und eigenen Unterrichtserfahrungen haben Jungen durchweg ein stärkeres Interesse an diesen Fragestellungen als Mädchen.

5. Konsequenzen aus den Ergebnissen für das Curriculum Geographie in der Primarstufe

Basierend auf den theoretischen Erörterungen und den vorliegenden Untersuchungsergebnissen, folgen nun Überlegungen zum Curriculum Geographie im Sachunterricht der Primarstufe. Anhand der Richtlinien für die Grundschule in Nordrhein-Westfalen von 1973 wird exemplarisch dargestellt, wo das Curriculum in bezug auf die hier untersuchten Aspekte präzisiert oder revidiert werden müßte.

(1) Die Untersuchung des Begriffsverständnisses bestätigte einige bereits vorliegende Ergebnisse und macht deutlich, daß Kinder im Grundschulalter Begriffe inhaltlich häufig anders fassen als Erwachsene und daß der richtige Wortgebrauch in einer bestimmten Situation kein Indiz dafür ist, daß das Kind den Begriff erfaßt hat und klar abgrenzt. Dieser Befund und die Bedeutung fest umrissener Begriffe für die weitere geographische Arbeit lassen eine systematische Einführung geographisch relevanter Begriffe im Unterricht erforderlich erscheinen. Sie müßte in den Grundzügen dem von R. Gagné dargestellten Prozeß der Aneignung konkreter Begriffe folgen.[38]
Für die Unterrichtspraxis würde das bedeuten, daß bei der Behandlung eines Individuums, z. B. des Duisburger Binnenhafens, die Schüler auch mit anderen Repräsentanten des Begriffs „Hafen" evtl. anhand von Lichtbildern konfrontiert werden, damit sie die Begriffsklasse erfassen und nicht bei dem Individualbegriff stehenbleiben. Dabei müssen die wesentlichen Merkmale eines Begriffs hervorgehoben werden, da die Schüler noch nicht in der Lage sind, notwendige und zufällige Bedingungen zu unterscheiden. Hier wird ersichtlich, daß eine Beziehung zwischen formalem Denken und Begriffsbildung, die eine logische Klassenbildung darstellt, besteht.

Die Richtlinien enthalten zwar zu jedem Themenbereich einen Begriffskatalog, aber einige Aussagen bezüglich der Begriffe und der Begriffsbildung müßten präzisiert werden bzw. fehlen bisher ganz. So sind z. B. diese Aufstellungen von Begriffen einmal mit „grundlegende Begriffe", zum anderen mit „Kennenlernen folgender Begriffe" überschrieben. Es ist nicht ersichtlich, ob die angeführten Begriffe unterschiedlich behandelt werden sollen, ob z. B. die Anwendung der grundlegenden Begriffe von den Schülern beherrscht werden soll, während sie im anderen Falle nur das Begriffswort kennenzulernen haben. Sollte mit dieser Unterscheidung ein unterschiedlicher Grad der Fertigkeit im Umgang mit den entsprechenden Begriffen gemeint sein, dann ist unverständlich, warum z. B. der Begriff „Niederschlag" einmal als grundlegender, ein andermal als lediglich kennenzulernender Begriff auftritt. Da es verschiedene Grade des Begriffsverständnisses gibt, ist die Forderung: „Kennenlernen von Begriffen" zu ungenau. Darunter könnte z. B. verstanden werden, 1. daß die Schüler mit dem Begriffswort konfrontiert werden, 2. daß sie befähigt werden, den Begriff in einer isolierten Situation anzuwenden, 3. daß sie ihn in einer neuen Situation richtig anwenden können. Die Zielsetzung müßte hier präzisiert werden. Weiter ist nicht eindeutig zu erkennen, ob einige Oberbegriffe, wie z. B. „Bildungseinrichtungen", „Dienstleistungsbetriebe", lediglich eine Orientierung für den Lehrer darstellen, oder ob sie den Schülern vermittelt werden sollen.

Angesichts der Unsicherheit der Schüler bei der Erfassung und Abgrenzung konkreter Begriffe, erscheint die Einführung sehr abstrakter Begriffe wie

z. B. „Verteilungsnetz" (2. Schuljahr), „Bauordnung", „Verkehrsanbindung" (3. Schuljahr), „Wachstumszone" (4. Schuljahr) u. a., verfrüht. Die Einführung sehr komplexer oder abstrakter Begriffe verlangt, wenn diese Begriffe wirklich für die Kinder verfügbar werden sollen, einen enormen Zeitaufwand, der sicherlich nicht durch den Gewinn auf seiten der Schüler gerechtfertigt werden kann. Die Aneignung solcher Begriffe fällt später, wenn die Schüler die Begriffsbildung häufig an weniger komplexen Beispielen vollzogen haben, wenn sie Umwelterfahrungen gesammelt haben und ihre Denkfähigkeit Fortschritte gemacht hat, wesentlich leichter.

Die Erarbeitung sollte auf solche Begriffe beschränkt werden, die tatsächlich eine bedeutsame erschließende Funktion für *Grundschüler* unter besonderer Berücksichtigung ihrer umweltbedingten Erfahrungsbereiche haben. Das schließt auch ein, daß eine zu starke Spezialisierung, z. B. in bezug auf einige Fachtermini des Bergbaus und der Geologie, die in der heimatkundlichen Tradition begründet ist, vermieden werden sollte. Einige dieser Begriffe werden kaum mehr gebraucht und entsprechend schnell vergessen. Ob durch bloße Nennung von Begriffen in der Grundschule die Verfügbarmachung zu einem späteren Zeitpunkt erleichtert wird, müßte noch nachgewiesen werden, ist aber zu bezweifeln. Erstrebenswert wäre die Aufstellung eines Kanons von Begriffen, über die die Schüler am Ende der Grundschulzeit verfügen sollen. Dieser Kanon sollte, wenn möglich, hierarchisch aufgebaut sein; dabei ergibt sich allerdings das bislang ungelöste Problem der Bestimmung von Grundbegriffen. Weiter müssen sicherlich manche Begriffe im Unterricht angesprochen werden, über die die Kinder am Ende des 4. Schuljahres noch nicht voll verfügen können, bei denen eine schrittweise Einführung im Sinne des Spiralcurriculums notwendig ist. Für diese Begriffe sollte angegeben werden, welche Aspekte auf der jeweiligen Altersstufe erarbeitet werden sollen. Bisher liegen nur ganz vereinzelt auf der Grundlage fachlicher und didaktischer Überlegungen erarbeitete Vorschläge zur stufenweisen Einführung eines Begriffs vor, z. B. von *A. Braun* über den Klimabegriff, insbesondere zur ersten Stufe, der Einführung der Grundbegriffe „Lufttemperatur" und „Niederschlag" in der Grundschule.[39]

(2) In bezug auf das Raumverständnis fordern die Richtlinien, daß die Schüler zur Orientierung im Raum befähigt und zu richtigen Lagevorstellungen geführt werden. Der Begriff „Orientierung" müßte hier näher erläutert werden. Orientierung kann in Anlehnung an *L. L. Thurstone*[40] definiert werden als die Fähigkeit, Punkte im Raum untereinander und zum eigenen Standort in Beziehung zu setzen und die Relationen in bezug auf Distanzen und Richtungen zu erfassen.

Die vorliegenden Untersuchungsergebnisse deuten darauf hin, daß die Fähigkeit zur Einschätzung relativer Distanzen innerhalb des Nahraums schon am Ende des 1. Schuljahres recht gut ausgebildet ist. Bis zur Einführung der Längenmaße – km wird in Abhängigkeit von der Erweiterung des Zahlenraums im 3. Schuljahr eingeführt – können nur relative Distanzen angegeben werden, wie „nah", „weit", „entfernt", „näher" und „weiter als". Von der Möglichkeit, Distanzen verschieden auszudrücken, z. B. in Längenmaßen, Fahrzeiten, Fahrkosten, sollte Gebrauch gemacht werden. Weiter bietet es sich an, eigene Erfahrungen der Kinder in bezug auf Entfernungen, die bei Ausflügen, Klassenfahrten, Ferienreisen gemacht wurden, im Unterricht heranzuziehen. Das Ergebnis der Aufgabe 2.3 weist darauf hin, daß im

4. Schuljahr die Erfassung größerer Distanzen, bezogen auf den Fernraum, möglich wird. Für die Erfassung nicht mehr unmittelbar erfahrbarer Distanzen ist die Karte von besonderer Bedeutung. Mit ihrer Hilfe können zunächst relative und später, nach der Einführung des Maßstabs, auch absolute Distanzen erfaßt werden.
Anhand der Karte können jedoch keine „richtigen Lagevorstellungen" vermittelt werden, solange die Schüler im Umgang mit körperbezogenen Richtungen und Himmelsrichtungen nicht sicher sind. Vorher lernen die Schüler allenfalls eine Lokalisierung auf der Karte, ohne eine wirkliche Raumvorstellung zu entwickeln. Die Untersuchungsergebnisse haben bestätigt, daß die Handhabung der Richtungen, insbesondere der Himmelsrichtungen, für die Kinder sehr schwierig ist, da sie eine hohe Abstraktionsfähigkeit voraussetzt. Ein zusätzliches Problem liegt darin, daß die Wandkarte eine Abbildung der Wirklichkeit in einer anderen Ebene darstellt und daß der Atlas der Schüler und die Wandkarte in verschiedenen Ebenen liegen. Bezüglich des Raumverständnisses und der Übertragung vom Kartenbild auf die Wirklichkeit bestehen noch zahlreiche offene Fragen, die der weiteren Erforschung bedürfen. Um die Schüler zu einem sicheren Umgang mit körperbezogenen Richtungen und Himmelsrichtungen zu befähigen, sind viel Übung und ständige Wiederholung erforderlich. Dabei ergeben sich zahlreiche Möglichkeiten, dieses Thema in anderen Zusammenhängen aufzugreifen, z. B. beim Hausbau: Ausrichtung von Wohnzimmer und Terrasse nach Süden; in der Biologie: Stämme sind an der Westseite mit Moos bewachsen; bei alten Kirchen ist der Chorraum nach Osten gerichtet u. a. Wichtig ist es, die Zuordnung von körperbezogenen Richtungen und Himmelsrichtungen bewußt zu klären, damit die Schüler erkennen, daß es sich dabei nicht um eine feste Relation handelt. Dieses Mißverständnis – rechts ist immer Osten usw. – ist offenbar sehr verbreitet. Die Schüler müssen verstehen, daß sie einmal selbst den Bezugspunkt darstellen und daß es sich bei den Himmelsrichtungen um ein übergeordnetes Bezugssystem handelt.
Die Kenntnisse bezüglich der relativen Lage von Städten, Ländern usw. werden nahezu ausschließlich anhand der Karte vermittelt. Sie können mit den Schülern z. B. durch fiktive Reisen erarbeitet werden. Dazu sollten, wie in den Richtlinien vorgeschlagen wird, auch in der Grundschule im 4. Schuljahr schon Europakarte und Globus benutzt werden, damit sich das Kartenbild optisch einprägt, wenn auch auf dieser Altersstufe das Verständnis für Ausdehnungen und große Distanzen noch sehr begrenzt ist. Zutreffende Vorstellungen über Flächenausdehnungen zu gewinnen, dürfte im 4. Schuljahr noch kaum möglich sein, da die Kinder überwiegend noch nicht über einen vom konkreten Objekt losgelösten Flächenbegriff verfügen. Ein Flächenvergleich anhand von Zahlen und Flächenmaßen ist deshalb auch noch nicht möglich; dagegen können jedoch Vergleiche mit Hilfe von Umrißzeichnungen vorgenommen werden, wie aus den Ergebnissen der Aufgabe 3.1 hervorgeht. Solange der Flächenbegriff nicht klar erfaßt wird, ist auch noch kein echtes Verständnis für den Begriff der relativen Bevölkerungsdichte möglich.[41]
Da die Schüler nur ausgewählte Landschaften von Nordrhein-Westfalen erarbeiten, wäre es wünschenswert, wenn ihnen die Landschaften, die ihnen nur von der Karte her bekannt sind, anhand von Bildern oder Dias veranschaulicht würden, damit sie eine Vorstellung vom Raum und seiner dinglichen Erfüllung erhalten; andernfalls bleibt das Kartenbild inhaltsleer. Die

Möglichkeit der praktischen Verwirklichung wird allerdings dadurch in Frage gestellt, daß diese Maßnahme einen nicht unerheblichen zeitlichen Aufwand erfordert.
Für die Förderung der Raumvorstellung ist besonders die primäre Erfahrung von Bedeutung, und daß immer wieder die Beziehung zwischen Karte und aufgesuchter Realität hergestellt wird. Diesem Grundsatz folgen auch die vorhandenen Richtlinien. Die Entwicklung der Raumvorstellung kann sicherlich vom 1. Schuljahr an unterstützt werden; wenn jedoch zutrifft, daß die Erfassung von Distanzen und Richtungen keine Wahrnehmungs- sondern eine Denkleistung darstellt,[42] so ist ihre Förderungsmöglichkeit zu Beginn der Grundschulzeit noch sehr begrenzt. Zwischen Raumerfassung und Kartenverständnis besteht eine enge wechselseitige Beziehung.

(3) Die oben angeführten Untersuchungsergebnisse[43] ließen erkennen, daß die wahrnehmungsmäßigen Voraussetzungen für die Arbeit mit Karten, nämlich die Fähigkeit zur Farb- und Formauffassung, schon beim Schuleintritt weitestgehend vorhanden sind. Demnach ist es bereits im 1. Schuljahr möglich, mit der Kartenarbeit zu beginnen. Die Benennung von Farben muß jedoch anfangs noch geübt werden, um Verwechslungen zu vermeiden.
Die Ergebnisse der vorliegenden Untersuchung haben gezeigt, daß Verebnung, Verkleinerung und Symboldarstellung auch für die jüngsten Schüler kein Problem darstellen. Wichtig scheint jedoch bei der Einführung in das Kartenverständnis zu sein, daß die Schüler selbst Karten zeichnen und die Symbole dafür erfinden, damit sie nicht auf *eine* Symbolik fixiert werden und erkennen, daß es sich dabei um eine Übereinkunft handelt. Bei der Bearbeitung der Aufgabe 3.5 wurde deutlich, daß insbesondere die jüngeren Schüler dazu tendieren, eine Symbolik als absolut gültig aufzufassen.
Die Ergebnisse der genannten Aufgabe, bei der die räumliche Koinzidenz zweier Merkmale festgestellt werden sollte, deuten darauf hin, daß die parallele Betrachtung zweier Karten und das In-Beziehung-Setzen der verschiedenen Informationen den Grundschülern noch sehr schwerfallen. Bei entsprechender Einübung ist die vergleichende Kartenarbeit sicherlich gegen Ende des 4. Schuljahres möglich, jedoch nur unter der Voraussetzung, daß beide Karten denselben Maßstab haben und nur wenige Informationen enthalten. Daraus ergeben sich Konsequenzen für die Gestaltung von Grundschulatlanten. Vorher sollte grundsätzlich nur jeweils mit einer Karte gearbeitet werden.
Wie die Aufgabe 3.2 gezeigt hat, ist die Fähigkeit, Siedlungstypen zu diskriminieren und dabei von Unterschieden im Detail zu abstrahieren, schon sehr früh vorhanden. Diese Fähigkeit kann aufgegriffen und genutzt werden. Die gebräuchlichsten Kartensymbole sind im 4. Schuljahr nahezu allen Schülern bekannt, und zwar unabhängig davon, ob eine systematische Einführung stattgefunden hat. Hierbei genügt offenbar eine kurze Erklärung. Die Höhenschichtendarstellung hingegen bedarf einer planmäßigen Erarbeitung. Ein spezieller Kurs zur Einführung in das Kartenverständnis scheint, zumindest in dem Umfang, den er häufig im Unterricht einnimmt, nicht erforderlich zu sein. Die Verkleinerung und die Grundrißdarstellung werden auch ohne eingehende Erläuterung dieser Darstellungsprinzipien von den Schülern akzeptiert und verstanden. Bei der Behandlung des Maßstabs wird die Verkleinerung ohnehin aufgegriffen und den Schülern bewußt gemacht.

Zunächst sollten im Unterricht sehr einfache Kartendarstellungen mit wenigen, klaren und nicht leicht verwechselbaren Zeichen verwendet werden. Entsprechend der zunehmenden Fähigkeit der Kinder, optische Wahrnehmungsfelder zu gliedern und eingebettete Figuren zu erkennen, kann die Komplexität der Karten allmählich gesteigert werden. Hier muß davor gewarnt werden, die Karten in Grundschulatlanten mit Informationen zu überladen.

Die Problematik des Kartenverständnisses liegt nicht in der wahrnehmungsmäßigen Analyse des Kartenbildes, sie gelingt den Schülern offenbar schon früh. Die Erfassung der Symbolik im weitesten Sinne stellt jedoch nach *H. Sandford* nur den ersten Schritt zum Verständnis der Karte dar.[44] Das eigentliche Problem liegt beim In-Beziehung-Setzen von Kartenbild und Raum; hier greifen die Fähigkeit zur Strukturerfassung in bezug auf die Kartendarstellung, Raumverständnis und schlußfolgerndes Denken ineinander. Die Schüler ziehen u. U. aus der Karte falsche Schlüsse, da ihnen die Generalisierung nicht bewußt ist. Sie gehen noch nicht kritisch überlegend an die Karte heran, sondern nehmen das Kartenbild „wörtlich". Beispiele dafür gibt *H. Sandford*. Die Ergebnisse wurden bei einer Untersuchung an Schülern weiterführender Schulen gewonnen. Nur 51% der Schüler waren sich angesichts einer Karte von Neuseeland, die drei Städte enthielt, darüber im klaren, daß es dort in Wirklichkeit mehr als drei Städte gibt. 53% der Schüler glaubten, daß es an der Eisenbahnlinie zwischen Madras und Bombay keinen Bahnhof gebe, weil auf der Karte keiner eingezeichnet war.[45] Hier ist eine Interpretation der Karte erforderlich; sie verlangt die denkende Verarbeitung von vorgegebenen Daten. Dieses tiefgreifende Kartenverständnis, das durch Kenntnisse, z. B. von Abhängigkeiten, gefördert wird, ist erst auf einer höheren Altersstufe möglich, wenn die Fähigkeit zum kausalen und schlußfolgernden Denken ausgebildet ist.

Eine wesentliche Forderung für die Kartenarbeit in der Grundschule besteht darin, immer wieder bei und nach Unterrichtsgängen die Beziehung zwischen Kartenbild und Realität herzustellen, damit das Verständnis der Karte und die Durchgliederung des Raumes in wechselseitiger Abhängigkeit wachsen und sich gegenseitig fördern. Diese Intention kommt auch in den bestehenden Richtlinien zum Ausdruck.

(4) In den Richtlinien nehmen die Hinweise auf Beziehungen, die den Schülern erschlossen werden sollen, einen breiten Raum ein. Dabei sind zahlreiche Relationen nicht einmal ausdrücklich genannt. So sind z. B. in vielen geographischen Begriffen Beziehungen immanent enthalten, wie in „Börde", „ozeanisches Klima", „Standort".

Die funktionalen Abhängigkeiten, die in den Testaufgaben angesprochen wurden, sind im 1. Schuljahr noch von relativ wenigen, im 4. Schuljahr jedoch von der überwiegenden Anzahl der Schüler erkannt worden. Es ist allerdings zu berücksichtigen, daß es sich dabei um ein pauschales Erfassen, um eine Art Wenn-dann-Zusammenhang handelt. Die einzelnen Bedingungen können von den Schülern dieser Altersstufe noch nicht durchschaut werden. Die psychologischen Untersuchungsbefunde zum Kausalverständnis zeigten, daß bei den Schülern mit etwa 7 bis 8 Jahren ein Bedürfnis nach logischer Begründung auftritt, das im Unterricht aufgegriffen und befriedigt werden sollte. Ihrem Kausalverständnis sind jedoch noch enge Grenzen gesetzt. Sie können zufällige Begleiterscheinungen noch nicht von echten

Kausalbedingungen unterscheiden und verstehen noch keine Erklärung aufgrund allgemeiner notwendiger Bedingungen.[46] Diesen Eigenarten und Einschränkungen kindlicher Beziehungserfassung steht die Tatsache gegenüber, daß die Relationen im Bereich der Geographie fast ausnahmslos sehr komplex sind. Um den Schülern einen Zugang zu diesen Abhängigkeiten zu ermöglichen, müssen die vielfältigen Beziehungen zunächst auf lineare Abhängigkeiten reduziert werden, selbst wenn das dem Sachverhalt im Gründe nicht gerecht wird. Dieses Vorgehen entspricht der Forderung W. *Pleiners,* mit bilateralen Bezügen zu beginnen.[47] Im Hinblick auf das Auffassunsvermögen der Kinder ist es offenbar nicht anders möglich, als sich zunächst mit vorläufigen Feststellungen von Zusammenhängen zu begnügen, z. B: Die Schwerindustrie im Ruhrgebiet ist ursprünglich begründet durch das Vorkommen des Bodenschatzes Steinkohle. Von solchen monokausalen Beziehungen ausgehend kann die tatsächliche Vielfalt von Bedingungen erst allmählich ausdifferenziert und aufgebaut werden. So unumgänglich die vorläufigen Erklärungen sind, so wichtig ist es, daß die Schüler später, wenn die entsprechenden Themen in der weiterführenden Schule aufgegriffen werden, nicht daran festhalten, sondern sie dann z. B. erkennen, daß Steinkohlevorkommen allein noch keine Schwerindustrie bedingen, daß ein ganzes Bedingungsgefüge dahintersteht, z. B. Vorhandensein eines leistungstahigen Transportwcgos für Massengüter, Arbeitskräfte, Kapitaleinsatz, Unternehmerinitiative, Absatzmarkt u. a.

Die in den Richtlinien angegebenen Beziehungen, die im Unterricht behandelt werden sollen, sind z. T. sehr komplex, z. B. „Standortbedingungen von Betrieben" (3. Schuljahr), „Verständnis für die Verflechtung der Industrien und ihre Bedeutung für die Bewohner des Ruhrgebiets", „Zusammenhang zwischen Klima, Böden und Landwirtschaft" (4. Schuljahr). Die Anforderungen müßten hier präzisiert und reduziert werden. Es müßte genau festgelegt und abgegrenzt werden, welche Teilbeziehung oder welche Aspekte eines Zusammenhangs den Schülern einsichtig gemacht werden sollen. So sollte z. B. anstelle der pauschalen Beziehung zwischen Relief und Klima angegeben werden, ob die Relation „Relief – Höhe der jährlichen Niederschläge" oder „Höhenlage – Durchschnittstemperatur" behandelt werden soll. Die Einsicht in die letztgenannte Abhängigkeit müßte schon zu erlangen sein, wie aus dem Ergebnis der Aufgabe 6.5 zu ersehen ist. Hinter dem Thema: Zusammenhang von Klima – Böden – Landwirtschaft verbirgt sich ein äußerst komplexes geoökologisches Beziehungsgefüge. Auch hier sollte eine tiefere Einsicht in Teilzusammenhänge angestrebt werden – z. B. Wirkung der Niederschläge oder auch von Trockenheit auf verschiedene Bodenarten; verschiedene Böden und ihre landwirtschaftlichen Nutzungsmöglichkeiten – anstelle einer oberflächlichen Zusammenschau.

Die vorliegenden Untersuchungsergebnisse deuten darauf hin, daß die Grundschüler auch im 4. Schuljahr noch große Schwierigkeiten haben, mehrere Beziehungen gleichzeitig zu beachten. Eine Gefahr besteht darin, ihnen Erklärungsschemata vorzugeben, die sie sich aneignen, ohne zu einer wirklichen Einsicht in die Zusammenhänge zu gelangen. Wie *K. Zietz* feststellte, läßt die Fähigkeit der Kinder, einen Sachverhalt verbal einwandfrei zu erklären, noch nicht darauf schließen, daß sie ihn tatsächlich verstanden haben.

Die Forderung, im 3. Schuljahr Standortbedingungen von Betrieben zu behandeln, ist wohl so zu verstehen, daß die Schüler bei verschiedenen

Gelegenheiten unabhängig voneinander rohstoff-, markt-, arbeitskraft- und transportorientierte Betriebe kennenlernen, ohne daß dabei diese abstrakten Begriffe eingeführt werden. Es ist vielleicht selbstverständlich, daß diese Beziehungen, wie auch andere, nicht systematisiert und um der Vollständigkeit willen gleich alle erwähnt, sondern jeweils an einem konkreten Fall erörtert werden sollten. Dieses Vorgehen ist den Kindern dieser Altersstufe angemessen, die noch überwiegend nur über spezielle Fälle nachdenken und nicht verallgemeinern. Dabei besteht im Geographieunterricht das Problem, daß auch die „konkreten Fälle" durchweg nicht anschaulich gegeben sind.

Auch das Thema: „Verlauf der Hauptverkehrslinien" beinhaltet funktionale Abhängigkeiten. Hier können die Beziehungen zum Relief, zur Bevölkerungsdichte und Industrieansiedlung erschlossen werden. Auch dabei sollten die verschiedenen Beziehungen nicht gleichzeitig hergestellt, sondern statt dessen das Thema „Verkehrslinien" mehrfach aufgegriffen werden.

(5) Die Ergebnisse der Aufgaben des fünften Teiltests lassen erkennen, daß schon relativ früh, je nach Aufgabenstellung vom 2. bis 3. Schuljahr an, bei der überwiegenden Zahl der Schüler ein Verständnis für kurzfristige Abläufe vorhanden ist. Produktionsabläufe können in sehr einfacher Form, wie in den Richtlinien vorgesehen, schon vom 2. Schuljahr an behandelt werden. Wichtig ist dabei, daß der Vorgang leicht einsichtig ist und nur wenige markante Stadien umfaßt bzw. darauf reduziert werden kann. Die Kenntnisse von Produkten und den Rohstoffen, aus denen sie hergestellt werden, ist bei den Grundschülern schon erstaunlich gut. Es wäre sinnvoll, im Unterricht nicht nur anzugeben, welche Grundstoffe zur Herstellung bestimmter Güter notwendig sind, sondern den Schülern nach Möglichkeit immer wieder Produktionsabläufe einsichtig zu machen und sie von den Kindern nachvollziehen zu lassen. Dadurch werden nicht nur die Kenntnisse gefestigt, sondern es wird auch das kausale und genetische Denken gefördert.

Die Behandlung der Jahreszeiten, die die Richtlinien für das 2. Schuljahr vorsehen, erscheint zu diesem Zeitpunkt verfrüht zu sein. Dafür sprechen sowohl die Testergebnisse – es findet sich nur ein sehr geringer Wissenszuwachs zwischem dem 1. und 2. Schuljahr, obwohl die Jahreszeiten nachweislich im 2. Schuljahr nur 6 bis 8 Wochen vor der Durchführung des Tests behandelt worden waren – als auch entwicklungspsychologische Befunde, nach denen das Verständnis für den Ablauf der Jahreszeiten erst mit 8 bis 9 Jahren auftritt.[48] Für die Behandlung der Entstehung des Ruhrgebietes, der Entwicklung des Bergbaus, Entstehung von Braunkohle und Steinkohle fehlt den Grundschülern noch eine genügend ausgebildete Zeitperspektive, ganz abgesehen davon, daß es sich dabei z. T. um höchst komplizierte, selbst von der Wissenschaft noch nicht geklärte Prozesse handelt. Diese Entwicklungen werden auf den bloßen Ablauf reduziert; zeitliche Vorstellungen sind damit noch nicht verbunden.

Die Ergebnisse der Psychologie zur Entwicklung des Zeitbegriffs beziehen sich auf spontane Äußerungen der Kinder; es handelt sich nicht um Versuchsergebnisse, die nach einer bewußten Förderung des Zeitbegriffs erzielt wurden. Es ist demnach nicht völlig auszuschließen, daß sich die Zeitbegriffsbildung so weit fördern läßt, daß die Schüler zu groben Einordnungen auf der Zeitleiste befähigt werden. Die bisherigen Befunde und Beobachtungen lassen jedoch darauf schließen, daß dazu ein sehr großer

Aufwand erforderlich wäre, der durch die Ergebnisse sicherlich nicht zu rechtfertigen ist. Die Gliederung größerer Zeiträume sollte deshalb dem Unterricht der weiterführenden Schule vorbehalten bleiben, wenn die entwicklungspsychologischen Voraussetzungen und altersbedingt ein höheres Maß an persönlicher Zeiterfahrung bei den Schülern vorhanden sind.
Die Hinweise auf die Römer in Köln, Bonn und am Niederrhein und auf das Mittelalter, wie sie die Richtlinien vorsehen, können lediglich zu der Einsicht führen, daß früher manches anders war, bzw. zu einem rein verbalen Wissen. Äußerungen deuten darauf hin, daß bei den Schülern dieser Altersstufe die Vergangenheit noch eine sehr geringe Differenzierung aufweist. So wurde z. B., als im Unterricht in einem 4. Schuljahr vom Bau des Kölner Doms die Rede war, von einem Schüler gefragt, ob das vor oder nach Christi Geburt gewesen sei. Auch von den übrigen Schülern war zunächst niemand über diese Frage erstaunt. Es ließen sich noch ähnliche Beispiele anführen.
Die Entstehung der Kohle läßt sich allenfalls unter der Zielsetzung behandeln, daß die Schüler verstehen, daß die Landschaft nicht immer so war, wie sie sich uns heute zeigt, sondern daß sie etwas Gewordenes darstellt und sich weiterhin verändert.
An dieser Stelle soll nicht generell für eine Eliminierung dieser Themen aus dem Curriculum für die Grundschule plädiert werden, sie sollten jedoch in ihrem Umfang auf ein Minimum reduziert werden. Da der Erkenntniszuwachs für die Schüler nur sehr gering sein kann, erscheint die Behandlung zu einem späteren Zeitpunkt angemessener. Dagegen sollte eine raumzeitliche Entwicklung mit einer „mittleren Zeitperspektive", wie sie die Aufgabe 5.4 beinhaltet, den Schülern erschlossen werden. Grundsätzliche Erkenntnisse über den Wandel in der Zeit lassen sich auch daran gewinnen; die umfaßte Zeitstrecke ist mit Generationen oder sogar am Alter eines Menschen zu messen und ist für die Schüler wirklich erfaßbar. Der Prozeß der Siedlungsentwicklung reicht in die Gegenwart der Schüler hinein und ist in einzelnen Teilbereichen sogar beobachtbar, z. B. beim Bau oder Abriß von Gebäuden oder dem Anlegen neuer Straßen.[49] Die Ergebnisse der genannten Aufgabe zeigen, daß hier eine Förderung des Verständnisses durchaus notwendig ist.

(6) Die Untersuchung der Fähigkeit der Schüler, länderkundliche Inhalte räumlich zuzuordnen, bestätigt bereits vorhandene Ergebnisse. Die Forderungen, die *E. Wagner* daraus ableitete, werden an dieser Stelle unterstützt. Die außerschulisch erworbenen Kenntnisse der Schüler bezüglich fremder Länder sollten stärker als bisher im Unterricht der Grundschule Berücksichtigung finden. Hier ergibt sich eine Möglichkeit, das spontane Interesse der Schüler zu nutzen. Außerdem wurde deutlich, daß die Vorstellungen der Schüler klischeehaft sind, ihr Wissen bedarf der Klärung, Ordnung und Korrektur; man sollte es nicht bis zum 6. bis 8. Schuljahr brachliegen lassen.
In den Richtlinien finden sich nur wenige Hinweise darauf, an welcher Stelle entsprechende Themen behandelt und mit dem übrigen Stoff der Grundschule sinnvoll verknüpft werden können. So sollen im 2. Schuljahr im Zusammenhang mit dem Thema „Markt" Kenntnisse über die Herkunft der Waren und über Märkte in anderen Ländern vermittelt werden. Weiter sollen die Schüler erkennen, daß Menschen verschieden wohnen, und zwar nicht nur bezogen auf den Nahraum, sondern daß Klima und Kultur die Bauweise beeinflussen. Ein Thema des 4. Schuljahres sind die Herkunftsgebiete wich-

tiger Versorgungsgüter, die auf Karte oder Globus lokalisiert werden sollen. Außer den hier angeführten gibt es zahlreiche Möglichkeiten, Kenntnisse der Schüler über fremde Länder aufzugreifen oder sie ihnen zu vermitteln, von denen hier nur wenige exemplarisch angegeben werden sollen. Bei der Behandlung des Verteilungsbetriebs Tankstelle kann die Herkunft des Rohstoffs Erdöl und sein Weg von der nordafrikanischen Wüste oder dem Persischen Golf nach Deutschland verfolgt werden. Beim Thema Kleidung könnte die Kleidung der Menschen in anderen Räumen und in Abhängigkeit von den klimatischen Verhältnissen erörtert werden, dabei wäre z. B. dem Klischeebild vom Neger im Bastrock entgegenzuwirken. Der Behandlung der Viertelbildung und des Geschäftszentrums der eigenen Stadt könnte als weiteres Beispiel die Behandlung von Wohn- und Geschäftsvierteln in Städten anderer Kulturkreise folgen. Ein solches Beispiel wäre sicherlich motivierend für die Schüler. Die Prinzipien der Stadtgliederung ließen sich daran vertiefen, und gleichzeitig sind dabei Vorstellungen über fremde Räume, sowohl in bezug auf ihre Gleichheit als auch ihre Andersartigkeit zu gewinnen. Das Thema Fremdenverkehr bzw. Ferienreiseverkehr eröffnet ebenfalls die Möglichkeit, den Schülern Vorstellungen über fremde Länder zu vermitteln. Günstige Gelegenheiten zur Anknüpfung bieten aktuelle Anlässe, z. B. große Sportveranstaltungen in anderen Ländern, die Ölkrise u. a. Weiter können die Schüler auf ausgewählte Fernsehsendungen hingewiesen werden, die später insgesamt oder in einzelnen Aspekten im Unterricht aufgegriffen und ausgewertet werden können.

Bei den angesprochenen Themen besteht im allgemeinen das Problem, daß, um den Sachverhalt wirklich zu verstehen, im Grunde viele Faktoren, die den Hintergrund bilden, mitgeklärt werden müßten. Hier ist es wichtig, sich auf die Zielsetzung zu besinnen. Es geht nicht darum, Inhalte des Unterrichts der weiterführenden Schule vorzuverlegen, sondern außerschulisch erworbene Kenntnisse der Schüler aufzugreifen, zu ordnen und gegebenenfalls zu korrigieren. Die Bedeutung dieser Maßnahme ist erst dann zu ermessen, wenn in einer weiteren Untersuchung an älteren Schülern geklärt worden ist, wie stabil die früh erworbenen Vorstellungen und Klischeebilder sind. *E. Wagner* deutet lediglich an, daß es der Schule später mitunter nicht gelingt, die falschen Vorstellungen der Schüler zu korrigieren.[50]

Zur praktischen Verwirklichung im Grundschulunterricht wäre noch zu bemerken, daß sich das Aufgreifen außerschulischer Kenntnisse besonders als Mittel des Einstiegs eignet. So werden die Schüler einerseits motiviert, zum anderen geben ihre Berichte dem Lehrer einen wertvollen Aufschluß über das Vorwissen der Kinder, das sie in den Unterricht einbringen.

Die vorliegende Arbeit gibt einen ersten zusammenfassenden Überblick über die Voraussetzungen der Grundschüler für die länderkundliche Arbeit. Es müßten weitere Untersuchungen der einzelnen Aspekte folgen, um in jedem Teilbereich zu differenzierteren Ergebnissen zu gelangen, die dann als Basis für detaillierte Vorschläge zur Curriculumkonstruktion bzw. -revision dienen können. Derartige Untersuchungen werfen jedoch zahlreiche Probleme auf. Es wäre z. B. wesentlich, festzustellen, ob die Schüler bestimmte Fähigkeiten und Kenntnisse durch den Unterricht oder außerschulisch erwerben. Dafür reicht jedoch eine Befragung der Lehrer bzw. Auswertung der Lehrberichte nicht aus. Wenn ermittelt würde, daß ein Thema im Unterricht behandelt worden ist, so ist schwer objektiv festzustellen, wie gründlich das geschehen ist. Um Aufschluß darüber zu erlangen, welcher Zuwachs an Wissen, Fähigkeiten usw. durch bestimmte Themen auf einer bestimmten Altersstufe zu erreichen ist, müßten unter kontrollierten Bedingungen Lektionen erteilt werden, und es müßte nach einem festgelegten Zeitraum eine Kontrolluntersuchung stattfinden. Bezüglich der hier angesprochenen Aspekte ergäbe sich das Problem, daß zwischen ihnen wechselseitige Relationen bestehen und auch der Unterricht in anderen Fächern darauf einwirkt.

Die vorliegende Arbeit hat gezeigt, daß bezüglich der einzelnen Voraussetzungen für länderkundliche Arbeit bei den Grundschülern bereits Ansätze vorhanden sind, die im Unterricht aufgegriffen und gefördert werden sollten. Andererseits ließen die Ergebnisse auch die Grenzen der Schüler, besonders in bezug auf Beziehungserfassung und begriffliche Klarheit, erkennen. Die von den Richtlinien intendierte „stärker synthetisch ausgerichtete Behandlung von drei typischen Landschaften Nordrhein-Westfalens"[51] ist so umfassend im 4. Schuljahr noch nicht möglich. Eine Zusammenschau zahlreicher Faktoren und die Erkenntnis ihrer wechselseitigen Beziehungen setzen umfangreiche Kenntnisse und die voll entwickelte Fähigkeit zum kausalen bzw. schlußfolgernden Denken voraus; sie bleiben deshalb letztlich der Oberstufe vorbehalten.[52] Von daher muß in bezug auf das Curriculum für die Primarstufe die Angemessenheit einer Stoffgliederung nach länderkundlichen Einheiten bezweifelt werden; ein systematisches Vorgehen anhand von konkreten Beispielen erscheint hier sinnvoller.

---

[1] Da die Aufgaben dieses Teiltests strukturgleich sind, werden hier die Überlegungen zur Operationalisierung, die z. T. auch für die folgenden Aufgaben gelten, vorangestellt. Sie werden bei den übrigen Teiltests jeweils im Rahmen der einzelnen Aufgaben dargestellt.

[2] Richtlinien für die Grundschule in Nordrhein-Westfalen, 1973

[3] Vgl. S. 21 f.

[4] Aus urheberrechtlichen Gründen sind gegenüber dem Original-Test einige Fotografien ausgetauscht worden, wobei die Bilder inhaltlich gleich blieben. Dasselbe gilt für die Aufgabe 6.1. Bei einem Test mit diesem Material ist ein Vergleich mit den vorliegenden Ergebnissen nicht möglich.

[5] Sofern die zutreffenden Bilder bzw. Antworten in der Tabelle nicht unmittelbar erkennbar sind, sind sie durch **Fettdruck** hervorgehoben.

[6] Vergleiche der Ergebnisse von Schule A und Schule B bzw. von Jungen und Mädchen können anhand der entsprechenden Tabellen vorgenommen werden. Lediglich auf signifikante Differenzen wird im Text ausdrücklich hingewiesen.

[7] s. auch W. Sperling, Kind und Landschaft, 1973, S. 17

[8] s. auch Aufgabe 1.4

[9] Vgl. auch M. Cadwallader, Spatial Decision Making, 1975

[10] Es wäre naheliegend, den Test bezüglich des Richtungsverständnisses im Nahraum draußen im Gelände durchzuführen. Dieses Verfahren wirft jedoch technische Schwierigkeiten auf und ist deshalb für jüngere Schüler ungeeignet. Eine Durchführung als Einzeltest wäre möglich, sie wurde aber als zu unökonomisch verworfen. Deshalb wurde auch diese Aufgabe so angelegt, daß sie innerhalb der Gruppe im Klassenraum zu bearbeiten war.

[11] s. auch S. 42

[12] Richtlinien für Nordrhein-Westfalen, 1973, M/9–M/10; s. auch J. Piaget u. a., Die natürliche Geometrie des Kindes, 1975, S. 313 f.

[13] s. auch S. 49 f.

[14] Vgl. G. Petter, Die geistige Entwicklung des Kindes, 1976, S. 148 f.

[15] Vgl. Richtlinien für die Grundschule in NRW, 1973, M/32

[16] s. auch S. 29 f.

[17]) s. auch *R. Oerter,* Entwicklungspsychologie, 1976, S. 330 ff. Vgl. dagegen *G. Ritter,* Das Lichtbild im Erdkundeunterricht, 1970, S. 16. *G. Ritter* führt hier Untersuchungsergebnisse an, aus denen hervorgeht, daß jüngere Kinder bei groß projizierten Bildern kleine Bilddetails besser erfassen als große.
[18]) s. auch *W. Metzger,* Gesetze des Sehens, 1953, S. 11 f.
[19]) s. auch S. 29 f.
[20]) s. auch S. 34 f.
[21]) Vgl. *R. Oerter,* Entwicklungspsychologie, 1976, S. 319
[22]) Vgl. Richtlinien für die Grundschule in NRW, 1973, SU/250 ff.
[23]) s. auch *M. D. Vernon,* Wahrnehmung und Erfahrung, 1977, S. 51 f.
[24]) s. auch *J. Piaget,* Die Bildung des Zeitbegriffs, 1974, S. 14 ff.
[25]) s. auch S. 34 f.
[26]) Vgl. *J. Piaget,* Die Bildung des Zeitbegriffs, 1974, S. 18
[27]) *H. Roth,* Kind und Geschichte, 1968, S. 57 ff.
[28]) Richtlinien für die Grundschule in NRW, 1973
[29]) s. auch S. 40
[30]) *E. Wagner,* Erdkundliche Kenntnisse, 1957
E. Wagner, Erdkundliches Wissen, 1958
E. Wagner, Umwelterfahrungen, 1974
[31]) *F. Stückrath,* Geographisches Weltbild, 1958
[32]) *H. Apfelstedt,* Erdkundliche Vorkenntnisse, 1960
[33]) *E. Wagner,* Umwelterfahrungen, 1974, S. 6 f.
[34]) Vgl. *F. Stückrath,* Geographisches Weltbild, 1958, S. 142 f.
[35]) *R. Oerter,* Entwicklungspsychologie, 1976, S. 478 ff.
[36]) Vgl. *H. Heckhausen,* Ursache von Intelligenzunterschieden, 1975, S. 284
[37]) s. o. S. 39 u. S. 44
[38]) s. o. S. 21
[39]) *A. Braun,* Lufttemperatur und Niederschlag, 1974
[40]) s. o. S. 26
[41]) Anregungen zu einer sehr anschaulichen Einführung des Begriffs „Bevölkerungsdichte" in der Grundschule gibt *G. Ritter* in: Bevölkerungsgeographische Probleme im Erdkundeunterricht, 1973
[42]) s. o. S. 26 f.
[43]) s. o. S. 28 ff.
[44]) Vgl. *H. Sandford,* Perceptual Problems, 1972, S. 87
[45]) Vgl. *H. Sandford,* 1972, S. 86 und S. 88
[46]) s. o. S. 34 f.
[47]) s. o. S. 36
[48]) s. o. S. 41
[49]) Vgl. auch *E. Rabe,* Die Veränderung der Landschaft, 1976
[50]) Vgl. *E. Wagner,* Erdkundliche Kenntnisse, 1957, S. 153
[51]) Richtlinien für die Grundschule in NRW, 1973, SU/36
[52]) s. auch *F. Jonas,* Länderkunde in der Oberstufe, 1967, S. 142 f.

Literaturverzeichnis

Almy, M.: The psychologist looks at spatial concept formation: children's concepts of space and time. In: Ball, John M. et al. (Hrsg.): The Social Sciences and Geographic Education: A Reader. New York 1971. S. 67 ff.

Apfelstedt, Hartmut: Erdkundliche Vorkenntnisse zehn- und elfjähriger Schüler. In: Pädagogische Welt. Donauwörth. 3. 1960. S. 123–132.

Bäuerle, Lydia: Die Krise der Länderkunde in der Schulgeographie. In: Moderne Geographie in Forschung und Unterricht. Hannover 1970. S. 21–28. (Schroedel Auswahl Reihe B 39/40).

Bäuerle, Lydia: Die Nach- und Abbildung geographischer Gegenstände im heimatkundlichen Sachunterricht. In: Westermanns Pädagogische Beiträge. Braunschweig. 21. 1969, 1. S. 24–30.

Bahrenberg, Gerhard: Räumliche Betrachtungsweise und Forschungsziele der Geographie. In: Geographische Zeitschrift. Wiesbaden. 60. 1972, 1. S. 8–25.

Bartels, Dietrich: Zur wissenschaftstheoretischen Grundlegung einer Geographie des Menschen. Wiesbaden 1968.

Bartels, Dietrich: Zwischen Theorie und Metatheorie. In: Geographische Rundschau. Braunschweig. 22. 1970. S. 451–457.

Bartels, D.; G. Hard: Lotsenbuch für das Studium der Geographie als Lehrfach. 2. Aufl. Bonn–Kiel 1975.

Bartz, Barbara S.: Maps in the Classroom. In: Graves, Norman (Hrsg.): New Movements in the Study and Teaching of Geography. London 1972. S. 90–100.

Bauer, Ludwig: Methodische Bemerkungen zum Unterricht in der Länderkunde. In: Geographische Rundschau. Braunschweig. 8. 1956. S. 104–106.

Beck, Hanno: Geographie. Europäische Entwicklung in Texten und Erläuterungen. Freiburg–München 1973.

Beeck, K. H.: Zur Frage von Geschichte in der Grundschule. Konfrontation oder Kontrastierung? In: Sachunterricht und Mathematik in der Grundschule. Köln. 2. 1974. S. 20–24.

Bergius, Rudolf: Analyse der „Begabung": Die Bedingungen des intelligenten Verhaltens. In: Heinrich Roth (Hrsg.): Begabung und Lernen. 10. Aufl. Stuttgart 1976. (Deutscher Bildungsrat. Gutachten und Studien der Bildungskommission. 4.)

Birkenhauer, Josef: Aufgaben und Stand fachdidaktischer Forschung. In: Kreuzer, Gustav u. a. (Hrsg.): Didaktik der Geographie in der Universität. München 1974. S. 96–119.

Birkenhauer, Josef: Erdkunde. (2 Bände). 2. Aufl. Düsseldorf 1972.

Birkenhauer, Josef: Die Länderkunde ist tot. Es lebe die Länderkunde. In: Geographische Rundschau. Braunschweig. 22. 1970. S. 194–204.

Bischof, Norbert: Psychophysik der Raumwahrnehmung. In: Handbuch der Psychologie. 2. Aufl. Göttingen 1974. Bd. 1. Allgemeine Psychologie. 1. Halbband. S. 307–408.

Blumenstock, Leonhard: Verwendung von Grundgedanken des Heimatkundeunterrichts im modernen Sachunterricht. In: Sachunterricht und Mathematik in der Grundschule. Köln. 4. 1976. S. 573–576.

Bobek, Hans: Bemerkungen zur Frage eines neuen Standorts der Geographie. In: Geographische Rundschau. Braunschweig. 22. 1970. S. 438–443.

Bobek, Hans: Gedanken über das logische System der Geographie. In: Mitteilungen der Geographischen Gesellschaft Wien. 99. 1957. S. 122–145.
Bobek, Hans; Josef Schmithüsen: Die Landschaft im logischen System der Geographie. In: Erdkunde. Bonn. 3. 1949, 2/3. S. 112–120.
Böhn, Dieter: Didaktik der Regionalen Geographie. In: Kreuzer, Gustav u. a. (Hrsg.): Didaktik der Geographie in der Universität. München 1974. S. 54–61.
Bollnow, Otto Friedrich: Mensch und Raum. Stuttgart 1963.
Braun, Axel: Lufttemperatur und Niederschlag – Zwei Grundbegriffe aus der Klima-Geographie als Bestandteil eines horizontal und vertikal gegliederten Sachunterrichts. In: Sachunterricht und Mathematik in der Grundschule. Köln. 2. 1974. S. 433–439.
Brockhaus Enzyklopädie in zwanzig Bänden. 17., völlig neubearbeitete Auflage des Großen Brockhaus. Bd. 6. 1968. und Bd. 18. 1973.
Bruner, Jerome S. u. a.: Studien zur kognitiven Entwicklung. Stuttgart 1971.
Brunner, August: Erkenntnistheorie. Köln 1948.
Cadwallader, M.: A Behavioral Model of Consumer Spatial Decision Making. In: Economic Geography. 51. 1975, 4. S. 339–349.
Carnie, J.: Children's attitudes to other nationalities. In: Graves, Norman (Hrsg.): New Movements in the Study and Teaching of Geography. London 1972. S. 121 ff.
Carol, Hans: Das agrargeographische Betrachtungssystem. Ein Beitrag zur landschaftskundlichen Methodik, dargelegt am Beispiel der Karru in Südafrika. In: Geographica Helvetica. Bern. 7. 1952. S. 17–67.
Carol, Hans: Zur Diskussion um Landschaft und Geographie. In: Geographica Helvetica. Bern. 11. 1956, 2. S. 111–132.
Carol, Hans: Zur Theorie der Geographie. In: Mitteilungen der Österreichischen Geographischen Gesellschaft. Wien. 105. 1963, 1/2. S. 23–38.
Clauß, Günter; Heinz Ebner: Grundlagen der Statistik für Psychologen, Pädagogen und Soziologen. 2. Aufl. Berlin (Ost) 1975.
Cordel, Carola: Heimatkundliche Grundbegriffe im 3. und 4. Schuljahr. In: Katholische Frauenbildung. Paderborn. 60. 1959. S. 721–729.
Cordt, Willy K.: Der Erwerb heimatkundlicher Grundbegriffe im Sinne der neuen Richtlinien für die Volksschulen des Landes Nordrhein-Westfalen. In: Praxis der Volksschule. Bochum. 7. 1956. S. 21–25.
Dawson, A. H.: Begriffsentwicklung – der Beitrag der Geographie in der Erziehung. In: Geographische Rundschau. Braunschweig. 26. 1974. S. 65–68.
Dometti, A. A.: Die Entwicklung des Denkens im Erdkundeunterricht. In: Zeitschrift für den Erdkundeunterricht. Berlin (Ost). 1951. S. 233–238.
Dorn, W.; W. Jahn: Vorstellungs- und Begriffsbildung im Geographieunterricht. Berlin 1966.
Ebeling, Hans: Didaktik und Methodik des Geschichtsunterrichts. Hannover 1965.
Ebinger, Helmut: Einführung in die Didaktik der Geographie. 2. Aufl. Freiburg 1973.
Eibl, Leopold: Die Überbetonung der materialen Aufgabe des Geographieunterrichts. In: Erziehung und Unterricht. Wien 1974. S. 528–534.

Engelhardt, Wolf: Die Theorie des Unterrichts bestimmt den Medieneinsatz. Fachdidaktische Überlegungen am Beispiel des „neuen" Erdkundeunterrichts. In: Blätter für Lehrerfortbildung. München. 28. 1976, 10. S. 373–377.

Engelhardt, Wolf-Dieter: „Didaktische Einheit ist in der Regel die Landschaft" (I). In: Welt der Schule. München. 21. 1968. S. 12–18.

Engelhardt, Wolf-Dieter: Vom ersten Schuljahr an: Thematische Karten. In: Geographische Rundschau. Braunschweig. Beiheft 1974, 1. S. 50–54.

Engelhardt, Wolf-Dieter; Hans Glöckel: Einführung in das Kartenverständnis. Bad Heilbrunn/Obb. 1973.

Engelhardt, Wolf; Karl-Heinz Wendel: Arbeiten mit thematischen Karten – statt der „Einführung in das Kartenverständnis". In: Die Grundschule. Braunschweig. 7. 1975, 2. S. 74–82.

Engelmann-Baer, Else: Weltweite Heimatkunde. In: Welt der Schule. München. 3. 1950. S. 75–78.

Ernst, Eugen: Lernziele in der Erdkunde. In: Geographische Rundschau. Braunschweig. 22. 1970. S. 186–194.

Färber, Fritz: Erdkundliches Grund-, Kern- oder Nutzwissen. In: Blätter für Lehrerfortbildung. München. 10. 1958. S. 214–221.

Feigenwinter, Max: Neuzeitliche Aspekte im Heimatkunde- und Geographieunterricht. In: Schweizer Schule. Einsiedeln. 61. 1974. S. 20–27 u. 59–64.

Fichtinger, Rudolf; R. Geipel; H. Schrettenbrunner: Studien zu einer Geographie der Wahrnehmung. Stuttgart 1974. (Der Erdkundeunterricht, Heft 19).

Fick, Karl E.: Blickpunkt: Kategoriale Geographie. Veränderte Zielperspektiven und neue Wege im Erdkundeunterricht. In: Blätter für Lehrerfortbildung. München. 28. 1976. S. 365–372.

Fiege, Hartwig: Geschichte in der Grundschule. In: Sachunterricht und Mathematik in der Grundschule. Köln. 2. 1974. S. 537–539.

Filipp, Karlheinz: Tradition und Revision landschaftlicher Vorstellungen. In: Materialien zur Politischen Bildung. Neuwied. 2. 1974, 3. S. 66–73.

Fischer, Friedrich-Karl; Hans-Henje Hild: Länderkundlich orientierter Unterricht mit zukunftsrelevanten Lernzielen. In: Geographische Rundschau. Braunschweig. 26. 1974. S. 55–59.

Fischer, Karl: Wir lernen Kartenzeichen lesen. In: Grundschulmagazin. München. 2. 1975, 3. S. 15–16.

Fraisse, Paul: Zeitwahrnehmung und Zeitschätzung. In: Handbuch der Psychologie. 2. Aufl. Göttingen 1974. Bd. 1. Allgemeine Psychologie. 1.Halbband. S. 656–690.

Friese, Heinz W.: Zur Problematik des heimatkundlichen Prinzips. In: Geographische Rundschau. Braunschweig. 20. 1968, 5. S. 201–202.

Fuchs, Gerhard: Die Bundesrepublik Deutschland. Stuttgart 1977. (Länderprofile – Geographische Strukturen, Daten, Entwicklungen).

Gagné, Robert M.: Die Bedingungen des menschlichen Lernens. 3. Aufl. Hannover 1973.

Geers, Dietmar: Kind und Raum – Ergebnisse einer Unterrichtsreihe. In: Sachunterricht und Mathematik in der Grundschule. Köln. 1. 1973, 9. S. 387–393.

Geibert, Hilmar: Erdkunde, ein Schulfach im Umbruch seines Curriculums. Von der Länderkunde zur Allgemein- und Sozialgeographie. In: Die Scholle. Ansbach. 42. 1974. S. 3–17.

Geipel, Robert: Erdkunde an einer Wendemarke. In: Blätter für Lehrerfortbildung. München. 22. 1970. S. 441–444.

Geipel, Robert: Die Geographie im Fächerkanon der Schule. Einige Überlegungen zum Problem des geographischen Curriculums. In: Geographische Rundschau. Braunschweig. 20. 1968, 2. S. 41–45.

Geografiker 3. Sonderheft zum 37. Deutschen Geographentag. Berlin. Juli 1969.

Gerling, Walter: Probleme der Allgemeinen und Regionalen Geographie. Würzburg 1973.

Gosztonyi, A.: Das Raumproblem. In: Studium Generale. Berlin. 10. 1957. S. 532–541.

Grobe, Günter: Karte und Symbolverständnis. In: Die Grundschule. Braunschweig. 7. 1975, 2. S. 69–73.

Groteluschen, Wilhelm: Die Stufen des Heimatkunde- und Erdkundeunterrichts in der Volksschule. In: Die Deutsche Schule. Hannover. 1965. S. 366–370.

Groteluschen, W.; A. Schüttler (Hrsg.): Dreimal um die Erde. 3 Bände. Berlin 1968–1972.

Grundschulen in Nordrhein-Westfalen im Schulversuch. Bd. 4. Ratingen 1974. (Die Schule in Nordrhein-Westfalen. Eine Schriftenreihe des Kultusministers, Heft 41).

Hansen, Wilhelm: Die Entwicklung des kindlichen Weltbildes. 6. Aufl. München 1965.

Hansen, Wilhelm: Kind und Heimat. München 1968.

Hard, Gerhard: Die Geographie. Eine wissenschaftstheoretische Einführung. Berlin–New York 1973.

Hard, Gerhard: Wie wird die Geographie/Erdkunde überleben? Perspectiven auf eine künftige Geographie an Hochschule und Schule. Hrsg.: Pädagogische Hochschule Rheinland, Abt. Bonn 1972. (Skripten zum Studium der Geographie und ihrer Didaktik 1).

Hard, Gerhard u. a.: Zur Bewertung landes- und länderkundlicher Texte. In: Rundbrief. Institut für Landeskunde. Bonn-Bad Godesberg 1973, 11. S. 1–12.

Hard, Gerhard; Carola Wißmann: Eine Befragung der Fachleiter des Faches Geographie. Ein Beitrag zur Curriculum-Diskussion. In: Rundbrief. Institut für Landeskunde. Bonn-Bad Godesberg 1973, 9. S. 1–15.

Hardwick, Douglas A.; Curtis W. McIntyre; Herbert L. Pick, Jr.: The Content and Manipulation of Cognitive Maps in Children and Adults. In: Monographs of the Society for Research in Child Development. 1976. 41, 3 (Serial No. 166).

Heckhausen, Heinz: Anlage und Umwelt als Ursache von Intelligenzunterschieden. In: Pädagogische Psychologie 1. 2. Aufl. Frankfurt 1975. S. 275–312.

Hellings, Barbara: Operationen zur Erfassung von Raumstrukturen. In: Blätter für Lehrerfortbildung. München. 28. 1976, 10. S. 378–383.

Hendinger, Helmtraut: Ansätze zur Neuorientierung der Geographie im Curriculum aller Schularten. In: Geographische Rundschau. Braunschweig. 22. 1970, 1. S. 10–18.

Hettner, Alfred: Das länderkundliche Schema. In: Geographischer Anzeiger. Gotha. 33. 1932. S. 1–6.
Hettner, Alfred: Die Geographie. Ihre Geschichte, ihr Wesen und ihre Methoden. Breslau 1927.
Hinrichs, Emil: Erdkunde im 5. und 6. Schuljahr. Braunschweig 1950.
Hinrichs, Emil: Mit den Störchen nach Afrika. Ein Unterrichtsbeispiel für das 5. Schuljahr. In: Geographische Rundschau. Braunschweig. 2. 1950. S. 136–142.
Hlawatsch, Wolfhard: Die Arbeit mit der topographischen Karte. Psychologische und didaktische Aspekte im phasengemäßen Erdkunde-Unterricht bei 10–12jährigen Schülern. In: Die Scholle. Ansbach. 38. 1970. S. 679–689.
Hoffmann, Günter: Allgemeine Geographie oder Länderkunde? Es geht um Lernziele! In: Geographische Rundschau. Braunschweig. 22. 1970, 8. S. 329–331.
Hütteroth, Wolf-D.: Wege zu veränderten Bildungszielen der Geographie. Wiederanknüpfung an die Kieler Diskussion. In: Tagungsbericht und wissenschaftliche Abhandlungen. 38. Deutscher Geographentag Erlangen-Nürnberg 1971. Wiesbaden 1972. S. 169–173.
Hug, Wolfgang: Wozu Geschichte in der Primarstufe? In: Sachunterricht und Mathematik in der Grundschule. Köln. 2. 1974. S. 280–286.
Hummel, Eleonore: Die Orientierung im Raum. Skizze eines Arbeitsprojekts im 3. Schuljahr. In: Die Scholle. Ansbach. 44. 1976. S. 475–484.
Ingelbach, Wilhelm: Heimatkundliche Grundbegriffe. Dortmund 1953.
Jahn, Wilhelm: Die Diskussion über den Begriff „Landschaft" und ihre Bedeutung für die Schulgeographie. In: Geographische Rundschau. Braunschweig. 9. 1957. S. 213–216.
Jammer, Max: Das Problem des Raumes. Die Entwicklung der Raumtheorien. Darmstadt 1960.
Jonas, Fritz: Länderkunde in der Oberstufe – am Beispiel der algerischen Sahara. In: Geographische Rundschau. Braunschweig. 19. 1967. S. 142–146.
Jürgens, Ursula: Fachaspekte Geographie 2. Schuljahr – Orientierung im Raum. In: Sachunterricht und Mathematik in der Grundschule. Köln. 2. 1974, 6. S. 273–280.
Kainz, Friedrich: Das Denken und die Sprache. In: Handbuch der Psychologie. Göttingen 1964. Bd. 1. Allgemeine Psychologie. 2. Halbband. S. 564–614.
Kaminski, Gerhard: Ordnungsstrukturen und Ordnungsprozesse. In: Handbuch der Psychologie. 2. Aufl. Göttingen 1964. Bd. 1. Allgemeine Psychologie. S. 373–492.
Kern, I. M. J.: Gelebte Welt des Kindes und Heimatkunde. In: Westermanns Pädagogische Beiträge. Braunschweig. 15. 1963. S. 373–379.
Klimm, Ernst: Der „Raum" in der Geographie: Neue Forschungsansätze und ihre Bedeutung für den Unterricht. In: Die Realschule. Stuttgart. 83. 1975, 11. S. 354–358.
Klimm, Ernst: Standort – Areal – Prozeß. Räumliche Klassifikation, eine fachmethodische Grundlage. In: Zur Didaktik geographischer Geländearbeit an Hochschule und Schule. Festschrift für Josef Zepp zum 65. Geburtstag. Köln o. J.

Knübel, Hans: Landschaft und Mensch. Die beiden Stoffkerne des Erdkundeunterrichts. In: Unsere Schule. Hannover. 7. 1952. S. 724–726.

Köck, Helmuth: Über Grundbegriffe und Begriffe zur Länderkunde im Erdkundeunterricht der Hauptschule. In: Welt der Schule. München. 22. 1969. S. 165–172.

Köster, Fredy: Geschichte in der Primarstufe – Überlegungen zur Einordnung der Zeitbegriffsbildung in den historisch-politischen Bereich des Sachunterrichts. In: Sachunterricht und Mathematik in der Grundschule. Köln. 3. 1975. S. 443–449.

Kraus, Theodor: Über das Wesen der Länder. In: Tagungsbericht und wissenschaftliche Abhandlungen. Deutscher Geographentag Frankfurt 1951. Remagen 1952. S. 67–72.

Krebs, Norbert: Vergleichende Länderkunde. Stuttgart 1951.

Krebs, Norbert: Vom Wesen und Wert der Länder. In: Abhandlungen der Preußischen Akademie der Wissenschaften. Math.-nat. Klasse. Berlin 1941, 4.

Kremb, Klaus: Länderkunde in der Krise? In: Zeitschrift für Wirtschaftsgeographie. Hagen. 19. 1975. S. 125–127.

Kreuer, Werner: Gedanken zu einer geographischen fachdidaktischen Unterrichtsanalyse und einer neuen Konzeption der Schulgeographie. In: Lebendige Schule. Bad Heilbrunn. 25. 1970. S. 387–392.

Kross, Eberhard: Die Erkundung im Nahraum. In: Geographische Rundschau. Braunschweig. Beiheft 1974, 1. S. 26–31.

Küppers, Waltraut: Zur Psychologie des Erdkundeunterrichts. In: Geographische Rundschau. Braunschweig. Beiheft 1976, 1. S. 13–19.

Küppers, Waltraut: Zur Psychologie des Geschichtsunterrichts. Eine Untersuchung über Geschichtswissen und Geschichtsverständnis bei Schülern. Bern 1961.

Lampe, Klaus: Geschichte in der Grundschule. Bemerkungen zum historischen Aspekt in den Sozialen Studien. In: Neue Wege im Unterricht. Bochum. 25. 1974. S. 227–230.

Lautensach, Hermann: Forschung und Kompilation in der Länderkunde. In: Geographische Rundschau. Braunschweig. 5. 1953. S. 4–6.

Lautensach, Hermann: Der Geographische Formenwandel. Studien zur Landschaftssystematik. Bonn 1952.

Lautensach, Hermann: Ist Länderkunde möglich? In: Geographische Rundschau. Braunschweig. 5. 1953. S. 260–262.

Lehmann, Heinz: Zur Entwicklung des Denkens der Schüler im Erdkundeunterricht. In: Zeitschrift für den Erdkundeunterricht. Berlin (Ost). 15. 1963. S. 408–416.

Lienert, Gustav A.: Testaufbau und Testanalyse. Weinheim 1969. 3., ergänzte Aufl.

Lindquist, E. F.; A. N. Hieronymus: Iowa Tests of Basic Skills. Boston 1964. Teacher's Manual. Iowa Tests of Basic Skills. Boston 1964.

Lob, Reinhold E.: Allgemeine Geographie und Länderkunde – Diskussionsüberblick und Versuch einer Synthese. In: Blätter für Lehrerfortbildung. München. 26. 1974, 7. S. 255–259 u. S. 262–266.

Lümkemann, Rainer; Klaus Zingelmann: Zur Diskussion: Die neuen Geographie-Lehrpläne. In: Hamburger Lehrerzeitung. Hamburg. 28. 1975. S. 201–205.

Lutz, Friedrich: Grundbegriffe aus dem Erdkundestoff der 5. Klasse im Hinblick auf die Wechselbeziehungen zwischen Raum und Mensch. In: Blätter für Lehrerfortbildung. Ansbach. 5. 1952/53. S. 292–299.

Mayntz, Renate; Kurt Holm; Peter Hübner: Einführung in die Methoden der empirischen Soziologie. 4. Aufl. Opladen 1974.

Meincke, Rolf: Bericht über das Symposium zu Problemen der Bestimmung von grundlegendem Wissen für den Geographieunterricht. In: Zeitschrift für den Erdkundeunterricht. Berlin/Ost. 25. 1973. S. 266–268.

Meincke, Rolf; Heinz Karstädt: Die Einbeziehung individueller Erfahrungen der Schüler in den Geographieunterricht – eine Bedingung für die Erhöhung der Erziehungswirksamkeit. In: Zeitschrift für den Erdkundeunterricht. Berlin/Ost. 27. 1975. S. 380–385.

Melchers, Bernd: Ist Länderkunde möglich? In: Geographische Rundschau. Braunschweig. 3. 1951. S. 377–379.

Metzger, Wolfgang: Die Entwicklung der Erkenntnisprozesse. In: Handbuch der Psychologie. 2. Aufl. Göttingen 1972. Bd. 3. Entwicklungspsychologie. S. 404–441.

Metzger, Wolfgang: Figural-Wahrnehmung. In: Handbuch der Psychologie. 2. Aufl. Göttingen 1974. Bd. 1. Allgemeine Psychologie. 1. Halbband. S. 693–744.

Metzger, Wolfgang: Gesetze des Sehens. 2. Aufl. Frankfurt/Main 1953.

Meyer, Ernst: Anschauliche Begriffsbildung in der Heimatkunde. In: Schola. Bad Heilbrunn. 5. 1950. S. 318–320.

Meyer, Ernst: Begriffsbildung in der Heimatkunde. In: Unsere Schule. Hannover. 6. 1951. S. 657–661.

Milburn D.: Children's vocabulary. In: Graves, Norman (Hrsg.): New Movements in the Study and Teaching of Geography. London 1972. S. 107 ff.

Müller-Wille, Wilhelm: Westfalen. Landschaftliche Ordnung und Bindung eines Landes. Münster 1952.

Munique, Josef: Lebensvolle Erarbeitung von erdkundlichen Grundbegriffen und Erkenntnissen im 3. und 4. Schuljahr. In: Pädagogische Welt. Donauwörth. 4. 1950, 5. S. 109*–113*.

Nestle, Werner: Umrisse einer Neukonzeption des wissenschaftsorientierten Sachunterrichts. In: Die Grundschule. Braunschweig. 5. 1973. S. 348–356.

Nickel, Horst: Entwicklungspsychologie des Kindes- und Jugendalters. (2 Bände). Bern 1975.

Niemz, Günter: Objektivierte Leistungsmessung im Erdkundeunterricht. In: Geographische Rundschau. Braunschweig. 24. 1972. S. 102–107.

Nystuen, John D.: Die Bestimmung einiger fundamentaler Raumbegriffe. In: Dietrich Bartels (Hrsg.): Wirtschafts- und Sozialgeographie. Köln 1970. S. 85–94.

Odenbach, Karl: Eine vergnügliche Erdkundestunde. In: Westermanns Pädagogische Beiträge. Braunschweig. 6. 1954, 12. S. 633–635.

Odenbach, Karl: Kindliche Phantasielandkarten. Ein Versuch über die Entwicklung des geographischen Denkens. In: Zeitschrift für pädagogische Psychologie. Leipzig. 1943, 4. S. 63–78.

Odenbach, Karl: Über kindliche Phantasielandkarten. In: Westermanns Pädagogische Beiträge. Braunschweig. 9. 1957, 5. S. 217–226.

Oerter, Rolf: Moderne Entwicklungspsychologie. 16. Aufl. Donauwörth 1976.

Ohe, Hans-Joachim v. der: Unterricht im Museum – Ein „Zugang zur Geschichte" während des 4. Schuljahres. Untersuchungen zu seiner Effektivität. In: Sachunterricht und Mathematik in der Grundschule. Köln. 3. 1975. S. 179–188.

Otremba, Erich: Das Spiel der Räume. In: Geographische Rundschau. Braunschweig. 13. 1961. S. 130–135.

Paul, Josef: Entwicklungspsychologie und -psychiatrie des Zeitbewußtseins bei Kindern und Jugendlichen. In: Praxis der Kinderpsychologie und Kinderpsychiatrie. Göttingen. 20. 1971. S. 241–248.

Petter, Guido: Die geistige Entwicklung des Kindes im Werk von Jean Piaget. 2. Aufl. Bern 1976.

Pfister, Wolfgang: Wo steht der Erdkundeunterricht in der Schule? In: Lebendige Schule. Bad Heilbrunn. 27. 1972. S. 97–101.

Piaget, Jean: Die Bildung des Zeitbegriffs beim Kinde. Freiburg 1974.

Piaget, Jean: Die Entwicklung der elementaren logischen Strukturen. (2 Bände). Düsseldorf 1973.

Piaget, Jean: Die Entwicklung des Erkennens II. Das physikalische Denken. Stuttgart 1973.

Piaget, Jean: Urteil und Denkprozeß des Kindes. Düsseldorf 1972.

Piaget, Jean; Bärbel Inhelder: Die Entwicklung des räumlichen Denkens beim Kinde. Stuttgart 1971.

Piaget, Jean; Bärbel Inhelder; Alina Szeminska: Die natürliche Geometrie des Kindes. Stuttgart 1975.

Pleiner, Wilhelm: Zur denkenden Durchdringung von Kausal-Final-Bezügen im Erdkundeunterricht der Hauptschule. In: Blätter für Lehrerfortbildung. München. 22. 1970. S. 444–460.

Plewe, Ernst: Vom Wesen und den Methoden der regionalen Geographie. In: Studium Generale. Berlin. 5. 1952, 7. S. 410–421.

Prillinger, Ferdinand: Geographie am Ende? In: Mitteilungen des Pädagogischen Instituts Salzburg. Salzburg 1972. Nr. 178. S. 1–5.

Puttich, G.: Zur Begriffsbildung im Geographieunterricht. In: Zeitschrift für den Erdkundeunterricht. Berlin/Ost. 24. 1972. S. 225–229.

Rabe, Erika: Reaktionen von Kindern auf Jörg Müllers Bildserie „Die Veränderung der Landschaft". In: Geographische Rundschau. Braunschweig. Beiheft 1976, 4. S. 46–48.

Rabenstein, Rainer: Einführung in die Plandarstellung. Unterrichtsversuch im zweiten Schuljahr. In: Die Scholle. Ansbach. 42. 1974. S. 143–149.

Ramakers, Günther: Erdkundliche Curriculumrevision und exemplarisches Prinzip. In: Neue deutsche Schule. Essen. 26. 1974, 14/15. S. 356–358.

Reichardt, Karl-Wilhelm: Aktualgenetische Untersuchung der Auffassung einer Landkarte. Diss. Jena 1941.

Reimers, Marianne: Leistungskontrolle im Erdkundeunterricht. In: Geographische Rundschau. Braunschweig. 20. 1968, 9. S. 347–350.

Remplein, Heinz: Die seelische Entwicklung des Menschen im Kindes- und Jugendalter. 16. Aufl. München 1969.

Resag, Kurt: Raumkunde in der Grundschule. In: Westermanns Pädagogische Beiträge. Braunschweig. 18. 1966. S. 416–426.

Reumuth, Karl: Didaktische Studien. Bonn 1955.

Rhys, William: The development of logical thinking. In: Graves, Norman (Hrsg.): New Movements in the Study and Teaching of Geography. London 1972. S. 93–106.

Richtlinien und Lehrpläne für die Grundschule in Nordrhein-Westfalen. 2. Aufl. Ratingen 1973.

Ritter, Gert: Bevölkerungsgeographische Probleme im Erdkundeunterricht. Didaktische Überlegungen zu einer Lehrstoffsequenz von der Primarstufe bis zur Sekundarstufe II sowie einem methodischen Stufenplan zur Einführung der „Bevölkerungsdichte" im Sachunterricht. In: Sachunterricht und Mathematik in der Grundschule. Köln. 1. 1973. S. 159–167.

Ritter, Gert: Das Lichtbild im Erdkundeunterricht. Stuttgart 1970. (Der Erdkundeunterricht, Heft 12).

Robinsohn, Saul B.: Bildungsreform als Revision des Curriculum. Neuwied 1967.

Rohracher, Hubert: Einführung in die Psychologie. 9. Aufl. Wien 1965.

Roth, Heinrich: Kind und Geschichte. Psychologische Voraussetzungen des Geschichtsunterrichts in der Volksschule. 5. Aufl. München 1968.

Ruppert, Karl; Franz Schaffer: Zur Konzeption der Sozialgeographie. In: Geographische Rundschau. Braunschweig. 21. 1969. S. 205–214.

Sachs, Lothar: Statistische Auswertungsmethoden. 3. Aufl. Berlin 1972.

Samstag, Karl; Magdalene Baus: Pädagogisch-Psychologisches Testen. Bad Heilbrunn 1962.

Sander, Erich: Landschaft und Mensch. Über die Aufgabe der Erd-Kunde in unserer Zeit. In: Erdkunde in der Schule. Hagen. 1. 1956/57. S. 295–300.

Sandford, Herbert: Perceptual problems. In: Graves, Norman (Hrsg.): New Movements in the Study and Teaching of Geography. London 1972. S. 83–92.

Schäffer, Reinhild: Zeitbegriffsbildung im Rahmen der Sozialen Studien? In: Sachunterricht und Mathematik in der Grundschule. Köln. 1. 1973. S. 68–72.

Schanz, Günter: Der Einsatz informeller Tests im Erdkundeunterricht. Ein Beitrag zur objektiveren Leistungsmessung. In: Geographische Rundschau. Braunschweig. 25. 1973. S. 22–29.

Schanz, Günter: Tests im Erdkundeunterricht. Stuttgart 1973. (Der Erdkundeunterricht, Heft 18).

Scheller, H.: Das Problem des Raumes in der Psychopathologie. In: Studium Generale. Berlin. 10. 1957. S. 563–574.

Schiefele, Hans: Wissen und Können in der Erdkunde. In: Pädagogische Welt. Donauwörth. 12. 1958, 5. S. 264–268.

Schlimme, Wolfgang: Ein Modell grundlegender Strukturen des Stoffes für den Geographieunterricht und seine Anwendung. In: Zeitschrift für den Erdkundeunterricht. Berlin/Ost. 26. 1974. S. 322–337 u. S. 400–404.

Schlimme, Wolfgang: Zur Forschung im Bereich Methodik des Geographieunterrichts. In: Zeitschrift für den Erdkundeunterricht. Berlin/Ost. 24. 1972. S. 201–213.

Schmidt, Alois: Der Erdkundeunterricht. 4. Aufl. Bad Heilbrunn/Obb. 1972.

Schmidt, Karl Ludwig: Geographische Lernzieldiskussion – konkret. In: Lebendige Schule. Bad Heilbrunn/Obb. 27. 1972. S. 431–436.

Schmidt, Wolfgang: Psychologisch-pädagogische Betrachtung der wichtigsten kindlichen Orientierungsakte. In: Pädagogische Rundschau. Ratingen. 15. 1961. S. 761–771.

Schmieder, Oskar: Probleme der Länderkunde im Spiegel der Kritik. In: Geographische Zeitschrift. Wiesbaden. 57. 1969. S. 19–41.

Schmithüsen, Josef: Was ist eine Landschaft? Wiesbaden 1964. (Erdkundliches Wissen. Schriftenreihe für Forschung und Praxis. Heft 9).
Schmitthenner, Heinrich: Zum Problem der Allgemeinen Geographie und der Länderkunde. Kallmünz 1954. (Münchner Geographische Hefte, 4).
Schneider, M.: Erarbeitung geographischer Grundbegriffe im 4. Schuljahr. In: Die neue Schule. Berlin/Ost. 6. 1951. S. 19–20.
Schön, Jürgen: Beispiel einer Einführung in das Lesen eines Planes. In: Sachunterricht und Mathematik in der Grundschule. Köln. 3. 1975. S. 385–390.
Schönbach, Rudolf: Abschied von der Länderkunde? In: Pädagogische Welt. Donauwörth. 24. 1970. S. 654–663.
Schrepfer, Hans: Allgemeine Geographie und Länderkunde. Wiesbaden 1967.
Schrettenbrunner, Helmut: Multi-Medien-Paket Stadtsanierung. Stuttgart 1973. (Der Erdkundeunterricht, Heft 17).
Schultze, Arnold: Allgemeine Geographie statt Länderkunde! Zugleich eine Fortsetzung der Diskussion um den exemplarischen Erdkundeunterricht. In: Geographische Rundschau. Braunschweig. 22. 1970, 1. S. 1–10.
Schwegler, Erich: Eine neue Konzeption für den Erdkundeunterricht. In: Geographische Rundschau. Braunschweig. 20. 1968, 1. S. 1–9.
Seiffert, Helmut: Einführung in die Wissenschaftstheorie. (2 Bände). 7. Aufl. München 1974.
Sieger, Robert: Länderkunde und Landeskunde. In: Petermanns Geographische Mitteilungen. Gotha. 61. 1915. S. 209–212.
Sperling, Walter: Kind und Landschaft. Stuttgart 1973. 2. Aufl. (Der Erdkundeunterricht, Heft 5).
Spethmann, Hans: Dynamische Länderkunde. Breslau 1928.
Spethmann, Hans: Einige Grundgedanken der Dynamischen Länderkunde. In: Geographischer Anzeiger. Gotha. 34. 1933. S. 207–213.
Stecher, Max: Die Weiterentwicklung der schulischen Heimatkunde. In: Pädagogische Rundschau. Ratingen. 12. 1957/58. S. 263–265.
Stückrath, Fritz: Das geographische Weltbild des Kindes. In: Westermanns Pädagogische Beiträge. Braunschweig. 10. 1958. S. 135–145.
Stückrath, Fritz: Kind und Raum. 2. Aufl. München 1963.
Stückrath, Fritz: Televisuelle Erdkunde. In: Geographische Rundschau. Braunschweig. Beiheft 1976, 1. S. 20–25.
Tagungsbericht und wissenschaftliche Abhandlungen. 37. Deutscher Geographentag Kiel 1969. Wiesbaden 1970.
Thiel, Siegfried: Wie sich der Mensch orientieren kann. In: Grundschulmagazin. München. 2. 1975, 9. S. 15–16.
Toman, Walter: Zeiterleben und Motivationsabläufe. In: Psychologische Rundschau. Göttingen. 22. 1971. S. 38–42.
Towler, John O.: The elementary school child's concept of reference systems. In: Ball, John M. et al. (Hrsg.): The Social Sciences and Geographic Education: A Reader. New York 1971. S. 101–108.
Treumann, Klaus: Leistungsdimensionen im Mathematikunterricht. Dimensionen der Schulleistung Bd. 2. Stuttgart 1974. (Deutscher Bildungsrat. Gutachten und Studien der Bildungskommission 21, 2).
Troll, Carl: Die geographische Landschaft und ihre Erforschung. In: Studium Generale. Berlin. 3. 1950, 4/5. S. 163–181.

Uhlig, Harald: Organisationsplan und System der Geographie. In: Geoforum. Braunschweig. 1970, 1. S. 19–52.
Veness, Thelma: The contribution of psychology. In: Graves, Norman (Hrsg.): New Movements in the Study and Teaching of Geography. London 1972. S. 75–82.
Vernon, M. D.: Wahrnehmung und Erfahrung. München 1977.
Vogel, Bernhard: Schule in der Reform ihrer Ziele und Inhalte. In: Tagungsbericht und wissenschaftliche Abhandlungen. 38. Deutscher Geographentag Erlangen-Nürnberg 1971. Wiesbaden 1972. S. 174–185.
Wagenschein, Martin: Das exemplarische Lehren als ein Weg zur Erneuerung des Unterrichts an Gymnasien. 3. Aufl. Hamburg 1964. Erstaufl. 1952. (Schriften zur Schulreform. Heft 11).
Wagner, Erika: Inhalt und Wirklichkeitsbezug des außerschulisch erworbenen erdkundlichen Wissens der Volksschüler. In: Pädagogische Rundschau. Ratingen. 1. 1958. S. 17–25.
Wagner, Erika: Umwelterfahrungen von Grundschülern. Untersuchungen über außerschulische Bedingungen für das geographische Verständnis in der Primarstufe. In: Geographische Rundschau. Braunschweig. Beiheft 1974, 1. S. 4–9.
Wagner, Erika: Untersuchungen über die Beziehungen zwischen erdkundlichem Interesse und erdkundlichen Kenntnissen in der Volksschule. In: Erdkunde in der Schule. Hagen. 1957. S. 123–134 u. S. 149–157.
Wagner, Erika; Gert Ritter: Zur Stadtgeographie von Duisburg. Duisburg 1968. (Duisburger Hochschulbeiträge 1).
Weigt, Ernst: Die Geographie. 4. Aufl. Braunschweig 1968. (Das Geographische Seminar).
Weinert, Franz E.: Kognitives Lernen: Begriffsbildung und Problemlösen. In: Pädagogische Psychologie. 2. Aufl. Bd. 2. Frankfurt 1975. S. 657–683.
Werner, Heinz: Einführung in die Entwicklungspsychologie. 4. Aufl. München 1970.
Westermann Lexikon der Geographie. Hrsg. Wolf Tietze. Bd. III. Braunschweig 1970.
Windisch, Heinrich: Kausales Denken im Erdkundeunterricht der Volksschule. In: Blätter für Lehrerfortbildung. München. 8. 1955/56, 2. S. 66–73.
Wirth, Eugen: Zwölf Thesen zur aktuellen Problematik der Länderkunde. In: Geographische Rundschau. Braunschweig. 22. 1970, 11. S. 444–450.
Wocke, Max Ferdinand: Heimatkunde und Erdkunde. Grundzüge einer Methodik. 8. Aufl. Hannover 1969.
Wolf, Heinz Ernst: Schüler urteilen über fremde Völker. Weinheim 1963.
Wollersheim, Josef: Untersuchungen über geographische Vorstellungen und geographische Grundbegriffe bei Schulkindern des 1. bis 8. Schuljahres. Diss. Bonn 1932.
Zietz, Karl: Kindliche Erklärungsversuche für Naturerscheinungen. Ein Beitrag zur naiven Theoriebildung. In: Zeitschrift für pädagogische Psychologie und Jugendkunde. Leipzig. 1937. 38. S. 219–228.
Zietz, Karl: Kind und physische Welt. Psychologische Voraussetzungen der Naturlehre in der Volksschule. München 1955.
Zietz, Karl: Zur Entwicklung des kausalen Denkens bei Kindern. In: Zeitschrift für angewandte Psychologie. Leipzig. 1939. 57. S. 50–85.

Christel Kosmella, geb. am 20. November 1949 in Leverkusen
Reifeprüfung 1968
Studium für das Lehramt an Grund- und Hauptschule an der
Pädagogischen Hochschule Rheinland, Abteilung Köln
Referendarzeit an einer Grundschule in Leverkusen
2. Staatsprüfung für das Lehramt 1973
Weiteres Studium an der Päd. Hochschule in Köln
Fächer: Geographie, Schulpädagogik, Psychologie
Promotion zum Dr. paed. mit Hauptfach Didaktik der Geographie
seit Mai 1978 als Wissenschaftliche Assistentin
beim Lehrstuhl für Geographie und ihre Didaktik an der
Pädagogischen Hochschule in Aachen
Arbeitsgebiet: Didaktik der Geographie
                mit Schwerpunkt Primarstufe

grki